民國歷史與文化研究

九　編

第 **8** 冊

抗日戰爭時期廣東省淪陷區的教育（1938～1945）

宋　黎　著

花木蘭文化事業有限公司

國家圖書館出版品預行編目資料

抗日戰爭時期廣東省淪陷區的教育（1938～1945）／宋黎 著 ─
初版 ─ 新北市：花木蘭文化事業有限公司，2019〔民 108〕
目 4+252 面；19×26 公分
（民國歷史與文化研究 九編；第 8 冊）
ISBN 978-986-485-675-6（精裝）
1. 教育行政 2. 廣東省
628.08   108001124

ISBN-978-986-485-675-6

9 789864 856756

民國歷史與文化研究
九 編 第 八 冊   ISBN：978-986-485-675-6

抗日戰爭時期廣東省淪陷區的教育（1938～1945）

作　　者　宋黎
總 編 輯　杜潔祥
副總編輯　楊嘉樂
編　　輯　許郁翎、王　筑　美術編輯　陳逸婷
出　　版　花木蘭文化事業有限公司
發 行 人　高小娟
聯絡地址　235 新北市中和區中安街七二號十三樓
　　　　　電話：02-2923-1455／傳眞：02-2923-1452
網　　址　http://www.huamulan.tw 信箱 hml 810518@gmail.com
印　　刷　普羅文化出版廣告事業
初　　版　2019 年 3 月
全書字數　203949 字
定　　價　九編 9 冊（精裝）台幣 17,000 元
　　　　　　　　　　　　　　　　　　　　　　版權所有·請勿翻印

抗日戰爭時期廣東省淪陷區的教育（1938～1945）

宋黎　著

作者簡介

宋黎，女，1984 年生於湖北恩施。2006 年考入華南師範大學教育科學學院教育史專業，師從袁征教授，於 2009 年、2013 年分別獲得教育學碩士與博士學位，主攻方向爲民國教育史。現爲安慶師範大學教師教育學院青年講師。

在廣州的七年求學生涯，學術研究的興趣集中於抗日戰爭史。碩士畢業論文主要關注國民黨統治區域（國統區）的教育狀況，題目爲《民國後期的國民教育制度及其在廣東的實施（1939～1949 年）》。博士論文則將眼光轉向了淪陷區域，撰寫了《抗日戰爭時期廣東省淪陷區的教育（1938～1945 年）》。

提　　要

從 1938 年 10 月 12 日日軍登陸大亞灣，到 1945 年 8 月戰爭結束，廣東省內形成了面積廣大的淪陷區域。在這些淪陷區，各級僞政權組織建立了從初等教育到高等教育的各級學校教育系統。昔日的那些教師再次走上了講臺；還有許多新人選擇了教師這個職業，到這些新學校工作。同時，也有爲數眾多的新、舊學生在這些學校學習，並從這些學校升學、畢業。無疑，這些在淪陷區學校工作和學習的人是那些選擇留下的人，還包括後來返回淪陷區的人。這些師生在考慮應聘和就讀這些淪陷區的學校時都作了哪些思考？他們在這些學校的生活如何？與淪陷之前相比，有什麼不同？又有哪些相似的地方？對那些學生來說，他們既要上各種各樣的課，包括公民、國語、日語、英語、歷史、地理等等，還要參加各種訓育活動，包括童子軍訓練、青年團訓練、集團活動、朝會、夕會以及各種慶祝集會活動等等。那麼，所有這些課程及活動的具體實施情況是怎樣的？對上述問題的深入探討，可以讓我們知道那些留在淪陷區的師生爲何會做出這樣的選擇，也可以讓我們瞭解淪陷區學校生活的眞實狀況，從而對淪陷區的教育有一個更加全面深入的認識。

目次

圖表目錄

緒　論

　　教育的問題，其實是有關人的教育問題。本書要講述的是一個在戰時背景下與教育有關的人的選擇問題。當空襲的陣陣警報在空中響起的時候，學校、教師、學生及其家庭隨即面臨著「走」與「留」的抉擇。在每一種選擇背後必定會關涉到眾多的人與事。而所有這些選擇與本書的主題有著極其密切的關係。正是這些選擇留下的人以及後來返回的人，他們構成了整個淪陷區的基本主體。在戰爭這種特殊的場域之中，每一個人都會做出怎樣的選擇呢？為什麼會這樣選擇？他們對於其各自的選擇要承受的後果又是什麼？又應該如何去評價所有這些選擇以及選擇之後的種種後果呢？對上述這些主題的探討構成了日本侵華教育史研究的一個重要視角。

　　從 20 世紀 80 年代中期以來，日本侵華教育史逐漸得到研究者的關注，並開始成為一個重要的學術研究領域，出版了大量的相關學術著作。綜觀這些著作，呈現出這樣一些特徵：首先，在研究地域的選擇上，偏重東北地區、臺灣地區，而對其他日本佔領地的研究相當薄弱。抗日戰爭時期所形成的幾個淪陷區的教育還沒有引起研究者的足夠重視，尤其是廣東省淪陷區的教育，迄今為止還未見到將其作為一個專題來進行研究的著作。第二，在研究對象的選擇上，多集中於政府層面，對其制定的教育方針、教育政策以及實施的教育制度進行了重點探討；對於各級各類教育主要是進行宏觀層面的評述，對微觀細節則關注較少；為數眾多的普通教師及學生則很少進入研究者的視域。正如有研究者曾經指出的：「在中國地方教育史的研究中，由於認識方面的原因，有的地方採取《中國教育史研究》的處理方法，在 8 年史中基本只『論述』奴化教育的方針和政策，以對教育方針和政策的『論述』代替

對史實的『記述』；有的以內遷學校為 8 年史的主線，而輕視留下的學校；有的以留下的學校為 8 年史的主線，而不記述遷出的學校；有的則把戰爭拉鋸地帶的學校作為重點。幾乎沒有對日本人學校進行研究，很少對日語學校進行研究。」〔註1〕正因為如此，抗日戰爭時期廣東省淪陷區的教育作為一個研究問題就具有了重要的研究價值。通過對這段教育史的研究，可以讓我們知道那些選擇在淪陷區的學校教書、學習的師生們為何會做出這樣的選擇。

正因為有許多人做出了留下的抉擇，也就有了興辦教育的種種需要。那麼，接下來的問題是，在淪陷區裏建立起來的各級偽教育行政部門，完全是傀儡政權嗎？那些主管教育的機構和人員，都是基於什麼樣的教育目標或者說目的去辦理教育事業的？那些學校機構又是如何開辦起來的？在這些學校工作和學習的師生們，他們在怎樣生活，他們在淪陷區的學校生活究竟是什麼樣的狀況？為此，需要對各級學校教育以及教師和學生的學校生活進行全面展示。

為探討這些問題，本書分為以下三個部分：

第一部分即第一章，從教育政策與行政系統兩方面綜述廣東省淪陷區的教育背景，主要有兩方面的論述：第一，教育政策的制定及其實施；第二，教育行政機構的設置。論述表明，廣東省淪陷區的各級政權組織所實施的教育政策並不是始終一貫的，而是根據政治勢力的演變以及戰場形勢的變化隨時進行調整；在教育行政機構設置方面，既有與原南京國民政府眾多的相似之處，也根據形勢的變化作了若干制度方面的更新。

第二部分，從第二章到第四章。這個部分以高等教育、中等教育、初等教育為主題，全面展示戰爭期間淪陷區師生的生活狀態。每一章以學校創辦、教師與學生、課程與教學以及訓育管理為基本內容，分別進行細緻的討論。無疑，這些在淪陷區的學校工作和學習的人是那些選擇留下的人，還包括後來返回淪陷區的人。這些師生在考慮應聘和就讀這些淪陷區的學校時都作了哪些思考？他們在這些學校的生活如何？與淪陷之前相比，有什麼不同？又有哪些相似的地方？對那些學生來說，他們既要上各種各樣的課，包括公民、國語、日語、英語、歷史、地理等等，還要參加各種訓育活動，包括童子軍訓練、青年團訓練、集團活動、朝會、夕會以及各種慶祝集會活動等等。那

〔註1〕耿申：《殖民教育和奴化教育——教育史學者在日本侵華教育史研究中的共同點與不同點》，《教育科學研究》2006 年第 6 期，第 86 頁。

麼，所有這些課程及活動的具體實施情況是怎樣的？這是第二部分所探討的
主要內容。

　　第三部分是本書的結語。在上述章節的基礎上，試圖闡述愛國與教書及
讀書的關係。對曾經生活在淪陷區的教師和學生來說，時常要面臨「愛國」
與「不愛國」的詰問。這對每一個人其實都是一個十分艱難的選擇問題。不
管他們如何選擇，在「僞校」教書、求學，並不就必然意味著不愛國；同時，
這些「僞校」並非必然是傀儡學校。這之間的界限並非截然分明。

序言：淪陷在即

　　廣州是在 1938 年 10 月 21 日那天淪陷的。在廣州淪陷之後，就是長達七年時間的淪陷時期。不過，在廣州淪陷之前，從 1937 年 7 月 7 日中日戰爭全面爆發到 1938 年 10 月 21 日廣州失陷，之間還隔了一年零三個月的時間。就在這一年多的時間裏面所發生的一些重要事件，可能對很多廣東人其後的命運產生了決定性的影響。因此，這一年多的時間，對於廣東人來說並不是一段無關緊要的存在，而是與其後面的歷史有著緊密的聯繫。正因為如此，對這段時期所發生的那些重要事件進行敘述，便顯得特別重要，它也構成了本書的緣起。

　　在盧溝橋事變的消息剛剛傳到廣州的時候，普通的廣州市民還照樣過著他們日常的生活，城市依然保持著平靜，小商小販用小船或舢板裝運貨物，繼續做著他們的買賣，小學生們依然在學校與住家之間穿梭著，素喜泡茶館的人們還是會在下午繼續他們的這種休閒。表面上看廣州似乎是安全的，戰爭似乎還未降臨。但是，在這平靜之下，每一個人似乎都有一種不祥之感，戰爭的氣息緊緊籠罩著羊城，就連外國記者都感覺到「或許今天，或許明天，可能會輪到他們去死去傷」。〔註 1〕不管外間如何傳說廣州尚處於安全之境，對他們來說，戰爭可能隨時都會來臨。終於，在過了一個多月的平靜之後，日本飛機光臨了這座中國南方城市。從 1937 年 8 月開始到淪陷為止，廣州遭受了長達 14 個月的空襲，其頻密程度與強度及由此造成的損失是驚人的。〔註 2〕

〔註 1〕厄特利（Utley，F.）：《蒙難的中國——國民黨戰區紀行》，唐亮、鍾旭輝譯，
　　　　北京：解放軍出版社，1987 年，第 28 頁。
〔註 2〕有關日軍對廣州大轟炸問題的研究，可參閱曾慶榴、官麗珍：《侵華戰爭時期

當越來越頻密的防空警報聲在城市上空響起的時候，意味著戰爭確實已經近在眼前了。

這就是淪陷前夕的廣州，既在戰爭之外，又在戰爭之中。就在這樣的處境之下，普通的廣州市民，艱難地維持著各自的生計與生存，有的還加入到民眾抗日自衛的組織之中；那些國民黨當局身居要職者，在「聯共抗日」的口號下，也採取了各項應變措施，在政治、軍事、經濟、文化等各個方面都進行了富有成效的準備工作；〔註3〕而中上學校，不管是教職員還是學生們，在繼續教職工作和堅持學業的同時，還參與到禦侮救亡的運動之中。總之，不管是冷眼旁觀，還是實際參與，每一個身在廣州的人都被深深地捲入到了這場即將到來的戰爭之中。

在這一年多的時間裏，發生了很多的事情，但是其中有幾件事情對廣州人來說格外富有意義，每一個身處廣州的人都不可避免地要與之發生一點關係，這些事情包括空襲、逃難以及抗日救亡活動。在這幾件事情裏面，他們或者是親歷者，或者是參與者，但卻不是旁觀者。另外，這幾件事情並不是各自獨立的，而是相互緊密地糾結著，甚至引發了一系列的連鎖反應。稍後我將指出這種關係。

空襲

在度過了一個多月比較太平的日子之後，1937 年 8 月 18 日，廣州第一次響起了防空警報聲。日軍 4 架飛機出現在虎門上空，向北往廣州方向飛行，

日軍轟炸廣東罪行述略》，《抗日戰爭研究》1998 年第 1 期，第 107～119 頁；官麗珍：《對和平與人道的肆虐——1937 至 1945 年日軍侵粵述略》，北京：中共黨史出版社，2001 年；黃菊艷：《抗戰時期廣東經濟損失研究》，廣州：廣東人民出版社，2005 年，第 59～62 頁、第 70～72 頁。廣東省檔案館編著的《日軍侵略廣東檔案史料選編》搜錄了有關日軍空襲廣州及廣東其他地區的檔案資料，記錄了日軍轟炸的情形以及轟炸造成的人員與物質的損失，張中華主編、廣東省檔案館編著：《日軍侵略廣東檔案史料選編》，北京：中國檔案出版社，2005 年；由肖敬榮主編、廣州市檔案館編著的《侵華日軍在廣州暴行錄》第二部分，以紀事的形式詳細展示了日軍空襲廣東的情況。見《侵華日軍在廣州暴行錄》，北京：中國檔案出版社，2005 年。

〔註 3〕具體措施，可參閱廣東省政府秘書處統計室編：《廣東統計彙刊》1939 年第 1 期；沙東迅：《抗戰初期國民黨當局在粵的應變措施》，《粵海抗戰史譚——沙東迅廣東抗戰史學論文選集》，北京：中國文史出版社，2005 年，第 10～22 頁。

只是這一次的日機被中國空軍攔截了。〔註4〕但是當尖利刺耳的空襲警報器在
廣州市上空響起的時候，廣州市的市民還是受到了不少驚嚇。到 8 月 31 日，
日本飛機首次在廣州白雲機場投下了炸彈。從 9 月之後兩個月的時間，日機
對廣州及其周邊地區展開了密集轟炸，其轟炸的目標從機場、鐵路線、港口、
軍事基地到普通街市、民房、學校。

從 11 月起，日軍改變了轟炸策略，將其轟炸的主要目標轉移到廣州周邊
的交通線，特別是廣九、粵漢和廣三鐵路。這樣，日機對市區的轟炸較之前
就減緩了很多，儘管時不時地還是會有襲擊，空襲警報也還是會時常響起，
不過住在廣州市內的人還是度過了一段相對平靜的時期。這時的廣州，用夏
衍的話來說，就算得上是「升平世界」了。〔註5〕

不過，這種狀況僅僅只維持了 5 個月的時間。從 1938 年 4 月底開始，日
軍對廣州實施了兩個月的瘋狂大轟炸，這一次的轟炸目標集中爲廣州市區，
特別是人口稠密的市中心地區。對此，葡萄牙駐廣州總領事莫嘉度在其 4 月
26 日發回外交部的報告中就指出：「最近對廣州市區的轟炸極爲猛烈和野蠻。
日本人把市中心作爲主要目標，而且好像是唯一的目標。在這一攻擊中傷亡
最多的是婦女、兒童、和平的居民和勞動者。」〔註6〕此時正在廣州的夏衍也
對這一次的轟炸感到怵目驚心：「5 月 28 日起，敵機大規模地向廣州市區轟炸
了，來的飛機最少是 12 架，最多的時候是 52 架，擲的炸彈都是 300 磅至 500
磅的巨彈，一次投下的彈數最多的日子是 120 個，每天來襲的最少 3 次。5 月
29 日、6 月 6 日，整日在轟炸中，全市民眾簡直沒有喘息的機會。投彈，全
然是無目標的，商店、民家、學校、幼稚園、醫院，甚至於屋頂上鋪了法國
國旗的韜美醫院，全是他們的目標。5 月 28、29，每天死傷的人數是 1000 人
以上。6 月 6 日，死者 1200，傷者簡直無法統計。」〔註7〕

這裡需要說明一個統計學上的問題。夏衍的這段記載是他當時寫的一篇
通訊文章，時間爲 1938 年 6 月 8 日。他在這篇報導裏面，對死亡人數的描寫
並非準確的統計數字，可能只是一種文學上的創作方式。據《新華日報》6 月

〔註4〕肖敬榮主編，廣州市檔案館編著：《侵華日軍在廣州暴行錄》，第 99 頁。
〔註5〕夏衍：《廣州十月》，《懶尋舊夢錄》，第 278 頁。
〔註6〕莫嘉度：《從廣州透視戰爭──葡萄牙駐廣州總領事莫嘉度關於中日戰爭的報
　　　告》，舒建平、菲德爾譯，上海：上海社會科學院出版社，2000 年，第 37～
　　　38 頁。
〔註7〕夏衍：《廣州在轟炸中》，《新華日報》1938 年 6 月 8 日。

20 日轉發的德國海通社的電訊，從 1938 年 5 月 8 日至 6 月 7 日，廣州一地的死亡人數為 1500 人，傷者則為 3000 餘人，[註8] 並非夏衍所說的每天傷亡 1000 人以上。在這裡，之所以要不厭其煩地指出這種統計數字上的區別，並不是要對數字本身進行尋根究底。不管哪方的數據更加接近事實，一個更為清楚的情況是，就在那一個月的瘋狂大轟炸中，有上千的人死去了，無數的人失去了他們的至親，失去了他們的房子、財物，失去了他們賴以生存的一切東西。由大轟炸而造成的創痛是巨大的。也正因為如此，夏衍在那些天的觀感才會那麼強烈。

大轟炸之後的幾個月，與此前沒有什麼太大的不同。日機依然持續著對廣東的空襲。所有的鐵路、車站、機場、橋樑和公路，每天都會遭到轟炸。廣州市區依然遭受週期性的炮彈襲擊，更多的市民在轟炸中死去，更多的房屋被毀。一直到 1938 年 10 月 21 日，廣州被日軍佔領，長達十四個月的空襲才基本結束。

值得一提的是，在這一階段，雖然日軍轟炸的目標主要是省會廣州，但並不僅限於廣州一地，而是遍及整個廣東省。日機對廣東的轟炸使受波及地區遭受了巨大損失。就在《新華日報》6 月 20 日轉發的德國海通社的那份電訊上，其統計的廣東全省從 1937 年 8 月開始到 1938 年 6 月 7 日為止，各處空襲次數不下 1400 餘次，僅廣州一地即有 800 餘次，日機進襲機數共為 5987 架，總計投彈約 10292 枚，民房被毀 5027 所，平民死亡 4595 人，輕重傷者 8555 人。[註9] 另據廣東省政府秘書處統計室於 1939 年所作日機空襲廣東的調查統計，從 1937 年 9 月到 1938 年 12 月，日機空襲廣東 637 次，進襲機數 7881 架次，投彈數 13988 枚，毀屋 7057 棟，死亡人數為 5851 人，受傷人數為 10633 人，而僅在 1938 年死亡人數就達到 5524 人，傷 9930 人。其中，死亡人數最多的是大轟炸時期的 6 月份，死亡 2670 人，傷 5284 人。[註10]

這十四個月對於廣州人來說不啻是一場夢魘。這無數次的襲擊，肯定激發出了人們的強烈情緒。這些情緒，既有對家破人亡的深沉恐懼，也有對襲擊者的滿腔憎恨。表現在個人的行為上，既有選擇消極避難的，也有選擇積

〔註8〕張中華主編、廣東省檔案館編著：《日軍侵略廣東檔案史料選編》，第 62 頁。
〔註9〕張中華主編、廣東省檔案館編著：《日軍侵略廣東檔案史料選編》，第 62 頁。
〔註10〕廣東省政府秘書處統計室編：《廣東統計彙刊》1939 年第 1 期，第 297～298 頁。

極反抗的。前者成為逃難大軍中的一員，後者則行動起來，參與到了抗日救亡的運動之中。

逃難

市民的逃難顯然是由空襲促成的。當一次空襲剛剛開始的時候，大部分人的第一反應就是緊急避難以求逃生。早在 1937 年 8 月 18 日廣州第一次拉響防空警報的時候，已有民眾開始四處走避了，「全廣州市的人們，馬上慌張到不得了，個個爭相逃命，此際狼狽萬分」。〔註 11〕巴金主編、茅盾發行的《烽火》雜誌上刊載的一篇標題為《廣州受難了》的文章對大轟炸時市民驚慌失色四處躲避的場面有細緻的描述：「一陣警報淒厲地響過後，人心又恐怖地跳起來。失色的臉，驚懼的眼睛，慌亂的腳步，走上，奔下，像決了堤的潮水，在街路上，無目標地向四面沉流……」。〔註 12〕

其後就是開始向外逃難，幾乎每一次的轟炸之後都有市民逃離廣州。8 月31 日本飛機首次在廣州白雲機場投下炸彈那天，當「隆隆的高射炮聲，和轟然巨響的炸彈聲間雜交鳴」時，〔註 13〕「市內少壯的市民，竟也同時倉皇避匿，弄到鐵路輪渡中，爭先恐後，擠擁不堪」。〔註 14〕廣州「離市的人們極多，到 9 月中旬大轟炸市區數天以後，滿住百萬人口的廣州市，居留不去的不到 30 萬人，這時候，廣州市沒有繁榮，只有恐懼」。〔註 15〕特別是在 1938 年 5、6 月的大轟炸時期，逃難者達到高潮。到 1938 年 8 月 8 日，據路透社的消息，「廣州市民原有 150 萬人，現僅有 50 萬人。過去 4 日內日機不斷轟炸，結果撤退他處者已達 40 萬人。」〔註 16〕不過有些人也並不完全離開廣州，而是採取一種「走警報」的逃難方式。每天清早帶著吃食到自認為「安全」的地方如「石室」、「愛群大廈」和「新華」、「新亞」酒店，或沙面一帶去避匿。〔註 17〕

〔註 11〕服伯：《敵機轟炸一週年》，《見聞》1938 年第 3 期，第 119 頁。

〔註 12〕燕軍：《廣州受難了》，《烽火》1938 年第 19 期，第 408 頁。

〔註 13〕覺天，《失陷前之廣州和失陷後一年之廣州》，《南星》第一卷第三期，1939年，第 13 頁。

〔註 14〕曾養甫：《市民對空襲應有之改進》，《防空月刊》第 1 卷第 5 期，1937 年，第7 頁。

〔註 15〕服伯：《敵機轟炸一週年》，《見聞》1938 年第 3 期，第 119 頁。

〔註 16〕官麗珍：《對和平與人道的肆虐——1937 至 1945 年日軍侵粵述略》，第 6～7 頁。

〔註 17〕黃繼植：《抗戰初期廣州市的教育應變措施》，李齊念主編：《廣州文史資料存

　　情況稍有好轉之後，那些逃難的人群又會立即返回廣州。因爲小商販們必須回到廣州謀他們的生計，學生們也必須返迴學校繼續他們的學業。而這樣的過程，在整個空襲期間，可能會重複地上演，人們可能要一次又一次地經歷那種逃難時的驚慌與恐怖。我們無法身臨其境地感受到那種逃難時的瘋狂。但是，僅僅從數字上，可以想像到那種恐怖情景，無數的難民忙亂無序地在廣州街頭徘徊等待著向別處逃逸，突然幾天之內幾十萬的人口湧向了香港、澳門以及四鄉，這能不恐怖嗎？而當這種過程反覆發生，人們必須反覆體驗的時候，其悲慘程度便可想而知了。而這一切都是由日本飛機的大轟炸所造成的。

　　可是，親歷過大轟炸的人，你會很難想像他不會做出逃離的舉動。只要看一看當時人們對於空襲場面的描述。

　　身爲現代派小說家的穆時英，在上海淪陷後去到了香港。因受朋友邀約來到廣州。就是這次的廣州之行，親歷了日機對廣州發起的一次夜襲。在他筆下描寫的這次夜襲場景，充滿了一種詩意的末日之感：「就在這短促的幾分鐘中間，廣州市彷彿到了它的末日。差不多是同時地，幾十條巨大的火柱在我們的前後左右跳了起來。大地像馬上就要陷下去似的，呻吟著，顫抖著。那洪大的震聲把我的知覺完全奪去了。我出神地站在那裡，什麼思想也沒有，徹頭徹尾被目前太瑰麗太神奇的景象所震懾。地上是火焰，空中也是火焰；地上的房屋燃燒著，空中的飛機也燃燒，連夜雲，連月光都被燒成血色。」〔註18〕

　　同爲作家的夏衍，也是在上海淪陷以後來到廣州的，其時是作爲《救亡日報》（廣州版）的主編。他可以說親身經歷了廣州大轟炸最爲瘋狂的那段時期。在他的筆下，大轟炸後的廣州簡直就是「人間地獄」，被他稱爲畢生看到的最慘的情景：「廣州街上盡是半瘋狂狀態地號哭著的失了丈夫和兒女的女人，盡是裝在運貨汽車上一列列的白木棺材，殘磚碎瓦，倒塌了燒毀了的民房，炸彈片，一排排的用蘆席蓋著的屍首，和由紅變褐，由褐變黑了的血跡！晚風吹過來，空氣中充滿了火藥味和血腥！是的，經過這10多天的轟炸，廣州是遍體鱗傷了，任何一條路上走100碼，就可以看見一處慘痛的傷痕。」〔註19〕

　　　稿選編》第7輯，北京：中國文史出版社，2008年，第294頁。

〔註18〕穆時英：《飛機翼下的廣州》，嚴家炎、李今編：《穆時英全集》第3卷，北京：北京十月文藝出版社，2008年，第114頁。原載於《宇宙風》1937年第51期。

〔註19〕夏衍：《廣州在轟炸中》，《新華日報》1938年6月8日。

若你恰好躲避不及，正逢轟炸的時刻，那麼你很可能會聽到「炸彈在你近處落下的時候發出的那種和空氣磨擦的『嗶嗶嗶嗶』的聲音」，「這淒厲的聲音以一種可怕的力量，深壓到每個被威脅者的靈魂深底，在這一瞬間使你失去思考的餘裕，閉著眼睛等著，也許下一瞬間你的生命就會這樣的消去。接著，是震聾耳膜一般的轟響，窗格的震動，玻璃裂響，一兩秒種之後是一陣黃灰色的煙，衝鼻子的是一種泥土和火藥所混在一起的使人噴嚏的臭氣……當然，在這幾秒鐘間，幾十幾百也許是近千的生命像螻蟻一樣的消失了！這過程反覆重疊著，從清晨 5 點鐘到傍晚，從晚間 7 點到午夜。」〔註20〕

這能不是人間地獄嗎？最可怕的是，這樣的人間地獄你可能會無數次地去經歷。而當你無數次地經歷那種恐怖景象的時候，你可能就會由最初的恐懼而變得神經麻木甚至無所畏懼。這種無所畏懼，用當時的葡萄牙駐廣州總領事的話來說，就是一種「末日的思想」。〔註21〕當末日即將來臨時的時刻，恐懼已經變得毫無意義了。這個時候，你會連人類最基本的求生本能都喪失殆盡。當人失去了求生的欲望，那麼剩下的也只是沒有靈魂的軀殼。

救亡

在「七七」事變爆發前的那一段時間，廣州的抗日救亡運動似乎陷入了沈寂。除了成立幾個救亡團體之外，並沒有發生什麼大的抗議示威的事件。這大概與 1936 年 1 月 13 日那天發生的「一・一三荔灣慘案」有一些關係。而就在「七七」事變發生後的幾日，廣州好像突然找到了一個爆發口，一種民族危機之下觸發的那種力量感與使命感彷彿油然而生，一下子感染了整個廣州。包括文化界、醫務界、產業工人、商店店員等各個行業各個階層的人都行動了起來。城市街頭、機關、學校、商店甚至村鎮，到處都能看到宣傳隊、演講隊、歌詠隊、演劇隊、救護隊、募捐隊、糾察隊等隊伍的身影。可以說，一齣齣聲勢浩大的群眾運動正在廣州上演。

粵劇界是最先行動的。當時廣東八和粵劇協進會率先在 1937 年 7 月 12 日那天在廣州海珠戲院舉行義演，以演劇所得慰勞前方作戰的二十九軍將士。並發表通電，電中稱「寇深禍急，將軍率全體將士奮起抗戰，薄海同欽……

〔註20〕夏衍：《廣州在轟炸中》，《新華日報》1938 年 6 月 8 日。
〔註21〕莫嘉度：《從廣州透視戰爭——葡萄牙駐廣州總領事莫嘉度關於中日戰爭的報告》，舒建平、菲德爾譯，第 149 頁。

謹電馳勉。」〔註22〕

7月15日，駐廣東的第四路軍總司令部發表告將士書。

7月17日，廣東各界舉行民眾禦侮救亡大會，會中發出通電：「百粵民眾誓以熱血同赴艱危」，並電前方將士，表示「百粵民眾誓為後盾」，要求前方官兵誓死抗擊入侵日軍，保衛國土。會上還決定成立「廣東民眾禦侮救亡會」。就在當晚，7萬多人參加了保衛廣東的火炬示威大遊行。〔註23〕接著在25日，15萬民眾齊集中山紀念堂參加禦侮救亡示威大遊行。日機在空中盤旋著，而底下密集的人群則高聲呼喊著「打倒日本帝國主義」、「以武力保衛廣東」、「武裝我們去打日本」、「不要拿死亡來威脅我們屈服」。〔註24〕到1938年10月廣州淪陷前，還舉行了幾次這樣大型的示威遊行。如，1938年4月10日，為慶祝國民黨臨全大會暨臺兒莊大捷，廣州各界舉行提燈大巡行，30餘萬人參加。〔註25〕7月7日，為紀念「七七」抗戰一週年，廣州幾十萬人再次舉行火炬大遊行，並公祭陣亡將士及死難同胞。〔註26〕8月13日，為紀念「八一三」淞滬抗戰一週年，10萬多人參加了獻金大遊行。〔註27〕9月18日，為紀念「九一八」，20萬人參加了晚間的火炬大巡行。〔註28〕這樣的壯觀場面在廣州人的經驗中大概是很少見的。在這樣的場合，當排著隊伍的密集人群高喊著口號，上萬的人在黑夜中高舉著火把，該有多麼的震撼人心。所有身處其中的人應該都能感受到那種團結一致萬眾一心奮起抗日的激動情緒，一種浩然正氣也在人群之中迅速傳染開來。

這個時期廣州的抗日救亡運動，中國共產黨開始從幕後轉向前臺，幾乎所有的活動都能看到共產黨人的身影。儘管此時中共的合法地位並未得到國民黨當局的完全承認，〔註29〕但是由於國共合作的局面事實上已經在廣州形

〔註22〕張潔：《盧溝橋事變後廣州蓬勃開展的抗日救亡運動》，何邦泰主編、廣州市政協文史資料委員會編著：《廣州文史第48輯廣州抗戰紀實》，廣州：廣東人民出版社，1995年，第10頁。

〔註23〕張潔：《盧溝橋事變後廣州蓬勃開展的抗日救亡運動》，第11頁。

〔註24〕舒展：《飛機翼下的廣州》，陳國柱編：《抗戰中的粵桂》，華南出版社，1938年，第8頁。

〔註25〕沙東迅：《廣東抗日戰爭紀事》，廣州：廣州出版社，2004年，第93頁。

〔註26〕沙東迅：《廣東抗日戰爭紀事》，第115頁。

〔註27〕陳建華：《廣州抗戰史蹟圖文集》，廣州：廣州出版社，2006年，第55頁。

〔註28〕沙東迅：《廣東抗日戰爭紀事》，第130頁。

〔註29〕關於抗戰時期中國共產黨的合法地位問題，目前學術界尚有爭論。陳瑞雲探討此問題的文章《關於抗戰時期中國共產黨合法地位的探討》，認為抗日戰爭

成，因此，中共得以在抗日統一戰線的框架下在廣東開展統戰工作，進行抗日救亡運動。不管國共雙方對於這種合作關係是出於真誠，還是僅僅只是貌合神離，至少在抗戰初期的時候，雙方確實作出了一些富有成效的工作。也因此，這段時期的廣東甚至還被稱爲「統一戰線的模範省區」。〔註30〕

正是在這一合作的名義之下，抗日救亡團體紛紛成立。這些團體，包括廣東戲劇協會、救亡呼聲社、廣州兒童劇團、平津同學會、中山大學青年抗日先鋒隊、抗戰教育實踐社、廣州學生抗敵聯合會、廣東青年群文化研究社、留東同學抗敵後援會、廣東文化界救亡協會（簡稱「文救會」、廣東文學會、廣東青年抗日先鋒隊（簡稱「抗先」）、廣州少年抗敵先鋒隊、廣東婦女抗敵同志會、廣東歸國華僑抗敵後援會、粵港青年回鄉服務團，等等。

在所有參加抗日救亡團體的成員中，青年學生無疑是其中的主體。尤其以中山大學、勷勤大學、中大附中、廣雅中學、教忠中學、省立一中、市立一中等省會學校的學生最爲積極。中山大學和中大附中還在「抗先」之前分別成立了各自的抗日先鋒隊。參與抗日救亡活動的學生們都極富熱情，他們不僅在省會積極參加各種救亡工作，還回到各自的家鄉，向他們的父母、親友、鄉親以及見到的陌生人進行抗日宣傳，希望激起他們的抵抗情緒。

這就是廣州在淪陷之前的情況。一方面，空襲頻頻，人心浮動，社會秩序混亂，街上已經少有女人跟小孩，而匆匆來往的士兵卻滿目皆是，商店多數都關門歇業，機關也處在半休的狀態；另一方面，整個廣州都用宣傳品糊了起來，到處都可以看到日本兵士跪在拿著大刀的中國兵士前面的大幅漫畫和白布標語，街頭青年學生們表演著著名的街頭劇《放下你的鞭子》，並高聲演唱《游擊隊歌》、《義勇軍進行曲》等愛國歌曲，這一切都表明廣州的抗日救亡工作已經開展了起來。而就在這一切正在進行著的時候，廣州的淪陷卻是近在眼前了。

從 1938 年 10 月 12 日日軍在大亞灣登陸，到 21 日廣州失陷，僅僅只用了短短十天的時間。這段時間，在官方的表述中通常稱之爲「惠廣戰役」。在

時期國民黨沒有也無意正面承認共產黨的合法地位，共產黨在實際上有不完全的合法地位。具體內容可參閱陳瑞云：《抗日戰爭研究》1996 年第 1 期，第 22～29 頁。

〔註30〕 諶小岑，《抗戰初期我在廣州的見聞》，中國人民政治協商會議廣東省委員會文史資料研究委員會編：《廣東文史資料》第 50 輯，廣州：廣東人民出版社，1987 年，第 5 頁。

這場名之爲「戰役」的戰鬥中，日軍進展之神速堪稱驚人：〔註31〕

日軍第十八師團、第一○四師團，第九旅團於十月十二日晨，在軍艦數十艘、飛機百餘架掩護下，在大亞灣之澳頭港及其以東地區，奇襲登陸。敵軍先後攻陷淡水、惠陽、橫瀝、平陵、派潭趨從化；一部由淡水截斷廣九路趨樟木頭、石龍、寶安，拊虎門要塞之側背。中國軍隊節節失利，水陸交通俱遭破壞，廣州於十月二十一日失陷。

日軍第五師團於十月二十二日在珠江口大角島西岸登陸，二十三日佔領虎門要塞，二十五日佔領三水，二十六日佔領佛山，二十九日到達廣州市南貨倉。

中國軍隊第四戰區之第十二集團軍轉移至粵北清遠、橫石、良口迄新豐之線。

關於廣州淪陷當日及其前後幾日的情況，有大量的文章對其進行描述或者憶述。其中，既有日方士兵的記載，也有中方事件親歷者的記錄。其記錄的形式既有當時所寫的日記，也有事後對事件的回憶。〔註32〕翻閱這些文章，可以對廣州淪陷前後幾日的情況有一個大致的瞭解。

就在日軍進攻大亞灣前的 10 月 8 日，正是中國的傳統節日中秋節。接著十月十日，又是國民政府的雙十國慶節。這幾天，國民黨負責駐守大亞灣部隊一五一師的高級長官正在廣州和香港兩地歡度節日。到 11 日晚上，當守軍發現海面出現的日本軍艦後，才緊急通知各軍官回防。當時還在各個電影院的熒幕上打出了「一五一師官兵迅即歸隊」的字幕。

到 10 月 12 日凌晨，日軍已在大亞灣登陸了。此時，廣州的高級將領正齊聚長堤金輪酒家爲王俊就任第四路軍參謀長新職而歡宴中。正在興高采烈之際，才突然得知日軍已於當日拂曉在大亞灣登陸準備進攻廣州的消息。〔註33〕

〔註31〕 全國政協《粵桂黔滇抗戰》編寫組編：《粵桂黔滇抗戰》，北京：中國文史出版社，1995 年，第 1～2 頁。

〔註32〕 這些文章，有：內藤英雄：《1938 年日軍攻佔廣州日記》，羅晃朝譯，廣東省政協學習和文史資料委員會編：《廣東文史資料存稿選編》第 4 卷，廣州：廣東人民出版社，2005 年，第 414～415 頁；廣州市政協文史資料委員會編：《廣州文史》第 48 輯，第 164～167 頁；卜漢池，《抗戰期間廣州失守經過》，李齊念主編：《廣州文史資料存稿選編》第 4 輯，北京：中國文史出版社 2008 年，第 259～263。

〔註33〕 馮湛泉：《廣州淪陷前後見聞》，廣州市政協文史資料委員會編：《廣州文史第 48 輯廣州抗戰紀實》，第 151 頁。

第二天，日軍登陸大亞灣的消息便在廣州的報紙上刊登了出來，從這時開始，有錢的市民及軍政界的家眷，率先紛紛離開了市區。而普通市民有些還在觀望著，希望會有奇蹟出現。

可是到了 10 月 17 日，人們知道廣州已是一條「沉船」，淪陷已經是不可避免的事了。就在這一天，廣東省政府對全市下達了全市疏散的緊急通知。夏衍在 10 月 19 日寫給朋友的信上也寫到：「看模樣，廣州的失陷已經是時間上的問題了。當局好像早已決心放棄這個中國僅有的富庶的城市了。警察無秩序地在驅逐市民，在倉皇地逃避了的市民後面，他們就從容地收拾了他們剩下的東西！對於戰事任何機關都守口如瓶地不發表一點消息，而一切公用機關，郵政、電報、銀行，都已經自動地停止工作了，整個廣州像被拋棄了的嬰孩似的，再也沒有人出來過問。保衛大廣州的口號也悄悄地從那些忙著搬家眷的人們嘴裏咽下去了。」〔註34〕

諷刺的是，就在 20 日的報紙上刊登了頭一天對省政府主席吳鐵城的一個採訪。吳稱日本軍隊將「進易出難」，「就總的戰局來看，敵人對華南的入侵將有利於中國」，「我們廣州人將為一個輝煌的勝利而戰鬥，全省人民堅信廣東軍隊總司令余漢謀將軍駕馭戰局的能力。我們的所有犧牲都算不了什麼，因為任何犧牲都是對國家的貢獻。我們樂於為我們的後代，建立一個新的、更美好的中國而付出這個代價」。〔註35〕這篇談話不知是出於何種意圖，難道是在說他們之所以不抵抗，只是為了一個更美好的廣東嗎？難道是說，中國軍隊的不戰而退只是在進行一種戰略性的撤退嗎？對於此點，就是在外國人看來也覺得有些不可思議。〔註36〕不管怎樣，就在此番採訪發表的當日，吳便隨著政府機關撤離了廣州。

此時的廣州，已變得混亂不堪，商店基本上已經停止營業，貼上了奉令疏散的字樣。幾十萬的市民傾巢而出，開始向西北方向疏散。不過，由於交通工具異常缺乏，大量人群、車輛擁堵在廣花公路上，還有眾多逃難的人在珠江河面、黃沙碼頭焦急地等待著渡江。當時擔任沙面政務會主席的史密斯描述人群逃難時的情形：「逃難的人源源不斷，望不到邊，其倉惶忙亂之狀非

〔註34〕 夏衍：《廣州最後之日》，《懶尋舊夢錄》，第 280 頁。

〔註35〕 莫嘉度：《從廣州透視戰爭──葡萄牙駐廣州總領事莫嘉度關於中日戰爭的報告》，舒建平、菲德爾譯，第 156 頁。

〔註36〕 莫嘉度：《從廣州透視戰爭──葡萄牙駐廣州總領事莫嘉度關於中日戰爭的報告》，舒建平、菲德爾譯，第 184 頁。

目睹所難描述。男女老少拾著各式各樣的包裹和破爛的物品，像河流一樣整天沿著沙基路向西北流動著，凡可利用的各種車輛和船隻，統統出動，人們希望借助於它們，逃到花地、芳村或更遠的地方去。」〔註37〕

到了 10 月 20 日，當夜幕降臨，恐慌的市民還在爭先恐後地向西撤退。他們差不多是在最後一刻才決定撤離廣州的，僅僅帶著少得可憐的東西，就踏上了路途。還未撤走的政府部門及所屬機關的工作人員也還在陸陸續續地向連縣、四會分向疏散。而負責守土責任的黨政軍官們，也已先後撤離了廣州。

從 21 日凌晨開始，廣州市的情況變得更加緊張。這無疑是一個難熬的夜晚。凌晨一時三十分，廣州市發出了最後一次空襲警報。這是廣州已經幾個月不曾有過的夜間警報，「警報未完，飛機聲已經在頭上了，滿街是汽車的聲音，遠遠的火車的吼聲，炮聲，鐵甲車碾地的那種可怕的聲音……全市漆黑，沒有月亮，也沒有星光。」〔註38〕二時起，城內城外開始火光衝天，時不時地還能聽到劇烈的爆炸聲。這是按照國民政府的命令，執行的所謂「焦土政策」。幾乎所有重要的政府機關、軍用設施、工廠、公共建築物以及公共設施都被毀壞殆盡。三點三十分，全市發出了最後一次全部撤離的警報。黎明時分，國民黨的最後一批部隊用大批裝甲車、坦克和拖拉機拉著重炮和戰略物資，順著沙基大道經黃沙駛出廣州，轟隆隆的聲音顫動著人心。而最後一批欲撤離的市民也扶老攜幼地往城外奔去。可是，到了當天中午，仍然有一些人滯留在沙基大道和黃沙一帶。這些人有的還在為逃離想方設法，有的已經來不及離開，還有的則是因種種困難而無法離開了。到了下午三時三十分，日軍已經排著整齊的隊伍步入了廣州城。

在佔領廣州之後，日軍隨即佔領了廣州外圍的虎門、佛山、從化、三水、石龍、花縣等地。1939 年 2 月和 6 月又分別攻陷海南島和潮汕地區。到 1940 年 11 月截止，全省共有廣州、潮安等 36 個縣市成為淪陷區或半淪陷區。其中，廣州、汕頭、南澳、崖縣、感恩、昌江屬於完全淪陷，其餘各縣則為半淪陷區。〔註39〕

〔註37〕H. S 史密斯：《廣州棄守前後沙面孤島要事日記》（一九三八年九月二十八日——十月二十九日），黃增章譯，中國人民政治協商會議廣東省委員會文史資料研究委員會編：《廣東文史資料》第 55 輯，廣州：廣東人民出版社，1988，第 172～173 頁。

〔註38〕夏衍：《廣州最後之日》，《懶尋舊夢錄》，第 283 頁。

〔註39〕《廣東省姦偽動態調查專報》，1940 年 11 月 1 日，廣東省政府檔案 2-1-252，廣東省檔案館藏。

　　從 1938 年 10 月 12 日日軍登陸大亞灣，到 1945 年 8 月戰爭結束，近 7 年時間裏，在廣東 97 個市縣中，除少數幾個縣未被佔領外，其餘縣市均遭受過日軍進犯並被不同程度地佔領過，形成了面積廣大的淪陷區域。

　　廣州失陷得如此之快，廣州市及其附近縣份的民眾對此基本上是沒有做什麼準備的。就在那剎那間，如此多的人就得面臨各種各樣的痛苦抉擇，是要舉家逃命還是留下來等待日軍的到來？不管他們會作出什麼樣的選擇，從那一刻開始，每個人其後的命運便發生了驟變。那些選擇留在淪陷區的民眾，渡過了其後漫長的淪陷生活。

　　就在淪陷區裏，由各級偽政權組織建立起了從初等教育到高等教育的各級學校教育系統。在這些學校，昔日的那些教師再次走上了講臺。此外，還有許多新人選擇了教師這個職業，到這些新學校工作。同時，也有爲數眾多的新舊學生去了這些學校去學習，並且從這些學校畢業或者升學。

第一章　廣東省淪陷區的教育政策與
行政管理機構

　　廣州是在 1938 年 10 月 21 日被日本侵略軍佔領的。在佔領廣州之後，日軍又相繼佔領了廣東省的其他二十多個縣市。就在這些地區形成了面積廣大的淪陷區域。而「淪陷」並不僅僅意味著政權組織的簡單更換，更爲重要的是，對於那些生活在這片土地上的民眾來說，就在淪陷的刹那時間裏面，如此多的人就得面臨各種各樣的痛苦抉擇：是要舉家逃命還是留下來等待日軍的到來。

　　在淪陷區裏，各種新的政權組織在日軍的扶持下相繼建立起來。這些政權組織包括最初的各級維持會以及隨後成立的省市縣各級政府。在整個淪陷時期，就是由這些政權機構在廣大的淪陷區裏面行使其統治權力。而教育作爲其施政的一項重要內容，也進入了各級政權組織的施政範圍。他們不僅制定和實施了各種教育政策，而且還建立了各級教育行政管理機構。那麼，在廣東省淪陷區由各級僞政權組織所實施的教育政策的具體內容是怎樣的呢？爲了實施這些政策，又採取了哪些措施？對所有這些政策及措施要如何進行評價？此外，由這些僞政權組織所建立起來的教育行政機構是如何設置的？與原南京國民政府時期相比有何不同與相似的地方？這些教育行政機構又是如何行使其管理教育的權力的？

第一節　廣東省淪陷區的教育政策及其演變

　　在長達七年的淪陷時間裏，廣東省淪陷區各級政府所實施的教育政策並不是始終一貫的，而是根據政治勢力的演變以及戰場形勢的變化而隨時進行

調整。廣東省淪陷區教育政策的實施，總的來說，可以分爲這樣三個階段：
第一個階段，從1938年10月廣州失陷到1940年5月僞廣東省政府成立之前，
這段時期大致可稱爲「維持會」時期。在這個階段，教育實施的目的並不在
發展教育，而主要是爲了向學生灌輸日華親善的思想。因此各地的教育政策
及其施行都是圍繞著這個目的而展開的；第二個階段，從1940年3月汪精衛
國民政府及5月僞廣東省政府相繼成立到1941年12月太平洋戰爭爆發之前。
在這個階段，主要是根據汪精衛國民政府所制定的「和平反共建國」的教育
方針全力實施親日教育政策；第三個階段，即太平洋戰爭爆發之後。在這個
階段又可以汪精衛國民政府對英美宣戰爲界大致分爲兩個時期。前期在繼續
實施第二個階段的親日教育政策的同時開始大力推行新國民運動；後期則全
面轉向戰時教育政策的實施。接下來，就將通過具體的政策文本以及實例對
廣東省淪陷區三個階段的教育政策進行具體討論。

一、「維持會」時期的教育政策

1938年10月隨著廣州的失陷，廣東大半富庶縣市也接連被日軍佔領，一
直到汪精衛國民政府及廣東省政府分別於1940年3月和5月相繼成立，這段
時期大致可稱爲「維持會」時期。在這一年多的時間，那些淪陷的縣市在日
本佔領軍的扶持下相繼建立起了各級維持會組織。這些地方政權機構的建
立，不僅僅是爲了填補各地行政機關北撤後所遺留的政治眞空，更爲重要的
是協助日軍維持各地的公共秩序。

與其他地區的維持會一樣，在廣東淪陷區建立起來的大小維持會同樣是
一種傀儡機構，而且比起在它之後成立的各級僞政權要更加徹底地受日本佔
領軍的控制。這些維持會通常都心甘情願地按照日本佔領軍下達的各項命令
去行動，而且他們常常把這種「聽命行事」宣揚成是在創造一個新的時代，
一個在「日華親善」的名義下所虛構出來的新廣東。用當時各維持會樂於使
用的「更生」一詞可以很清楚地看出此時期各級政權機構的傀儡性質。儘管
廣東各地維持會基本上處於一種各自爲政的狀態，既沒有建立統一的行政領
導，也沒有制定統一的政策措施。但是，還是可以從中找出其施政的共同目
標，即爲了配合日軍的軍事佔領，以全面恢復各項基本設施建設。因此，維
持會的存在，對於其統治地域內的各項事業來說其作用並不是建設性的，僅
僅是作爲一種臨時過渡性質的機構去執行日軍的軍事佔領政策。維持會的這

種傀儡性質，表現在教育上，其目標並不在發展教育，而更多的是將其作為一種軍事佔領政策下的附屬物或者陪襯。所謂的「復興」教育，不過是一種政治宣傳口號而已。

正是在這一「教育復興」的口號下，各個淪陷區的教育事業開始逐步得到恢復。學校（基本上是小學）重新開始開辦，不過進展緩慢。各地已經成立的學校，不管是生源還是師資都極為缺乏。父母們大多都還處在觀望狀態，很少送他們的適齡孩子去入讀這些學校。更多的人選擇了私塾，以致各種類型的私塾遍佈城鄉各地。各地維持會為了讓盡可能多地學生進入他們開辦的學校上學，因此通令其轄下的區鄉鎮迅速復辦原有學校，並紛紛取締私塾。

儘管如此，其結果卻並不盡如人意。不管是縣市立學校，還是鄉鎮立學校，都遠遠沒有恢復到事變之前的狀態，特別是鄉鎮對於復辦學校大多缺乏興趣。以番禺為例，該縣在事變以前，原有中等學校四所，縣立、私立各兩所，小學校 405 所，其中縣立小學 7 所，其餘為區立、鄉立或私立小學，事變後均經停頓。到縣政府成立之前，該縣恢復的學校僅有縣立小學三所，區立小學一所，鄉立小學八所，私立小學十一所。〔註1〕廣州市截止到 1940 年 3 月也只開設了 43 所小學校，其中公立小學二十二所，學生人數僅為 5483 名，立案之私立小學二十一所，學生人數則為 927 人。〔註2〕另外在 1940 年 4 月廣州市公署還設立了兩所中等學校，即廣州市公立第一中學校與廣州市公立第一女子中學校。〔註3〕在師資方面，儘管當局一再通令各地進行教師登記，可應者寥寥。廣東治安維持委員會為了解決小學師資問題，還成立了一個小學教員訓練所。不過就是這個專門培養小學師資的機構，也是遲至 1939 年 7 月 15 日才正式開課。這些受訓學員在訓練一個月並派往臺灣「考察」教育之後即被委任為校長或教員，分配於廣東維持會統治範圍之內的幾個地區。〔註4〕這樣的訓練所一共開辦了兩期，第一期受訓學員 162 名全部派充為小學教職員，第二期則多派往政府機關。〔註5〕廣州如此，其他淪陷地區師資缺乏的

〔註1〕《番禺縣政公報》1940 年第 3 期。

〔註2〕《廣州市公立小學校職員學生人數表》、《廣州市立案私立小學校一覽表》，《廣州市公署公報》1940 年第 4 期。另可參見歐大慶：《華南之政治觀與復興》，《華文大阪每日》第 4 卷第 9 期第 37 號，1940 年 5 月 1 日，第 2 頁；《廿八年廣州小學教育概況》，《中山日報》1940 年 1 月 1 日。

〔註3〕《廣州市政公報》1940 年第 4 期。歐大慶：《華南之政治觀與復興》，第 2 頁。

〔註4〕《廿八年廣州小學教育概況》，《中山日報》1940 年 1 月 1 日。

〔註5〕陳嘉藹：《廣州淪陷時期的教育概況》，中國人民政治協商會議廣東省廣州市

問題則更爲嚴重。

　　這個時期，雖然學校教育的進展十分緩慢，不過，卻有另外一項教育「事業」得到發展，這就是日語學校的開辦。日語學校甚至還是廣東淪陷區最早開始辦理的教育事業。第一所日語學校是在 1939 年 1 月 10 日建立的廣州日語學校，分惠福與惠愛兩個校區，由臺灣總督府派澁田榮一、金子四郎、山本豐等人擔任校長、教務長以及事務長的職務。〔註 6〕此後，各淪陷區開辦的日語學校，絕大部分都是由各日本駐軍開設的。日軍每進駐一個地區，通常都會由宣撫班開辦日語學校作爲其實施「宣撫」政策的一種手段，日語學校的教師也是直接由部隊官兵擔任。〔註 7〕其任務主要是配合日軍的軍事作戰對佔領地的民眾進行教化安撫，而日語學校的開設就是其中一種安撫方式。因此這種類型的日語學校遍佈各個佔領地區。到 1941 年 10 月這些日語學校由陸軍特務機關將其移交給中國方面管轄。據統計此次廣東省教育廳接收的日語學校共 102 校，其中廣州 5 校，南海 23 校，番禺 28 校，東莞 6 校，增城 12 校，三水 2 校，從化 3 校，花縣 5 校，新會 2 校，潮安 4 校，澄海 2 校，寶安 11 校。〔註 8〕

　　此外，還有由地方政府及社會團體創辦的日語學校或日語講習所之類的機構。如番禺縣公署開設的東山日語學校、維新日語學校、第一區立日語學校，〔註 9〕僑粵滿族協會開辦的勞工日語班，廣東留東同學會開辦的日語講習所，〔註 10〕廣東婦女會開辦的廣州女子日語學校，〔註 11〕汕頭婦女會與市商會也分別開辦了一所日語學校，〔註 12〕華南佛教協會還分別於大佛、六榕、

　　　　委員會文史資料研究委員會編印：《廣州文史資料》（第 10 輯），1963 年，第
　　　　150 頁。還可參見《中山日報》1939 年 11 月 10 日。
〔註 6〕《圖片：廣州日語學校運動大會》，《南星》第 2 卷第 3 期，1940 年 3 月。
〔註 7〕所謂的「宣撫班」，是日軍在軍事佔領推進過程中，爲維持地方行政機關和民
　　　　眾團體而設置的附屬機構。其組織系統，就廣東來説，在南支派遣軍廣州司
　　　　令部設宣撫部，師團設宣撫處，聯隊（團）設宣撫班。參見劉連湖：《侵華日
　　　　軍內幕種種》，政協花都市文史資料研究委員會：《花都文史資料》第 15 輯，
　　　　1995 年，第 129～130 頁。
〔註 8〕廣東省政府秘書處編：《廣東省政概況》，廣州，1942 年，汪僞-6，廣東省檔
　　　　案館藏。
〔註 9〕《番禺縣政公報》1940 年第 3 期。
〔註 10〕《中山日報》1939 年 6 月 20 日。
〔註 11〕（僞）廣州市社會局編：《新廣州概覽》，1941 年，第 21 頁。
〔註 12〕中國國民黨中央執行委員會粵閩區宣傳專員辦事處編：《潮汕淪陷區報告》，
　　　　1940 年，第 19 頁。

華林及海幢四個寺廟開設了四間日語學校。〔註 13〕這樣的學校一般都是單獨設立，但也有附設於各級學校內的，如番禺就在區立一小內附設了一個日語深造班。〔註 14〕還有一類日語學校則是由日本派往廣東淪陷區的宗教組織開設的，如屬於日本神道教的天理教在廣州開辦的日語學校，屬於日本佛教的西本願寺還在廣州、汕頭各開設了一間日語學校，以向當地居民進行宣撫工作。〔註 15〕

上述這些日語學校，多屬於速成性質，修業期限一般三到六個月，還有少數的設有一年制或兩年制的高級班和研究班。一般來說，其對學生的入學資格沒有作任何限制，任何人隨時都可進校學習。對於這種日語學校，日僞雙方都無意於將其納入中國的學校系統，與各級各類學校開設的日語課程也不產生直接關聯，而是使其另成一格。其開設，既有籠絡人心的用意，如在結業後許諾給他們安排工作。大多數願意進校學習日語的人多是奔此而去。但是更爲重要的是爲了安定民心，通過向當地民眾宣揚中日親善與防共反共的思想，以使他們樂於接受日軍的到來。

在上述這些學校，「親日」痕跡隨處可見。

首先，在人事方面。不僅教育主管機關的人員一律以親日留日人員爲主體，像廣東治安維持會就表示「對於所有職員任用，原定概以確抱反蔣親日精神之少壯人員爲主，尤以留日學生爲最適宜。」因此，爲表示「中日親善」，還特別整理了一份「廣東留東學生同學會計劃表」，用以招攬留日人員。〔註 16〕而且還由日本人直接擔任各種行政或技術職務。他們或者以顧問的身份對各地維持會主辦的教育事業進行控制，或者直接充當學校的教員。像廣東維持會學務科顧問菅向榮不僅被聘請擔任小學校教科書編纂委員會的主任委員，而且還被聘爲專員帶領小學教員訓練所的學員赴臺考察中小學教育。〔註 17〕

〔註 13〕（僞）廣州市社會局編：《新廣州概覽》，第 21 頁；《中山日報》1939 年 12 月 22 日。

〔註 14〕《番禺縣政公報》1940 年第 3 期。

〔註 15〕（僞）廣州市社會局編：《新廣州概覽》，第 21 頁；中國國民黨中央執行委員會粵閩區宣傳專員辦事處編：《潮汕淪陷區報告》，第 8 頁。另外，關於日本宗教於中日戰爭時期在中國進行宣撫工作的研究，可參閱王向遠：《日本對中國的文化侵略——學者、文化人的侵華戰爭》，北京：崑崙出版社，2005 年，第 349～378 頁。

〔註 16〕《廣東治安維持委員會公報》1939 年 11 月 1 日。

〔註 17〕《廣州市公署公報》1940 年第 2 期。

廣東維持會設立的小學教員訓練所也是由日本人全面操控，雖然由中國人擔任所長，但僅為掛名，所內一切事務均由日本人負責，其教授的男女舞蹈體操之類的課程也是由日本人擔任。〔註 18〕又如番禺縣立二小，就是由黃埔兵站派出的荒川初次郎、八田大朗及通譯陳玉麟擔任該校的日語及體育教員。〔註 19〕像這樣的例子在各個淪陷區可以說不勝枚舉。

其次，在課程設置方面，首次在小學課程裏面開設了日語課。以廣東維持會為例，關於日語課的開設，按照其制定的《暫定小學學科時間表》規定，從小學一年級到六年級一律開設日語課，每周教授六個學時，共 240 分鐘。〔註 20〕不過，由於日語教員以及日語教科書均不敷應用，因此，上述規定也只是形同具文，並未得到有效實行。除了日語課的開設之外，還通過各種方式各種途徑向學生傳遞「日華親善」的思想。比如，廣東維持會在其制定的《廣州市公立小學兒童操行考查暫行補充辦法》中就將是否有「中日親善之正確思想與行為」列在考察標準的首位。〔註 21〕其他的如教唱「支那之夜」、日本國歌等親日歌曲，邀請所謂日華名流到各校作關於「東亞共榮圈」、「中日提攜」、「中日親善」等等的講話。

在這個時期，還有一件頗為引人注目的事情，就是對紀念日的大肆更改。下面列出了廣州市公署制定的 1939 學年度（1939 年 8 月 1 日到 1940 年 7 月 31 日）各級公私立學校紀念日表：

表 1-1　廣州市公署 1939 學年度各級公私立學校紀念日表

1939 年	8 月 27 日	孔子誕生紀念日舉行紀念並放假一天
	10 月 10 日	國慶紀念日舉行慶祝並放假一天
	10 月 21 日	廣東更生紀念日舉行慶祝並放假一天
	11 月 3 日	日本明治節舉行紀念
	11 月 12 日	總理誕辰紀念日舉行紀念並放假一天

〔註 18〕李玲口述、黃國祥整理：《廣州淪陷時期的「小學教員訓練所」和學員赴臺考察經過》，李齊念主編：《廣州文史資料存稿選編》（第 7 輯），北京：中國文史出版社，2008 年，第 315～316 頁。

〔註 19〕《番禺縣政公報》1940 年第 3 期。

〔註 20〕《暫定小學學科時間表》，《廣東治安維持委員會公報》。

〔註 21〕《廣州市公立小學校兒童操行考查暫行補充辦法》，《廣州市公署公報》第 2 期。

1940 年	1 月 1 日	中華民國成立紀念日舉行慶祝並由是日起放假三天
	2 月 11 日	日本紀元節舉行紀念
	3 月 12 日	總理逝世紀念日下半旗誌哀舉行植樹式是日放假一天
	4 月 29 日	日本天長節舉行紀念
	7 月 7 日	興亞紀念日舉行紀念並放假一天

資料來源：《廣州市公署公報》1940 年第 2 期。

我們可以將上述紀念日大致概括為如下三類：第一類為繼承傳統的紀念日，包括孔子誕生紀念日、國慶紀念日、中華民國成立紀念日、總理誕辰與逝世紀念日等。對這種紀念日舉行的紀念活動，主要是為了強調對於過去歷史的延續性與繼承性。很顯然，在維持會時代，各級政權機構所希望繼承的不是蔣介石的國民政府，而是希望上溯到北京政府，所以對於原南京國民政府所舉行的一些紀念日如清黨紀念日一概予以刪除。也正因為如此，所以各地維持會才會懸掛五色旗，而非青天白日旗；第二類是向人們展示「新時代」的紀念日，這樣的紀念日包括廣東更生紀念日與興亞紀念日。這樣的紀念日是為了以示與過去的區別，並向人們宣示其政權的正當性；第三類，則是直接移植日本國家的紀念日，包括日本明治節、日本紀元節、日本天長節。將這樣的節日直接放入學校曆，並要求各級各類學校舉行紀念活動，特別能夠表現出維持會時期教育政策依附性的一面，也將其親日媚日之態表露無遺。

　　不管是哪種類型的紀念日，其實都是在試圖向其統治地域下的民眾傳遞一種訊息，即要「從焦土上建設新文化」，而且必須「要起大革命，才能建設『新』文化」。這種所謂「新文化」也就是要拋棄一切西方的文化傳統，向日本全面轉向。正如番禺縣行政專員公署長官李智庵在番禺縣第一區立小學校及日語學校開學典禮上所說的：〔註22〕

　　　　舊文化的形質，已隨著焦土政策，而亦變成灰燼了，古物、國粹、建築、風景、文藝的園地，半是蒙戰神的光顧，冷落以淒涼，古人云：「大塊假我以文章」，如果戰神下臨，大塊會立刻變成焦土，還有什麼好文章，就是壞的，也藉此以剷除淨盡，我們一見到這光景，一面的在感歎，卻又一面的預慶，因為沒有舊的和壞的障礙，新文化在這個當頭，就易於產生起來。舉一個例，秦始皇焚書坑儒，

〔註22〕 李智庵：《番禺縣第一區立小學校及日語學校開學訓詞》，《番禺縣政公報》1940 年第 3 期。

把楊墨異端的著作，和權謀數術的策士，都一齊在焚在坑，所以到了漢初，沒有那些異端邪說的障礙，儒術就易於推崇起來，文藝也就易於復興起來。

教育是人類文化的柱石，文化到了一個時代的革新，教育界的人們，趕緊就要隨著潮流完成他的學術革命義務，我們看那五四運動一班出風頭最力的智識屆，都狂熱的提倡白話，有主張以水滸紅樓作學校中課本，一洗「之乎也者」的文言，所謂「課本革命」，而對於學術思想方面，卻全盤的歐化了。僅把課本中的「之乎也者」改作「的嗎呢喲」，所謂不齊其本，而齊其末，現在不僅是要徹底的課本革命，而且要把學術思想轉換過來，黨化教育，抗日教育，普羅文藝，不是顯然違背東方的文化嗎？不是一齊應在打倒之列嗎？而在推倒一切違背東方文化的障礙之後，就要「以善鄰友好為教育宗旨，以開示新教育的途徑」。這其實是對日本對華文化宣傳教育政策的一種全面響應。日本內閣五相會議於 1938 年 7 月 19 日通過的《從內部指導中國政權的大綱》中，就指明要「尊重漢民族固有的文化，特別尊重日華共通的文化，恢復東方精神文明，徹底禁止抗日言論，促進日華合作。……。對共產黨，應絕對加以排除、打擊；對國民黨，則應修正三民主義，使之逐漸適應新政權的政策。」〔註 23〕

由上所述，顯然，維持會時期的教育，其基本目標就是將「反共、反蔣、日華親善」的思想通過教育的實施灌輸給每一個學生。用當時人的話來說，就是要「把學生心理上印著一個日華永久親善的幌子，懸進一幅建立東亞協同體的繪圖，使學生薰陶在新教育之中，使學生鼓舞於光天化日之下，而且必使每個人民都是這樣銘心刻骨似得，思想行動，才能歸於純正，才能一步一步的從焦土上建起崇隆而偉大的文化。」〔註 24〕

二、偽廣東省政府成立時期的教育政策

在經過與日本一年多的討價還價之後，汪精衛國民政府在 1940 年 3 月 30 日於南京宣佈成立。在成立當日發表了還都宣言及國民政府政綱，宣佈以「實

〔註 23〕彭明主編，武月星、楊若荷本冊編著：《中國現代史料選輯》第五冊（1937～1945）下，北京：中國人民大學出版社，1989 年，第 252 頁。
〔註 24〕李智庵：《番禺縣縣立第二小學校開學訓詞》，《番禺縣政公報》1940 年第 3 期。

現和平」與「實施憲政」為國民政府兩大施政方針，並「以反共和平建國為教育方針」。〔註25〕隨後的 5 月 10 日偽廣東省政府也舉行了成立典禮，在其發表的《改組成立宣言》中，宣佈「本省今後之政治設施，自當矢忠矢誠，在中央統一指導之下，奉行既定國策，……。以負起新時代之使命，而完成新廣東之建設。」〔註26〕此後，「和平、反共、建國」六字便成為汪精衛國民政府與廣東省政府一切施政的張本，特別是被用來作為該政府的教育方針予以了明確宣示。

對於這一方針，汪精衛國民政府曾以政策聲明、文件、通令、講話以及會議等多種形式進行過闡釋與說明。汪精衛本人及其政府官員也曾在多種場合談到過實行「和平反共建國」方針的重要性與必要性。這一字眼用得如此頻繁，以至於大家在談到汪精衛國民政府教育方針的時候，首先想到的便是這六字宣言。不過，問題的關鍵並不在於時人是不是樂於使用這一字眼，而在於這一宣示是否具有實質的意義。也就是說，汪精衛國民政府在使用這一方針的時候，究竟是將其作為一種宣傳口號還是將其實實在在地貫徹到教育工作的方方面面。這也是接下來要予以詳細討論的問題。

這一「和平反共建國」的教育方針，在汪精衛國民政府及偽廣東省政府存在的五年時間裏面是一以貫之的。不過，就具體的教育政策來說，則會隨著戰場形勢的變化以及內外政治情勢的演變而發生改變。這種變化大致可以太平洋戰爭爆發為界，分為前後兩個階段。

在太平洋戰爭爆發之前，汪精衛國民政府及偽廣東省政府在教育政策方面的主要目標是要將剛剛確立的「和平反共建國」的教育方針在其統治區域內加以貫徹實施。不過，根據當時實施的實際情況來看，重點其實是在「和平」與「建國」兩方面。至於「反共」，雖然也在很多場合予以強調，但是可能更多地是作為一種政治上的宣傳策略，並未真正落實到教育的實施過程當中。

就「和平」與「建國」來說，其意思也是含混不清的。有時候分開加以說明，不過，大部分時候還是將其並提，稱之為「和平建國」。但是，很顯然，

〔註25〕 《國民政府還都宣言》、《國民政府政綱》，南京大學馬列主義教研室、《汪精衛問題研究組》選編：《汪精衛集團賣國投敵批判資料選編》（內部發行），1981年，第 232～235 頁。

〔註26〕 《廣東省政府公報》1940 年第 1 期。

所謂「和平建國」，其重心其實是在「和平」二字。就「建國」而言，汪精衛雖然有其意願，但是事情的發展顯然不在其控制之下。因此，這段時期，就在「建國」的名義下，「親日」教育政策得到大力推行。

親日教育政策的實施可能是汪僞政權最爲人詬病也最讓人感到困惑不解的地方。因爲這與他時時宣稱的獨立自主是完全背道而馳的。可是，這又是其新政權不得不重點加以推行的政策，因爲他們迫切需要得到來自日本軍方的武力支持才能持續生存下去。無論如何，這一既定政策還是被全力推向了汪精衛國民政府統治所到的所有區域。爲了將親日教育政策在淪陷區加以廣泛實施，他們採取了種種方式，包括對和平運動的宣傳、對學校課程與教科書的修訂與修改、對學校師生的思想控制、日語教育的普及等等。就廣東省淪陷區來說，尤以和運宣傳最爲突出。通過密集的宣傳，在整個淪陷區籠罩了一層凝重的氛圍，並將這種氣氛輻射到了所有其宣傳所能夠推進的地方。所有的教育活動就在這層由中日雙方合作所密織的羅網之下展開。接下來就重點討論和運宣傳的開展情形，以此展現親日教育政策在廣東省淪陷區的推展過程。

在太平洋戰爭爆發之前，宣傳工作的中心是對「和平」問題所進行的理論闡發，希望借由這種宣傳將汪精衛國民政府的一整套有關「和平」的政治思想和政治認知植入民眾的頭腦中，以使他們首先瞭解並進而支持他們的這項和平事業。對於開展這項工作的目的，正如時任僞廣東省政府主席的陳耀祖所稱：「『宣傳工作』是和平反共建國運動裏面一種非常重要的工作，因爲和平運動，不只是求中日兩國間軍事狀態的消除，尤在於全國人民心理的改造，所謂心理的改造，是以把過去種種絕對錯誤的抗戰意識完全毀滅，從新建立一種中日親密友好合作的和平意識，以蘄致中日永久和平，樹立東亞和平的百年大計。」〔註27〕故和運開展中之宣傳工作便側重於「泯除」民眾中對日仇視的心理，並「對民眾竭力輸以大亞洲主義暨和平反共建國之正確思想，俾亞洲民族得樹立永久和平。」〔註28〕

而日本方面對於此項宣傳事業也格外重視。在 1941 年 8 月 4 日於廣州舉行的東亞新聞記者大會上，日本司令官今村在致詞中即將宣傳戰喻爲現代戰

〔註27〕陳耀祖：《一年來工作的檢討》，《廣東省政府公報》1941 年第 13 期。
〔註28〕《廣州市政府公報》1941 年第 19 期。

爭中的重要手段之一，與武力戰、經濟戰、外交戰的關係至爲重大。〔註29〕
爲此，廣東省淪陷區眾多的政府機構、學校機關、中日社會團體以及新聞媒
體都參與到了這項工作之中。其中起主導作用的是各級政府部門所屬的宣傳
機構，包括省政府內的宣傳處以及各縣市設立的宣傳科或主管宣傳的科室。
而其他各種機關團體則起著推波助瀾的作用，尤以東亞聯盟中國總會廣州分
會及各縣市支會進行的和運宣傳工作最爲引人注目。〔註30〕

　　當時所採用的宣傳手法是五花八門的，文字、語言以及表演等各種形式
都被加以廣泛的運用，甚至連各地舉辦的體育比賽都被冠上「和平」、「建國」
的字樣。在文字宣傳方面，使用得最多的宣傳形式是報刊這種紙質媒介。當
時廣東省淪陷區發行的報紙主要有中山日報、廣東迅報、民聲日報、珠江日
報及南粵日報。雜誌則有宣傳處主辦的《協力》、《新廣東畫報》，協榮印書館
出版的《新亞雜誌》、《南星雜誌》、《婦女世界》，東亞聯盟廣州分會主辦的《東
聯月刊》、《東聯畫報》，廣州市政府《南洋雜誌》，汕頭《潮聲》，瓊崖《瓊海
潮音》，廣州洪道分社《洪道月刊》，省婦女會《濤聲》，市婦女會《婦女月刊》，
番禺東聯分會《曙光》，等等。這些報刊雜誌，均以刊載有關和平反共建國的
言論爲重心。〔註31〕

　　那個時候，這些報刊還喜歡刊登的一個主題是有關「中日互訪」的新聞，
特別是全文刊載的那些訪日訪臺的觀光日記。這些觀光者回來必有文字見諸
報端，這些文章描述了在日本和臺灣的見聞與觀感，對日本所取得的進步表
示讚歎，同時更重要的是以一個觀察者的眼睛看到了中日之間的差異，並且
對這種差異感到喪氣。將這些文章刊載在報刊雜誌上，顯然充滿著太過濃厚
的宣傳意味。

　　除了報刊這種出版物外，還有在街市、學校甚至影院隨處可見的大字標
語、漫畫以及散發的各種宣傳和運的通俗小冊子。就在廣州惠愛東路的路中
央，高高豎立著一塊路標，在「右邊大轉左邊小轉」的交通規則上面刻著「中

〔註29〕國民政府行政院宣傳部編印：《東亞新聞記者大會實錄》，1941年，汪僞5，
　　　　廣東省檔案館藏。
〔註30〕東亞聯盟中國總會廣州分會最初是叫做中華東亞聯盟協會，於1940年9月9
　　　　日在廣州成立，隨後各縣市分會也紛紛成立。1941年2月東亞聯盟中國總會
　　　　在南京成立，中華東亞聯盟協會便改組爲東亞聯盟中國總會廣州分會，各縣
　　　　市分會也改爲支會。關於東聯協會所開展的宣傳工作可參見《東亞聯盟月
　　　　刊》、《東亞聯盟畫報》等雜誌。
〔註31〕廣東省政府秘書處編：《廣東省政概況》，1942年。

日親善」四個大字。〔註32〕到 1940 年 10 月份，標語則換成了「善鄰友好」。
〔註33〕

　　各機關團體舉辦的展覽會也時常在各地舉行。如嶺南畫家聯盟會於 1941
年 6 月 11 日至 16 日連續五天舉行的「中日親善美術展」。就在這次展覽會上，
共展出了 112 幅作品。〔註34〕還有 1941 年 7 月 21 日至 30 日由特務機關舉辦
的南支派遣軍書畫寫眞展覽會，1941 年 9 月由協榮印書館主辦的中日兒童美
術展、嶺南畫家聯盟第四屆美術展。就在這次的中日兒童美術展覽會上，有
200 多所學校前去進行了參觀。〔註35〕中日文化協會廣州分會也在同月 28 日
於孔廟內舉辦了中日兒童親善美術展覽會。此次展覽會的目的，據該會所稱
是爲了「謀中日兒童情感之融洽，交換中日兒童藝術之觀摩，並促進其學業
增進」。〔註36〕

　　語言宣傳方面，只要看看當時在城市鄉村的街頭、學校的禮堂舉行的關
於「大亞洲主義」、「東亞聯盟運動」、「和平運動」的各種演講比賽、座談會、
研究會、講習會以及演講會，我們就可以想像當時汪僞對於和運宣傳是多麼
地費盡心思。表演方面，既有在臨時搭建的舞臺上上演的包括傳統的粵劇、
紙話劇以及新式的白話劇在內的各種戲劇演出，也有各種大合唱在舞臺上演
唱「保衛東亞之歌」之類的歌曲。

　　此外，還有一些不時舉行的大巡行。就在僞廣東省政府成立前，廣州即
舉行了一場「華南各界促進和平聯合大會」，會上彭東原以廣州市長的身份發
表演說，號召「立即停止抗戰，促進和平實現」。在廣場上，有女生手持著宣
傳牌，大呼「中日合作萬歲」。〔註37〕

　　廣播也被運用來進行和運宣傳。在省政府於 1941 年 5 月舉行的第一次市
縣長會議上，即通過了一個「舉辦播音教育以推進民眾教育」的提案。據該
提案所稱：「查民眾教育，用以啓發國民智識，關係重要，值此和平建國之秋，
允宜將和平親善方策，啓迪民眾，以堅人群之信念，而奠東亞永久之和平，
此案利用適當時間，廣向一般無暇求學民眾播音，費簡用宏，在此庫帑支絀

〔註32〕《南星》第 2 卷第 3 期，1940 年 3 月。
〔註33〕《南星》第 2 卷第 10 期，1940 年 10 月。
〔註34〕《南星》第 3 卷第 7 期，1941 年 7 月。
〔註35〕《南星》第 2 卷第 8、9 合刊，1940 年 9 月。
〔註36〕《廣東省政府公報》1941 年第 17 期。
〔註37〕《南星》第 2 卷第 3 期，1940 年 3 月。

之秋，藉此推行民教，亦屬重要可行，擬請照原決議案分別令行各市縣政府切實辦理。」〔註38〕

　　在各種紀念日舉行的紀念活動，也是向民眾進行宣傳的時機。汪精衛國民政府成立之後，在 1940 年 10 月 9 日以國家的名義發佈了「國定紀念日日期及紀念辦法案」。〔註39〕該辦法，大體沿襲了原南京國民政府的紀念日政策，表現出對原南京國民政府的一種繼承性。不同之處是增加了「國府還都紀念」與「和平反共建國運動諸先烈殉國紀念」以表示對日合作的立場。下表列出了汪精衛國民政府 1940 年所公佈的國定紀念日表：〔註40〕

表 1-2　國定紀念日表（1940 年 10 月 3 日中央政治委員會第 22 次會議決議通過）

日期	紀念日名稱	紀念儀式	宣傳要點
一月一日	中華民國成立紀念	是日休假一天，全國一律懸旗紮綵提燈誌慶並由各當地政府召開各界慶祝大會	1、辛亥革命及辛亥前後各地革命運動之經過及其因果；2、總理就任臨時大總統宣言中重要意義；3、中華民族復興之意義 4、封建專制與民主政治之比較
三月十二日	總理逝世紀念	是日休假一天，全國一律下半旗停止娛樂宴會誌哀並由各當地政府召開各界紀念大會	1、講解 總理遺囑及自傳；2、講述國民黨接受 總理遺囑經過事實及第一屆中央執行委員會第三次全體會議發出之宣言訓令；3、講述 總理逝世後國民黨工作之概要與今後應有之努力
三月二十九日	革命先烈紀念	是日休假一天，由各當地政府召開紀念大會祭典所有爲革命而死之烈士　附加補充規定是日仿雲南起義紀念之例一律懸旗紀念	講述各革命先烈爲國犧牲之事略；講述各革命先烈生平之言行；3、闡揚各革命先烈之特別精神

〔註38〕《廣東省政府公報》1941 年第 13 期。
〔註39〕（汪僞）《國民政府公報》第 86 號，1940 年 10 月 16 日，第 3～5 頁。
〔註40〕該表此後經過了幾次修正，最大的改動是在 1942 年 3 月 26 日所頒佈的《修正國定紀念日表》刪除了革命政府紀念與國民革命軍誓師紀念，見《廣東省政府公報》1942 年第 26 期。

三月三十日	國府還都紀念	是日全國一律懸旗各機關各團體各學校均分別集會紀念不放假	講述中日事變之事略；2、說明中日共同擔負建設東亞新秩序與國府還都之意義；3、闡述和平反共建國之使命
五月五日	革命政府紀念	是日全國一律懸旗誌慶各機關各團體各學校均分別集會紀念不放假	1、講述民十時代軍閥與帝國主義之暴亂情形；2、說明　總理就職總統之原因及其護法之精神；3、說明　總理爲國爲民之大無畏精神與吾人應有之努力
七月九日	國民革命軍誓師紀念	是日全國一律懸旗志慶各機關各團體各學校均分別集會紀念不放假	1、講述國民革命軍成立之歷史及其使命；2、講述國民革命軍北伐經過及其重要意義；3、講述國民黨歷次出師北伐宣言重要意義
八月二十七日	先師孔子誕辰紀念	是日休假一天，全國各界一律懸旗誌慶並由各當地政府召開各界紀念大會	1、講述孔子生平事略；2、講述孔子學說；3、講述國父孫中山革命思想與孔子之關係
九月一日	和平反共建國運動諸先烈殉國紀念	是日休假一天，由各當地政府召開紀念大會祭典所有爲和運而死之烈士 附加補充規定是日仿雲南起義紀念之例一律懸旗紀念	1、講述各和運先烈爲和平反共建國犧牲之事略；2、講述各和運先烈生平之言行；3、闡揚各和運先烈之特殊精神
十月十日	國慶紀念	是日休假一天，全國一律懸旗紮綵提燈誌慶並由各當地政府召開各界慶祝大會	1、國慶日之意義；2、講解　總理遺囑中之雙十節紀念；3、講述民元前一年武昌首義之情形與今後應有之努力
十一月十二日	總理誕辰紀念	是日休假一天，全國一律懸旗誌慶並由各當地政府召開各界慶祝大會	1、講述　總理生平革命之重要事略；2、演講　總理學說；3、演講三民主義
十二月二十五日	雲南起義紀念	是日全國一律懸旗紀念並由各機關各團體各學校分別集會紀念不放假	1、述雲南起義情形；2、述封建專制與民主政治之比較

資料來源：（汪僞）《國民政府公報》第 86 號，1940 年 10 月 16 日，第 3～5 頁。

　　紀念日的這種變遷，也從另一個側面顯示出汪精衛國民政府政治立場的矛盾之處。它既想表明自己作爲國民政府的正統是獨立於日本之外施政的，因此這一紀念日就不同於維持會時期由各縣市維持會自行制定的各種紀念

日。那些赤裸裸的媚日節慶日被完全取消，而從原南京國民政府執政時期所制定的各種紀念日中揀選出能夠表徵國民黨政治符號的紀念日，並以法定的形式加以確認。與此同時，這個政府又必須顯示出自己有別於原南京國民政府的一面，並將這些不同之處通過節日紀念的形式讓其民眾能夠認同並且接納。所以，對於像「國府還都」這樣的紀念日並不能僅僅理解為是在向日本示好，其中還有向其民眾表白的意味。正因為如此，所以紀念日上舉行的各種紀念活動，就不再具有娛樂性，而更多地是作為一種政治表演帶有強烈的宣傳意味。偽廣東省政府教育廳根據國民政府公佈的紀念日表制定了廣東省各級學校曆，使這種政治表演也得以在各級學校上演。

　　上述的那些宣傳活動，其對象顯然是面向所有的民眾，並不限於教育機關。但是，學校確實是上演各種宣傳活動的重點區域。對此，偽省府主席陳耀祖就說得十分清楚：「關於實現和平，有各種途徑，在教育上確立和平反共建國方針，從思想上灌輸青年以和平反共建國的理論，實為最基本之辦法。」〔註41〕只要翻看一下《東亞聯盟月刊》中所刊載的那些由各地東聯分會或支會在各級學校所開展的宣傳工作，就可以知道當時的親日宣傳是如何試圖將學生的思想轉向中日和平的方向上去。

　　各級政府教育行政機關對此更是不遺餘力。就在偽廣東省政府成立不久，省政府教育廳就擬定了一份《廣東省實施和平反共建國宣傳方針》，要求各級學校遵照辦理，並對該宣傳方針如何運用詳列了各種辦法。〔註42〕此後，教育廳還多次通令各教育機關將國民政府訂定的國策（「和平反共建國」）、教育政綱（「以和平反共建國為教育方針，且圖科學教育之向上，一掃舉動浮囂之學風」）於學校內或門前當眼地點，分別以大字恭錄。並要求各校校長及教員，隨時向學生詳細解釋國策、政綱的意義，以「增進學生對於和平運動之信仰與認識」。〔註43〕在中日基本關係條約簽訂之後，廣東省政府又要求各級學校將中日基本關係條約全文張貼或懸掛於學校，並要求各級學校校長教員隨時召集全體學生，將條約條文及其意義分條詳細解釋，或者舉行中日條約講演周。〔註44〕

　　不過，學校的學生不僅僅只是被動的讀者或聽眾。實際上，在各級政府

〔註41〕陳耀祖：《一年來工作的檢討》，《廣東省政府公報》1941 年第 13 期。
〔註42〕《廣東省政府公報》1940 年第 4 期。
〔註43〕《廣州市政公報》1941 年第 12 期。
〔註44〕《南海縣政公報》1941 年第 28 期。

的運作之下，他們還實際參與到了宣傳工作中來。就在 1941 年 10 月 1 日召開的宣傳會議上，當時的宣傳處處長提出「擬請飭令各縣市動員中小學生參加宣傳工作以便深入民眾案」，此案當即獲得通過。其提案原文見下表：〔註45〕

表 1-3　擬請飭令各縣市動員中小學生參加宣傳工作以便深入民眾案

廣東省宣傳會議第五次常會提案　第三案	
類別	宣傳事業
提案人	廣東省宣傳處處長顧士謀交議
案由	擬請飭令各縣市動員中小學生參加宣傳工作以便深入民眾案
理由	查宣傳事業之推進，貴乎運用得法與否而定，果運用得宜則事半功倍收效宏大，不一定以經費多少為衡也，查各縣市公私立中小學校，係為文化事業之中心，且又與當地民眾至為接近，果能使各學校員生，一致動員，從事於宣傳工作，俾各地民眾，獲得更深之認識，需用經費不多，而收效宏大，對於和運前途更有裨益。
辦法	一、由省宣傳處通令各縣市政府轉飭所屬公私立中小學校，一致動員，從事於和運宣傳工作。 甲、中學方面：每一中等以上之學校，宜令其組織白話劇社，負起和運宣傳工作，但須側重於一般民眾之愛好，以收循循善誘之效，其指導之責任與宣傳材料之配給，仍由各該縣市政府宣傳科或辦理宣傳事務專科擔任之。 乙、小學方面：每一高級小學校，宜擇優秀學生，組織演講隊體察該地環境，每周定期下鄉演講，其指導與宣傳材料之配給與前甲項相同
中華民國三十年十月一日	

當時由各種宣傳所營造出來的那種氣氛對生活在淪陷區的人來說，可能有種種說不出的滋味，特別是對於那些親自參與者以及被動旁觀者來說，更是如此。而學校中的學生對於這些讓人眼花繚亂的宣傳又作何感想呢？由於資料所限，我們無從知曉。不過，確確實實有部分學生主動或者被動地參加了各種論文比賽或者演講比賽。比如，1940 年 12 月 8 日中華東亞聯盟協會在廣東大學舉行的廣州市中上學校學生演講比賽，演講的主題分為三組：《怎樣解決中日事變，完成新東亞建設的使命》（大學組）、《東亞聯盟與中國政治獨立問題》（高中組）與《我們對於東亞聯盟應有的認識》（初中組），有來自省會十二所學校的三十六名學生在 2000 多的聽眾面前參加了這次的演

〔註45〕《汕頭市市政公報》1941 年第 8 期。

講比賽。〔註 46〕還有很多人走上了街頭高呼「中日和平」的口號。同樣也有很多的人出席那些在各種場合召開的討論會、座談會。

不過，值得一提的是，究竟這樣的宣傳對於淪陷區的和平事業帶去了多大的效果？人們對於種種場合舉行的宣傳活動，以及發表的那些有關和平運動的談話，有沒有真正地聽進去，認同並最終支持汪精衛國民政府的和平事業？對於這些問題，我們可能同樣沒有辦法給出一個確定的答案。但可以確定的是，這些人裏面，既有真誠的擁護者與信仰者，也有很多被動的參與者。但同時，還有很多人只是旁觀著事情的發展，而沒有參與任何被稱為和平事業的活動。

就是在這種氛圍中，一切的教育活動紛紛展開。其中，最重要的就是為了配合日軍的佔領政策而採取的各種措施，這些措施包括：

（一）在各級各類學校加授日語課程

關於日語課的開設，汪精衛國民政府先是規定「全國中等以上學校以友邦語言為必修科目」。〔註47〕而小學階段，並沒有以法定形式將日語課規定為各校的必修課。但就廣東省淪陷區來說，大部分的縣市政府還是「為實行日華親善溝通中日文化起見」，〔註48〕要求在小學各年級加授日語。但各地實施日語教育的情況各異，關於日語課程在廣東省各淪陷區的具體開設情況將在其後的幾個章節進行詳細討論。

（二）對教育行政人員及教育機關教職員的思想與行為試圖嚴加控制

其控制的方式是多種多樣的。被要求強制參加的各種形式的集會以及各種強制組織或加入的團體等都是實施這種控制的手段。前者以每周例行舉行的周會為主，後者則以東聯協會各縣市分會或支會為主。

周會這種形式在原南京國民政府時期就已經被廣泛用來實施所謂的三民主義教育。汪精衛國民政府在成立之後沿用了這一形式以便向參加者集中進行和運宣傳。1940 年 7 月汪精衛國民政府訓令各省市機關每周舉行周會一次

〔註46〕《東亞聯盟協會舉辦廣東全省中上學校演講比賽》，《東亞聯盟月刊》第 1 卷第 1、12 期合刊，1941 年；《本市中上學校學生演講比賽情形》，廣東省教育廳編印：《廣東省教育報告書》，1943 年，第 170～173 頁。

〔註47〕《廣東省政府公報》1942 年第 29 期。

〔註48〕《廣州市政府公報》1941 年第 19 期。

或精神講話，專門闡述「和平反共」的意義。〔註49〕對此，偽廣東省政府即通令所屬各機關遵照辦理，並定於每週二舉行省府的周會，要求各廳處科長以上市府秘書長局長參事以上保安司令部處長以上一律參加。〔註50〕

1941年教育部還制定了一個《各省市各級學校舉行周會辦法》，要求各級學校於每週一上午舉行周會，全體教職員及學生須一律參加。該辦法還對舉行周會時的秩序做出了規定：（1）全體肅立，（2）唱國歌，（3）向國旗及總理遺像行最敬禮（三鞠躬），（4）主席報告，（5）散會。報告的內容則以「和平反共建國」要義及精神講話爲主。〔註51〕這種周會不僅在政府機關及學校強制舉行，偽廣東省教育廳甚至還將這種周會形式推向了民眾教育，以向民眾宣傳和運。爲此，教育廳要求各縣市政府仿照學校舉行周會的辦法於每週一舉行民眾周會。並規定，在縣市由縣教育行政機關或民眾教育館主持，在鄉村則由區鄉鎮長或各級學校教職員主持。周會上所報告的材料，除中外重要時事外，「尤須闡述和平反共建國之眞義，並就各地民眾知識程度，加以適當之精神訓練或通俗演講等項，又在最近期間，尤宜隨時演講大東亞戰爭之形勢及其進展情形，使一般民眾明瞭此次大東亞戰爭之意義。」〔註52〕

在舉行周會的時候，那些被事先規定下來的一套程序可以說是整個周會活動中最重要的環節。舉辦者顯然是希望通過經常舉行這樣一套固定的步驟，從而在那些參加者的大腦及行爲上固化下來，最終成爲他們生活中一種很重要的習慣。周會也就變成了一種儀式化的活動。正因爲周會有這種功能，所以各級政府部門才會如此熱衷於舉辦這項活動。

組織社團，則是通過將一群志同道合或者有共同訴求的人集合起來以謀求共同的生活。因此，社會團體的組成本來應該是社團成員以集體的力量以謀求更好的社會生活的一種方式。但是，類似東亞聯盟協會這樣的團體組織，則是借助社團的外在形式對其成員進行思想控制。

中華東亞聯盟協會在廣州初成立之時，其一項重要工作就是組織各地分會或支會，並發展會員。爲此，要求各縣市政府協助組織各縣市分會或支會，甚至還在縣以下的區署也成立了支會。爲了發展會員，由縣市政府飭令所屬

〔註49〕《廣東省政府公報》1940年第3期。
〔註50〕《廣東省政府公報》1940年第4期。
〔註51〕《廣東省政府公報》1941年第10期。
〔註52〕《廣東省政府公報》1942年第22期。

機關社團學校勸導各自的公務人員、團體成員及教職員加入各地分會及支會，甚至還在學校中徵求學生入會。

對於這一組織的性質，據當時擔任東聯協會會長的林汝珩所說：「東亞聯盟運動是一種思想運動，而不是一種政治運動，其思想有四個綱領，即政治獨立、經濟合作、軍事同盟、文化溝通，以東亞聯盟運動來喚起民眾，團結民眾，實行近衛聲明，實行中日根本條約，實現中日滿三國共同宣言；東亞聯盟運動是一種民眾教育的啓蒙運動，東亞聯盟的中心是中日滿三國，所以中國東亞聯盟運動是要教育中國民眾愛中國、愛東亞，同時要愛日本愛滿洲國。」〔註 53〕因此，該社團的一個中心工作就是將所謂的「四大綱領」廣爲宣傳。

爲了養成所謂的「東亞聯盟運動青年幹部人才」，該會還在 1940 年 11 月成立了一個青年團幹部訓練班。學員由各縣市政府及省會各機關團體學校保送，訓練期間三個月。此後，中山、順德、汕頭等地也先後成立了各自的青訓班。訓練班的課程以東亞聯盟理論爲主體，開設了諸如東聯建設綱領、大亞洲主義論、昭和維新論、社會運動、民眾教育、國際政治、演說學、地方自治、群眾心理、日語等科目。〔註 54〕每期訓練結束後，其學員便被派赴各地開展東聯運動，其主要的任務就是進行宣傳工作以及發展會員。

關於該會發展會員的情況，由於沒有具體的統計資料，因此並不清楚。但是，據當時南海縣在此事上遭遇到的挫折可以從一個側面反映出當時人們對這一運動的冷淡態度。南海縣分會在成立之後，要求縣政府協助徵募會員，但經過縣政府幾個月三令五申的催促，其所屬機關學校入會者依然寥寥。〔註55〕

此外，僞廣東省政府爲了使各校教職員能夠「恪遵和平反共建國意旨」，於 1940 年年底製作了一份保證書，要求所屬各校教職員填寫，以便於預爲防範其「反動及聯共行爲」。〔註56〕汪精衛國民政府教育部也在 1941 年 4 月 5 日訂定了一個《各省市縣教育機關人員連環保證暫行辦法》訓令各省市縣政府遵辦。並稱該辦法是「爲切實推行和平運動，並防範各省市縣教育機關人

〔註53〕林汝珩：《廣東東亞聯盟運動概況》，《東亞聯盟月刊》第 1 卷第 8 期，1941 年 8 月，第 12～14 頁。
〔註54〕《在廣東進展中的東亞聯盟運動》，廣東省教育廳編印：《廣東省教育報告書》，1943 年，第 147～156 頁。
〔註55〕《南海縣政公報》1941 年第 28 期。
〔註56〕《廣東省政府公報》1940 年第 8 期。

員思想複雜」而制定的。按照該辦法，各省市縣教育機關及教育行政機關，除教育廳長、市教育局局長、縣長外，所有服務人員，須一律按照該辦法填具連環保證書，否則不得任用。該保證書式樣如下圖所示：〔註57〕

表1-4　省市縣教育機關人員連環保證書式樣

某某機關連環保證書（式樣）

　　爲出具連環保證書事：等現出具連環保證書，恪遵國民政府政綱，矢志推行和平運動，互相監察，倘發現思想乖謬，言行不檢情事，應即報告主管行政長官核辦，如有通同隱匿不報者，甘受連坐處罰，所具保證書是實。

不過，教育部爲謹慎起見對此項規定又有所保留，稱「惟爲尊重自發精神起見，此項連環保證，仍以各省市主管教育行政機關自動舉辦爲原則」。因此，僞廣東省各級教育主管部門在接到此項訓令後也只是規定各教育機關「參酌辦理」，並未要求強制執行。〔註58〕

（三）通過實施訓育制度加強對學生思想及其行爲的控制

這主要是將「訓育」作爲一種強控制方式，要求從小學到大學一律嚴格實施，以對學生的思想、行動、品格加以訓導及管理。爲此，汪精衛國民政府教育部召開中小學訓育實施委員會於1940年9、10月間制定了《小學公民訓練標準草案》與《中學訓育方針及實施辦法大綱草案》，要求各省市縣以該年度第一個學期爲試行期限加以施行。

從這次制定的兩個草案可以看到，汪精衛國民政府試圖直接實施親日教育政策主要是在中學，如中學訓育原則之一即是要「訓練學生反共睦鄰思想，指導學生和平建國途徑」。爲此，要在實施「公民訓練」的過程中，通過每週一次的周會向學生講述和平反共建國的要義。而對小學則沒有作出類似的規定，而是「根據發揚中國民族固有的道德的遺訓，以忠孝仁愛信義和平爲中心，並採用其他各民族的美德，制定本標準，訓練兒童以養成健全的公民」。〔註59〕

〔註57〕　《廣州市政公報》1941年第12期。
〔註58〕　《廣州市政公報》1941年第12期。
〔註59〕　《小學公民訓練標準草案》、《中學訓育方針及實施辦法大綱草案》，《番禺縣政公報》1940年第11期，第9～30頁。

　　上述草案在試行一年以後，經過修正正式公布施行。此次修正最大的改動是將中學原草案訓育方針第一條修正爲「訓練學生反共睦鄰思想，並深切瞭解國文遺教及和平建國國策」，小學原草案目標第四項則修正爲「關於公民的政治訓練，養成奉公守法的觀念，愛國愛群的思想，並瞭解國父遺教及和平建國之策」。〔註60〕這也就意味著小學也正式成爲施行親日教育的場所。在上述草案頒行到廣東省淪陷區以後，僞廣東省政府與各縣市政府教育主管機關以及各學校根據各自的情況分別制定了訓育方針及實施辦法。其具體內容將在其後的章節予以詳細討論。

（四）繼續開辦日語學校，並在民眾中普及日語教育

　　此時的日語學校，依然獨立於學制系統之外。因此對於這些學校的辦理，各級教育主管機關基本上並不加以干涉。對其學習期限、班級設置、課程及教學等方面也未作統一的規定，一般都是由各校自行辦理。這些學校，除了一些由各縣市及鄉鎮村新開設的一些專門教授日語的學校之外，大部分都是由日軍象徵性地移交給省政府教育廳管理並由各縣市主辦的那些學校。但是，在移交的時候，中日雙方訂定了一個「注意事項」。根據這一事項，只是將日語學校的經營主體移歸省政府，由中國方面負擔全部辦學經費，而教育機構仍維持原狀，由日軍派出教官進行教授。不僅如此，各縣市政府如果認爲有不盡合適之處，必須徵求特務機關同意後才能進行修改。〔註61〕因此，所謂的「移交」，中國方面基本上只是得到名義上的管理權，在日常的管理乃至教學方面日軍依然享有很大的權力。此次由日軍移交的學校統計情況如下表所示：

表 1-5　各市縣接收日語學校教職員數、學生數統計表

市縣別	班數	校數	教職員數	學生數
廣州市	14	5	未詳	681
南海縣	42	23	未詳	1580
番禺縣	51	28	81	2277

〔註60〕中國第二歷史檔案館編：《中華民國史檔案資料彙編》第五輯第二編附錄（上），南京：江蘇古籍出版社，1997 年，第 603～604 頁。

〔註61〕廣東省政府秘書處：《廣東省政概況》，1942 年。

東莞縣	8	6	18	393
增城縣	12	11	未詳	473
三水縣	5	2	5	255
從化縣	3	3	3	156
花縣	5	5	未詳	222
新會縣	5	2	10	275
潮安縣	13	4	17	611
澄海縣	3	2	6	150
寶安縣	20	11	22	717
合計	181	102	162	6368

資料來源：溫恭仁：《五年來廣東的日語學校》，《東亞聯盟月刊》第 3 卷第 6 期，1943 年，第 48～50 頁。

　　這些學校大部分規模都比較小，學生人數少則幾人多則幾十人，修學期限三個月至六個月不等。對學生的入學資格也沒有作過多的限制，學生通常都是來去自如，流動性極大。但是，那些由中日合辦或者由日本單獨開辦的日語學校，其規模通常都比較大。如最先在廣州開設的廣州日語學校，就由最初的兩個分校擴展爲惠福、惠愛、大新三個分校，學生總數達到 1200 餘人。〔註 62〕而由中日文化協會廣州分會主辦的中日語言學校則是所有日語學校中辦學規模最大、建制也最爲齊全的。

　　中日語言學校設立於 1940 年 4 月。其開辦宗旨，根據其制定的《學校規程》所稱：「根據善鄰友好之原則以教授中日語言使兩國人民能互相理解其與國之語言文字籍以融洽感情共謀彼此文化之溝通」。因此，凡中日國籍人民不分性別年齡，在十二歲以上粗通文字者均得入學免收學費。至於編制，按照規程規定，擬開設日語班及廣州語班，日語班分爲四個學級，以第一第二第三第四爲序，每級修業期限爲三個月，廣州語班分爲第一第二兩學級，全期修業期間爲六個月，各班均分上午、下午、夜晚三組。教學科目，日語班爲會話、尺牘、文法、造句、翻譯、作文等幾項，廣州語班則爲會話、造句、翻譯。不過，在其實際開學的時候，只設置了日語高級科、日語普通科、日

〔註62〕《南星》第 2 卷第 3 期，1940 年 3 月。

語速成科以及廣州語科與北京語科。除了日語速成科修業三個月，其餘均爲六個月。〔註63〕其第一期畢業生人數見下表所示：

表1-6　中日文化協會廣州分會第一期畢業生人數統計

科目	開學時之學生數		中途插班	中途退學	畢業生數	
	四月開學	七月開學			七月畢業	十月畢業
日語高級科	147		37	117		67
日語普通科	178		105	182		101
第一期日語速成科	193			101	92	
第二期日語速成科		166		93		73
廣東語科	45		4	39		10
上午北京語科	24			18	6	
夜間北京語科	25		19	32		12
計	612	166	165	582	98	263
總計		778	165	582		361

資料來源：中日文化協會廣州分會總務組：《中日文化協會廣州分會工作狀況報告》，1941年，汪僞64，廣東省檔案館藏。

根據上表，可以看出日語學校學生流動性之大，短短三至六個月的學習期限，竟有那麼多的人中途退學。

在民眾日語的普及方面，廣東共榮會在其中起著重要作用，其主辦的一系列活動特別引人注目。該會先後設立了日語和廣州語的語言研究所，其主事井上正男還在其主辦的《南星》雜誌上連載有關日語學習的文章，並編寫了一本《日語寶典》。〔註64〕《南星》雜誌社還從1941年第三卷第八期起開始連載《南星大眾日語講座》，以向普通民眾教授日語。〔註65〕同年11月10日，又舉行了一場有千餘人出席的頗爲盛大的「日語發表會」，希望可以「引起未學習日語的一般民眾對於日語發生興趣」。此次發表會最具宣傳意味的環

〔註63〕中日文化協會廣州分會總務組編：《中日文化協會廣州分會工作狀況報告》，1941年，汪僞64，廣東省檔案館藏。

〔註64〕《關於日本語教授的管見》，《南星》第1卷第6期，1940年6月；《對於教授日語之我的信念》，《南星》第3卷第1期新年特大號，1941年1月。廣東共榮會，其本部設於臺北，是日本在廣東進行和運宣傳的主要機構，其經營事業包括影院、劇院、雜誌及圖書出版等各個方面。參見廣東日本商工會議所：《廣東之現狀》，昭和十八年二月。

〔註65〕《南星大眾日語講座》，《南星》第3卷第81期，1941年8月。

節大概要算日語演講比賽以及之後舉行的頒獎儀式。在此次發表會上，一共
有十四位來自不同學校的學生參加了演講比賽，最後由來自廣州日語學校、
東山日語學校、共榮會日語研究所、省立第二中學校的六名學生分別獲得前
六名。這些獲獎者在臺下聽眾的注目之下從井上的手中接過了各自的錦標及
禮品。〔註66〕

（五）派遣留日、留臺學生

　　留學生的派遣是特別能夠彰顯「中日文化溝通」的一項教育事業，因此，
中日雙方對於留日（留臺）教育都極為重視。就廣東省淪陷區來說，早在偽
廣東省政府成立之前，即由廣州市公署分別選派了 16 名留日學生及 6 名留臺
學生。〔註67〕在偽廣東省政府成立之後，中日雙方對留學生的派遣則更為積
極。這個時候，留學生的派遣主要是由省政府、中日文化協會廣州分會、興
亞院以及興亞獎學會等機構主辦。招考選送章程則由各機關團體自行訂定，
分別在廣州和汕頭兩地舉行留學生的招考。據統計，截止到 1943 年 3 月，各
機關共派出了 98 名留學生，其中 75 名赴日，23 名赴臺。〔註68〕廣東省淪陷
區公費留學生統計情況如下表所示：

表 1-7　廣東省淪陷區公費留學生統計情況表

申請時間	派遣機關	留學國	留學生人數		
			男	女	合計
1940 年 10 月	廣東省政府	日本	6	1	7
1941 年 4 月	中日文化協會廣州分會	日本	14	3	17
1941 年 8 月	廣州市政府〔註69〕	日本	13	3	16
1941 年 8 月	廣州市政府	臺灣	6	0	6
1941 年 11 月	興亞獎學會	日本	5	2	7

〔註66〕《南星》第 3 卷第 12 期，1941 年 12 月。
〔註67〕（偽）廣東省教育廳編印：《廣東省教育報告書》，1943 年。
〔註68〕關於廣東省淪陷區留日教育的具體情況，包括留學人數、姓名、留學科目、
　　　　留學生出國前的學經歷以及籍貫，可以參閱溫恭仁：《近三年廣東選派留日學
　　　　生之考察》，《東亞聯盟月刊》第 3 卷第 3 期，1943 年 6 月，第 56～64 頁。另
　　　　外，關於中日文化協會廣州分會 1941 年 4 月的留學生派遣，可參閱中日文化
　　　　協會廣州分會總務組印行：《中日文化協會廣州分會工作狀況報告》，1941 年。
〔註69〕此次派遣的留學生是由當時的廣州市公署派遣的，於 1940 年出國，到 1941
　　　　年補發公費留學證書。

1941 年 11 月	興亞院	日本	2	0	2
1942 年 2 月	廣東省政府	臺灣	10	7	17
1942 年 3 月	廣東省政府	日本	4	0	4
1942 年 3 月	中日文化協會廣州分會	日本	13	2	15
1942 年 7 月	中日文化協會廣州分會	日本	0	1	1
1942 年 7 月	興亞院	日本	3	0	3
1942 年 7 月	興亞獎學會	日本	3	0	3
總計			79	19	98

資料來源：（偽）廣東省教育廳編印：《廣東省教育報告書》，1943 年。

　　除了上述由各機關派遣的留學生以外，還有由學生申請自費留學的。據統計，到 1943 年 3 月為止，共有 26 名留學生自費留學日臺，其中 25 名赴日，1 名赴臺。具體情況見下表：

表 1-8　廣東省淪陷區自費留學生統計情況表

申請出國時間	留學國	留學生人數		
		男	女	合計
1940 年 5 月至 12 月	日本	0	4	4
1941 年 1 月至 12 月	日本	14	2	16
	臺灣	1	0	1
1942 年 1 月至 1943 年 3 月	日本	2	3	5
總計		17	9	26

資料來源：（偽）廣東省教育廳編印：《廣東省教育報告書》，1943 年。

三、太平洋戰爭爆發之後的教育政策

　　太平洋戰爭是從 1941 年 12 月 8 日日本轟炸珍珠港開始的，從那個時候開始，中日戰爭就演變成了大東亞戰爭。就在太平洋戰爭爆發的當天，中央政治委員會舉行臨時會議，決定支持日本發動太平洋戰爭，並授權汪精衛發表聲明。聲明稱：「根據中日基本關係條約，為實現建設東亞新秩序之共同目的，國民政府決定與日本同甘共苦，臨此難局。」〔註70〕

〔註70〕蔡德金、李惠賢：《汪精衛偽國民政府紀事》，北京：中國社會科學出版社，1982 年，第 140 頁。原載《中華日報》1941 年 12 月 8 日。

　　從這個時候開始到汪精衛國民政府於 1943 年 1 月 9 日正式對英美宣戰，中間隔了一年的時間。這一年中，汪精衛國民政府就參戰問題對日展開了斡旋，要求日本允許其向英美宣戰。不過，由於日本在太平洋戰爭初期的勝利，這一要求一直沒有得到日本的同意。相反，日本將其政策重點再次轉向了重慶。首先在 1941 年 12 月 24 日，日本大本營——政府聯席會議制定了《伴隨形勢推移的促使重慶屈服工作的文件》。隨後又於 1942 年 3 月 7 日，決定了《今後應採取的戰爭指導大綱》，規定對於重慶的政策，繼續上述決定施行。〔註 71〕此後便展開了對重慶及地方實力派的政治誘降工作。不過，一系列政治攻勢相繼失敗。到該年 12 月，本來預備實施的「五號作戰」〔註 72〕計劃，也因為日軍在瓜達爾卡納爾島作戰的慘敗及歐洲戰場德軍的失利，因此，該計劃被迫停止。到此時為止，日本無論是政治還是軍事手段，以重慶政府為對象解決中國事變的企圖宣告失敗。

　　1942 年一整年，汪精衛國民政府被排除在戰爭之外。因此，它所做的最主要的事情就是為日本進行的大東亞戰爭進行輿論宣傳，以使自己能夠盡快加入參戰的行列。在教育方面，除了繼續施行前期的各項政策以外，最重要的工作是推行新國民運動。

　　「新國民運動」最初是在 1941 年 11 月召開的偽國民黨六屆四中全會上發起的。會後，汪精衛又繼續不斷發表文章和講話，為推行「新國民運動」進行輿論方面的準備。太平洋戰爭爆發之後，新國民運動開始由輿論準備階段轉入全面實施階段。1941 年 12 月 27 日，汪精衛國民政府在南京召開「大東亞解放大會」。大會發表的《宣言》宣佈要全面開展新國民運動。它聲稱，大東亞戰爭是日本為解決東亞侵略勢力而戰，以還我東亞人之東亞。因此，國民政府將在所及區域之內，開展「新國民運動」，給予日本「建設新東亞應有之協力」。〔註 73〕同年 12 月 31 日，汪精衛中央政治委員會第 76 次會議通

〔註 71〕復旦大學歷史系日本史組編譯：《日本帝國主義對外侵略史料選編》（1931～1945），上海：上海人民出版社，1975 年，第 395 頁。

〔註 72〕所謂五號作戰，是進攻四川省，佔領重慶、成都等重要城市的作戰（只停留在計劃和準備階段）的代號，更確切的說法是「四川作戰」，一般也稱之為「重慶作戰"。其醞釀到中止的經過，可參閱日本政府防衛廳防衛研究所戰史室等著：《中華民國史資料叢稿譯稿昭和十七、八（1942、1943）年的中國派遣軍》上，賈玉芹譯，北京：中華書局，1984 年，第 7～52 頁。

〔註 73〕蔡德金：《歷史的怪胎——汪精衛國民政府》，桂林：廣西師範大學出版社，1993 年，第 224 頁。原載《中華日報》1941 年 12 月 28 日。

過了由汪精衛手訂的《新國民運動綱要》。1942 年元旦，汪精衛國民政府正式予以頒佈。此後，該綱要便成爲各淪陷區域推行「新國民運動」的總綱領。

1942 年 1 月 16 日，汪精衛國民政府宣傳部擬訂了《全國新國民運動推進計劃》。根據該計劃，決定分三個時期推進新國民運動：第一期，爲普遍的宣傳，「務使一般國民瞭解何以要做新國民之意義」；第二期，爲實際訓練時期，選擇各學校各機關團體優秀分子爲集體訓練，使其接受如何做成一個新國民；第三期，爲推廣期，由經受訓練份子擴充普遍於一般民眾。

根據這個計劃，在普遍宣傳期，除由各媒體廣爲宣傳外，還規定由汪精衛國民政府教育部通令各學校將《新國民運動綱要》列爲公民特別課程之一，並由宣傳部編纂《新國民運動綱要講授大綱》作爲各地宣傳機關前赴學校進行演講的文本。同時，還要舉行萬眾簽誓，其誓詞爲「余誓以至誠，接受最高領袖之指導，服膺三民主義，履行新國民運動，完成中國革命，實現東亞解放，盡忠竭力，貢獻一切於國家，頭腦科學化，行動紀律化，不掠美，不諉過，不貪污，不瀆職，務使政治修明，弊絕風清，措國家於永固，致世界之和平，如有違背誓言，願受一切制裁，此誓。」〔註 74〕1942 年 5 月 15 日，教育部又制定了《學校推行新國民運動實施方案》，要求各校加以施行。

在此期間，各淪陷區教育主管機關按照上述推行計劃，將新國民運動全力推向了各教育機關。像僞廣東省政府宣傳處連續舉辦了兩個新國民運動宣傳周，並成立了一個新國運動宣傳委員會，專門負責第一期的宣傳任務。〔註 75〕汕頭市政府爲此還制定了一份「汕頭市新國民運動第一期推行手續」，分別以公務員、學校及社教機關、人民團體及其他市民爲對象分別加以推行。就學校及社教機關來說，首先，「由社會局召集各級學校及社教機關教職員到局聽受演講並分發『綱要』印件等勸導參加，各員認爲對本運動對本運動瞭解志願參加時即簽立簽書誓詞由社會局將綱要等各印件支配分發各校」；然後，「各校遵照教育部令將綱要列爲公民特別課程之一，並由校長負責督飭各職員對學生隨時演講訓練勸導參加簽誓」。〔註 76〕

在普遍宣傳期大致結束之後，開始進入實際訓練時期。首先，設立從中

〔註 74〕《抄發新國民運動推進計劃令仰知照》，《廣東省政府公報》1942 年第 21 期。
〔註 75〕陳耀祖：《新國民運動與公務人員》（陳主席二月二十八日在中山紀念堂演講），《廣東省政府公報》1942 年第 23 期。
〔註 76〕《汕頭市市政公報》1942 年第 11 期。

央到各縣市的專門機構。7 月 1 日，「新國民運動促進委員會」成立，直屬於行政院，以行政院長汪精衛兼任委員長，周佛海、陳群、李聖五、梅思平、林柏生、丁默邨、陳春圃為常務委員，林柏生為秘書長，下設事務局、青年運動處、社會運動處、農業合作處等機構。9 月 21 日，行政院第 129 次會議通過了《新國民運動促進委員會分會組織規程》，要求省、特別市以及特別區成立新國民運動促進委員會分會，省以下之縣市得參照該規程設立新國民運動促進委員會縣市分會。〔註77〕隨後，偽廣東省政府於 1943 年 1 月成立了廣東省分會，由省長陳耀祖兼任主任委員，汪屺、林汝珩、周應湘、梁朝匯、郭保煥、李蔭南、黃克明、郭衛民、馮壁峭為委員。〔註78〕

在實際訓練期間，還有一項重要工作就是對全體民眾進行「組織」與「訓練」。這項工作是從 1942 年 7 月開始的。該年 7 月 4 日，新國民運動促進委員會第一次全體委員會議在南京舉行。此次會議決定將青年訓練作為新運工作實施的首要任務，正如汪精衛所說：「新國民運動將由青年之組織與訓練出發，而擴展及於一般民眾，使青年之愛國心與愛東亞相同。」〔註79〕會議通過了《新國民運動青年訓練綱要》、《新國民運動第一期組織訓練計劃大綱》。汪精衛還親自作了中國青年團團歌歌詞，並修改中國童子軍歌歌詞，交由專家譜曲，於 9 月 8 日公佈。會議還決定，將每月 8 日定為保衛東亞紀念日，實行「新國民運動勞動服務」。〔註80〕隨後新運會又會同教育部擬訂了《中國青年團暫行總章》、《修正中國童子軍總章》草案及《中國青年團組織程序》與《中國童子軍組織程序》等文件，由國民政府公佈。連同此次公佈的文件還有《中國青年團組織原則》及《中國童子軍組織原則》兩件。〔註81〕

為此，偽廣東省政府開始舉行中國青年團及中國童子軍的編組及訓練。同時，還制定了《廣東省學生新國民運動勞動服務辦法》及《學生勞動服務日服務要點》，要求各校除小學低年級以外一律從 1942 年 10 月 8 日起開始實施勞動服務。服務內容包括徵集寒衣、舉行校內校外清潔運動、修繕校內校外道路、協助種植雜糧、舉行節約運動等等。按照服務要點的規定，在勞動

〔註77〕《廣東省政府公報》1942 年第 31 期。
〔註78〕廣東省政府政務廳編：《廣東省政概況》（第二輯），廣州，1943 年。
〔註79〕戴英夫：《新國民運動之展開》，（汪偽）國民政府宣傳部編：《中日締約與大東亞戰爭》，1942 年。
〔註80〕申報出版社編輯：《申報年鑒》，上海：申報出版社，1944 年，第 1096 頁。
〔註81〕（汪偽）《教育公報》1942 年第 62 期。

服務日當天，各校應在校門外及學校附近懸掛橫幅，寫上「保衛大東亞紀念日」、「實行勞動服務」、「×××學校」等文字。學生在進行勞動服務的時候，還要在左臂上戴上「學生勞動服務」的白布紅字的臂章。〔註 82〕隨後又訂定《廣東省中上學校聯合舉行學生勞動服務辦法》及《服務注意事項》，規定以月之奇偶數爲別，其屬奇數月份由各校聯合舉行，其屬偶數月份由各校單獨辦理。上述辦法公佈之後，各縣市小學高年級以上學生便按照規定於每月八日舉行勞動服務。〔註 83〕關於廣東省淪陷區青年訓練與童子軍訓的具體情況將會在後面的章節進行討論。

以上就是汪精衛國民政府在對英美宣戰之前的情況。1943 年 1 月 9 日，汪精衛國民政府正式對英美宣戰。在當日發表「對英美宣戰文」及與日本簽訂關於「協力完遂戰爭之中日共同宣言」：「大中華民國國民政府及大日本帝國政府兩國緊密協力，以謀完遂對英美兩國之共同戰爭，而於大東亞建設以道義爲基礎之新秩序，爲此宣言如下：大中華民國及大日本帝國爲完遂對美國及英國之共同戰爭，茲以不動之決意與信念，在軍事上政治上及經濟上作完全之協力。」〔註 84〕此後便全面轉向了戰時階段，教育也被納入到了戰時軌道，一切的教育施政都圍繞著戰爭而運轉。

新國民運動也在此時正式轉向戰時實施階段，由前期以青年訓練爲主轉向了全體民眾。1943 年 1 月 13 日最高國防會議第一次會議通過改革行政機構案，「以新國民運動爲復興中華、保衛東亞之始基，爲使全國國民一致奉行起見」，將隸屬於行政院之新國民運動促進委員會改隸國民政府。隨後，於該年 1 月 28 日公佈了《新國民運動促進委員會組織條例》（該條例在 9 月 22 日予以了修正）。根據該組織條例，新運會於 2 月 4 日改組成立。〔註 85〕僞廣東省政府又在 1943 年 3 月制定了一個《新國民運動促進委員會廣東省各市縣支會組織規程》。〔註 86〕此後，廣東省淪陷區便紛紛成立了各縣市支會。

就在該年 2 月，國民政府將每月九日定爲參戰紀念日，並規定：「全國國民應於是日，檢討每月精神動員總力參戰之工作，策勵此後之努力，並依左列辦法嚴肅遵行：（一）全國各機關團體學校商店住宅，應一律懸掛國旗。（二）

〔註 82〕《汕頭市市政公報》1942 年第 15 期。

〔註 83〕廣東省政府政務廳編：《廣東省政概況》（第二輯），1943 年。

〔註 84〕《汕頭市市政公報》1943 年第 17 期。

〔註 85〕《廣東省政府公報》1943 年第 36 期。

〔註 86〕《廣州市政府公報》1943 年第 35 期。

全國各機關團體學校，應於上午開始工作時，齊集禮堂：1、奉讀宣戰布告；
2、肅立，為前線將士爭取勝利致敬。為傷病將士康復致祝。為陣亡將士默禱
致悼。（三）公私宴會，一律禁止用酒。（四）一切無益娛樂行為，自動檢束。
（五）其他宣傳情事及勤勞報國辦法，由新國民運動促進委員會，宣傳部，
社會福利部，及地方政府隨時擬訂，隨時頒行。」〔註 87〕這就使戰爭以紀念
儀式的形式得以固定下來。

到 6 月 10 日，最高國防會議第 17 次會議通過了《戰時文化宣傳政策基
本綱要》，成為汪精衛國民政府文化宣傳的指導綱領。該綱要規定戰時文化宣
傳的基本方針為：「動員文化宣傳之總力，擔負大東亞戰爭中文化、思想戰之
任務。」為貫徹這一方針，「首須激揚舉國一致之戰時意識，根據國情，適應
戰時需要，從事於體制之創立，力量之集中，思想之清釐，觀念之肅整，與
科學技術之發展」。〔註 88〕

此後，汪精衛國民政府教育部又根據上述綱要，於 11 月 30 日頒佈了《戰
時社會教育實施綱要》，強調社會教育的重心就是要「加強民眾參戰意識」。〔註
89〕11 月 16 日、12 月 3 日又由社會福利部分別公佈了《國民義務勞動要綱》
與《民眾政治指導實施要綱》。在《民眾政治指導實施要綱》裏面，指出要由
各級政府部門指導人民：「加強擁護國府、崇拜國父、尊敬領袖之信念」，「加
強對三民主義建國大綱建國方略之認識」，「加強對國民政府政綱之認識」，「加
強對民族國家社會之認識」，「加強對公共道德國民義務之認識」，「加強對大
東亞戰爭之認識」，「加強對中日同盟條約及大東亞共同宣言之認識」，「積極
參加各種愛護國家之活動」，「積極參加各種增進國力之活動。」〔註 90〕這七
個「加強」及兩個「積極」，幾乎將汪精衛國民政府從其成立以來歷次提倡的
各種政治宣傳口號全部籠括了其中，向人們傳遞了一種強烈的宣示意味。

這個時期宣傳的作用也被發揮到了極致，人的創造力在這種時候也被極
大地激發出來。只要看看當時出版的各種宣傳物以及舉行的各種演講比賽、
論文比賽、展覽會、座談會、研究會、講習會以及演講會，我們不得不對當
時人的想像力給以極大的佩服。與前期的和運宣傳相比，這個時期的戰爭宣

〔註 87〕 《廣州市政府公報》1943 年第 34 期。
〔註 88〕 （汪偽）《國民政府公報》1943 年 6 月 18 日，第 499 號。
〔註 89〕 （汪偽）《國民政府公報》1943 年 12 月 20 日，第 578 號。
〔註 90〕 《廣東省政府公報》1943 年第 44 期。

傳顯然要狂熱得多。宣傳形式更為多樣，或廣播，或演講，或巡行。參與的人數與關注的人數都急劇上升。

人們之所以會如此熱衷於對英美的戰爭宣傳，這大概是因為只是到了這個時候，過去被帝國主義侵略的那段糟糕歷史突然之間成為了每一個身在淪陷區的中國人的共同體驗，他們對於英美帝國主義的仇視情緒也因此被極大地激發出來，這種情緒再借由各種戰爭宣傳而不斷得到放大。正因為如此，才會有那麼多人參加歷次舉行的大巡行。比如慶祝大東亞戰爭第二次戰捷大會、〔註91〕日德意三國聯盟慶祝大巡行、〔註92〕慶祝省府二週年紀念大會、〔註93〕中日各界慶祝粵北桂南作戰勝利巡行、孫總理誕辰在中山紀念堂舉行的和平大會，等等。

廣播在此時被使用得更為頻繁，凡遇有重要紀念日或特殊事項，便隨即舉行特別廣播。還以廣播形式舉行過「大東亞戰爭廣播」、「新國民運動廣播」、「南洋解放廣播」、「華僑解放廣播」、「歸鄉增產運動廣播」、「擁護國府參戰廣播」等宣傳周。甚至還有將演講、遊藝、電影、音樂等各種形式加以融會貫通而舉行的活動，比如「完成肅清美國東亞勢力演講遊藝會」、「肅清英美勢力電影會」、「鴉片戰爭百年紀念反英與興亞演講會」、「鴉片戰爭百年紀念演講遊藝會」、「中日締約及三國共同宣言二週年紀念演講遊藝會」、「友軍佔領香港一週年演講音樂電影會」、廣東民眾反英美演講大會、「國民精神總動員廣東民眾大會」，等等。〔註94〕

還有電影這種新興事物，不僅有各種標語漫畫在各電影院放映，省宣傳處還在1943年2月製作了一部「和平建國實錄」的影片，詳述了汪精衛自發表豔電到對英美宣戰之間的歷史。該影片不僅在廣州市各影院輪迴放映，而且還拿到各學校進行了放映。〔註95〕

過去被廣泛使用的紙質媒介，這個時候更是被充分加以使用，紛紛出版各種特輯或專號。如《協力半月刊》刊發的「新國民運動特輯」、「南洋華僑解放特輯」、「慶祝新加坡陷落特輯」、「慶祝國民政府還都二週年紀念特輯」，稍後的《協力月刊》（1943年4月由協力半月刊改為月刊）刊發的「廣東省政

〔註91〕《南星》第4卷第4期，1942年4月。
〔註92〕《南星》第3卷第11期，1941年11月。
〔註93〕《南星》第4卷第6期，1942年6月。
〔註94〕廣東省政府政務廳編：《廣東省政概況》（第二輯），第六編宣傳，第11頁。
〔註95〕廣東省政府政務廳編：《廣東省政概況》（第二輯），第六編宣傳，第11頁。

府二週年紀念特輯」、「歡迎汪主席蒞粵特輯」、「慶祝國慶紀念特輯」及「擁護參戰特輯」，《新廣東畫報》則有「大東亞戰爭特輯」及「南洋解放特輯」。此外，其他出版物還出版了諸如「怎樣歸鄉增產」、「英美侵略東亞圖說」、「新國民運動圖說」、「和運歌集」、「我們爲什麼參戰」、「對英美宣戰的意義」、「慶祝國府還都三週年」等小冊子。〔註96〕

從宣戰以來，在汪精衛國民政府及僞廣東省政府統治區域下，以「總力決戰」、「總力思想戰」爲核心的戰時政策便緊緊籠罩著每一個生活在淪陷區的民眾，一直到戰爭結束。

第二節　廣東省淪陷區的教育行政管理機構

在廣東省淪陷區，由日本佔領軍扶持建立的僞政權組織包括地方政權以及僞廣東省政府。地方政權組織是日軍在中國佔領區扶植建立的最主要也是最基本的僞政權組織。就廣東省來說，在日軍實際佔領的三十多個縣市，基本上都有政權組織的建立。其政權組織形式，以僞廣東省政府的成立爲界，大致經歷了兩個階段，即：開始時的治安維持會（簡稱維持會）和其後的縣市政府。僞廣東省政府則是在廣東省淪陷區建立的最高一級的僞政權組織，是由日汪雙方共同謀劃下的產物。隨著汪精衛國民政府在 1940 年 3 月成立，僞廣東省政府也在同年的 5 月得以建立。在上述這些僞政權組織成立之後，各級教育行政機構也相應地建立起來。接下來，就分別對各級教育行政機構的設置情況進行討論。

一、「維持會」時期的教育行政機構

在僞廣東省政府成立之前的階段可以統稱爲「維持會」時期。這個時期的地方政權，情況比較複雜，基本上處於各自爲政的狀態。既沒有形成由上到下的垂直型的行政管理體系，相互之間也不發生橫向的聯繫。除了廣東治安維持委員會可以統轄其周邊的南海、番禺、順德、東莞、南海、三水等幾個縣份，〔註97〕其他地區都是在日軍扶持下成立各自的維持會組織。而各個

〔註96〕廣東省政府政務廳編：《廣東省政概況》（第二輯），第六編宣傳，第 11～12 頁。

〔註97〕《關於廣東日敵動態的調查專報》（廣州區）1940 年 11 月 1 日，廣東省政府檔案 2-1-252，廣東省檔案館藏。

維持會的權限及其行政區域的範圍僅為其政務力量所及的地區。正因為如此，所以廣東省各淪陷縣市，其行政區域與戰前相比差別極大，而且還經常隨著戰事的推進而發生變化。甚至在某一地方政權名義上所能行使權力的地方，有時候還會出現上級機構不能對其屬下的區鄉鎮各級機構發佈行政命令的情況，而這一狀況在當時各淪陷區並不少見。由此，也可以看出當時行政系統之混亂情形。而且，維持會時期的地方政權具有明顯的傀儡性質。其權力完全為各地駐軍所掌握，舉凡人事、財政、軍事、教育等各種要務，都要經由日軍各相關機構進行決議。維持會的作用僅僅只是傳達與執行而已。

　　廣東治安維持委員會是 1938 年 12 月 20 日在廣州成立的，名義上是作為廣東的最高行政機構，其行政系統是當時各個維持會中比較完備的。該維持會設正副委員長各一人，分別為彭東原、呂春榮，委員包括陳覺民、廖銘、卓球、商衍鎏等人，其下分設秘書、財政、民政、復興、治安、司法六處。〔註98〕在該維持會內，配置了一個由日本陸軍特務機關與臺灣總督府人員組成的顧問團。其中，首席顧問是西村高兄，其職責是統領維持會內各部門的顧問。該維持會負責教育行政事務的是在民政處下設的學務科，並由臺灣總督府派出的菅向榮擔任該科的教育顧問。〔註99〕教育顧問對維持會興辦的各項教育活動負有所謂的監督指導之權，舉凡教育人事、學校開設以及課程與教科書的設置與編撰均要經過教育顧問的同意，甚至是由教育顧問直接予以決定。

　　學務科設科長一人，由門少山擔任，並酌設事務員若干人。其下設機構包括學校教育股、督學股、社會教育股三股，分別掌管學校行政、視學及社會教育等事項。〔註100〕這個時期因為廣州尚處於淪陷的初期階段，各方面的教育還沒有完全恢復，因此，學務科雖然設了三個股來管理各項教育事務，但是其能開展的事業僅有學校開辦及督學兩項，至於社會教育基本上是談不到的。根據《民政處各科股辦事細則》，學校教育股的職責規定為如下幾項：1、省會學校的籌備及監督事項；2、教職員資格審查事項；3、管理省會學校

〔註98〕《廣東治安維持委員會公報》。另外，有關廣東省治安維持會設置的具體情況，可參閱呂春榮：《廣東更生一年來工作之回顧》，《南星》第 1 卷第 3 期，1939年，第 18～20 頁。

〔註99〕臺灣總督府外事部：《支那事變大東亞戰爭二伴フ對南方施策狀況》，臺北：臺灣總督府外事部，1943 年，第 164～165 頁，轉引自朱德蘭：《日汪合作與廣東省政府關係一個側面的考察》，中央研究院中山人文社會科學研究所：《人文及社會科學集刊》第 12 卷第 4 期，2000 年，第 639 頁。

〔註100〕《民政處組織大綱》（1939.4.15），《廣東治安維持委員會公報》。

行政事項；4、各級學校課程編配事項。督學股的職責則包括：1、省會各教育機關教育實施之督察及指導；2、視察各學校之管理事項；3、教育方案之設計事項；4、各學校教材之編配事項。〔註101〕

廣東維持會下轄的南海、番禺、順德、東莞、南海、三水幾個縣份，則設置行政專員公署。根據廣東維持會制定的《廣東治安維持委員會所屬各縣行政專員公署暫行組織大綱》規定，每縣設行政專員一人，隸屬於廣東治安維持委員會，「依法律命令綜理全縣一切行政及地方自治事務」。其下，依縣政需要，設總務、民政、財政、復興、教育、治安五科，其中教育科掌管學校教育、社會教育及一切文化事業。〔註102〕

其他各地的維持會，行政系統則或簡或繁。在教育行政機構的設置方面，既有設置教育專科的，如海口市。也有在社會局之下設教育科的，如汕頭由維持會改為善後委員會之後，便在社會局之下設教育科專管教育。〔註103〕更多的縣則並未設置專門的教育行政機構。其原因就在於此時的教育顯然不是各淪陷區所關心的地方事業。正如第一節所述，整個維持會時期的教育進展極為緩慢，各地復辦或者重新開設的學校及其他各種教育事業遠遠沒有恢復到戰前的水平，有些地區甚至還完全處於停頓的狀態。正因為如此，所以也沒有必要設置一個專門的教育行政機構來管理教育事務。

二、偽廣東省政府成立之後的教育行政機構

1939 年以後，隨著日軍佔領區域的不斷擴大以及各淪陷區情勢的日漸步入正軌，日偽雙方都希望盡快結束作為「過渡政府」的維持會階段，而建立正式的地方行政機構。於是，在偽廣東省政府成立之前，各地方維持會便開始了向縣市政府轉變的各項準備工作。就省政府來說，在偽廣東省政府正式成立之前，先於 1939 年 11 月 20 日組織了一個廣東省政務委員會籌備會，以代替廣東省治安維持會執行省政，並以廣東治安維持會委員長彭東原為主

〔註101〕《民政處各科股辦事細則》（1939.4.15），《廣東治安維持委員會公報》。
〔註102〕《廣東治安維持委員會所屬各縣行政專員公署暫行組織大綱》，《廣東治安維持委員會公報》。
〔註103〕汕頭淪陷之後，先是成立了治安維持會，不久即改為善後委員會。參見中國國民黨中央執行委員會粵閩區宣傳專員辦事處編：《潮汕淪陷區報告》，第 8 頁。

席。〔註104〕而各個淪陷縣市，在這個過渡時期的做法則多有不同。有的是組織縣市公署作爲向縣市政府過渡的一個臨時政權，如廣州、潮安等縣市。而汕頭市則在僞廣東省政府成立之前直接由善後委員會改組爲汕頭市政府。〔註105〕在僞廣東省政府於1940年5月10日成立前後，各地維持會便陸續結束，縣市政府機構也漸次建立起來。〔註106〕

　　從這個時期開始，各淪陷區開始從淪陷初期混亂無序的狀態下漸趨恢復，離開的人也陸陸續續地開始返回各自生活的地方。因此，就有必要重新恢復各項教育事業，並設置專門的教育行政機構來管理有關學校教育及社會教育事務。於是，從省級到各縣市的教育行政機構便隨著各級政府的成立而相繼建立起來。

（一）省政府教育行政機構

　　汪精衛國民政府在「還都」南京之後，規定一切法令「以適用民國二十六年十一月十九日以前施行者爲準則」。因此，僞廣東省政府成立之後，省政府的行政系統便大致依照原南京國民政府於1931年3月23日公佈的《省政府組織法》進行設置。省政府設主席一人，委員九至十一人，其下設秘書處、民政、財政、教育、建設各廳處。其中，教育廳主管有關各級學校、社會教育、教育及學術團體、圖書館博物館公告體育場以及其他教育行政等各種事務。其下設機構，按照《廣東省政府教育廳辦事細則》（1940年10月3日僞廣東省政府第28次省務會議決議通過，呈行政院第2928號指令修正），擬設

〔註104〕《中山日報》1939年11月23日。

〔註105〕《汕頭市政府施政紀略1940～1941年》，政類842，廣東省檔案館。

〔註106〕截止到1943年，廣東省淪陷區已成立縣市政府的地區，共有2市、26縣，其中，中區爲廣州、南海、順德、東莞、花縣、中山、新會、番禺、三水、從化、增城，南區爲合浦、靈山、防城、欽縣，東區爲汕頭、潮安、澄海、揭陽、南澳，瓊崖地區有瓊山、澄邁、文昌、安定、瓊東、臨高、崖縣。而由僞廣東省政府委派縣市長者的縣市共2市、17縣，分別爲廣州、汕頭、南海、順德、東莞、花縣、博羅、潮安、番禺、三水、從化、增城、寶安、潮陽、澄海、中山、新會、惠陽、南澳等。關於瓊崖地區，由於日本海軍企圖將其作爲「南方海外殖民地」，以「海南人自治」的形式，試圖將其劃出廣東省的版圖，因此，該地區縣市政府的縣市長並未由僞廣東省政府委派。故僞廣東省政府在出版1942、1943年《廣東省政概況》的時候，關於縣市政府也沒有將瓊崖地區列入進去。參閱廣東省政府秘書處：《廣東省政概況》，1942年；廣東省政府政務廳編：《廣東省政概況》（第二輯），1943年。

秘書室、督學室以及第一、二、三、四、五各科。〔註107〕各科室主要職責，如下表所示：

表 1-9　1940 年偽廣東省政府教育廳機構設置及職掌表

科屬	職掌
秘書室	一、關於撰擬重要法令函電事項 二、關於核閱各科文稿事項 三、關於各種會議事項 四、關於廳長交辦事項 五、關於施政計劃工作報告事項
督學室	一、關於全省學務之調查，視察，及指導事項 二、關於廳長指定各種方案之規劃，及審查事項 三、關於就視察所得建議教育興革事項 四、關於專門設計事項
第一科	一、關於典守印信，保管卷宗，收發繕校文件，及本廳會議記錄事項 二、關於會計，庶務，警衛事項 三、關於本廳職員任免之登錄及學校局所鈐記之核發，捐資興學請獎之審核等事項 四、關於省教育經費之預算，決算及支銷事項 五、關於直轄各局所及學校經費之規定領發，及稽核事項 六、關於物品之購置保管，及學校報告表冊，證書之印製發售等事項 七、關於直轄學校圖書館、博物館。及其他教育機關之修建購置事項 八、關於學習衛生事項 九、不屬於其他各科管轄範圍諸事項
第二科	一、關於直轄局所長及專科以上學校校長任免之登錄事宜 二、關於直轄局所長及專科以上學校校長之考成事項 三、關於直轄局所長及專科以上學校職教員資格之審核及登錄事項 四、關於專科以上學校之編制及課程事項 五、關於私立專科以上學校之審查及立案事項 六、關於專科以上各校學生入學、轉學、綴學、退學及畢業之登錄事項 七、關於專科以上各校學生畢業試驗之審查及監督事項 八、關於國內外留學生之管理事項 九、關於學術文化團體事項

〔註107〕《省政府組織法》，廣東省政府秘書處：《廣東省政概況》，1942 年。該組織法於 1940 年 11 月 5 日經由汪精衛國民政府予以修正。

	十、關於教育用書及其他出版物之審查事項
	十一、關於教育各項事業調查統計事項
	十二、關於書報編譯及審查事項
	十三、關於政令宣傳事項
第四科	一、關於民眾補習教育事項
	二、關於識字運動事項
	三、關於低能殘廢及其他特殊教育編制、課程等事項
	四、關於公共體育事項
	五、關於圖書館、博物館、美術館之計劃管理及促進事項
	六、關於短期職業補習學校之籌設、及管理事項
	七、關於通俗講演、小說、詞曲、圖畫、電影、戲劇之審查獎勵及取締事項
	八、關於其他社會教育事項
	九、關於其他藝術教育事項
第五科	一、關於中等以上學校校護軍事訓練事項
	二、關於中等以上學校教官任免之登錄事項
	三、關於中等以上學校教官之考成事項
	四、關於中等以上學校學生軍事訓練成績之考成事項
	五、其他關於中等以上學校軍事訓練一切事項
廳務會議，科務會議，各項委員會會議，其他臨時會議	

資料來源：《廣東省政府教育廳辦事細則》，《廣東省政府公報》1940 年第 7 期。

在上述擬設置的各科室中，主管軍事訓練的第五科，因爲廣東省遲至 1941 年末才開始舉行省會中等以上學校的軍事訓練，並由省政府另設了專門的機構辦理學生的軍事訓練事項，因此第五科也就沒有進行設置。

到 1943 年 1 月，隨著汪精衛國民政府對英美宣戰，淪陷區開始進入所謂的「戰時體制」，要求一切施政都要按照「戰時規則」運轉。爲此，汪精衛國民政府進行了從中央到地方的行政機構改革。首先，在中央設立最高國防會議，作爲戰時的最高權力機構，由汪精衛任主席，陳公博、周佛海等爲委員，由此而將政治、軍事、經濟、文化諸方面的權力集中到少數人的手裏。1 月 13 日，最高國防會議通過《改革行政機構案》，通過轉、裁、并等措施，減少了六個委員會，使行政院的職權更爲集中。20 日，最高國防會議又通過《現行省政府組織法關於委員制之條款悉予廢止省政府改爲省長制案》，認爲現行的省政府委員制「責任不明，效率難彰」，已不能適應戰時需要，決定改爲實行事權集中於一人的省長制。該案規定：省政府設省長一人，「現任省政府委

員得調任省政府參事」。〔註 108〕28 日，最高國防會議決議通過了《省政府組織法草案》，根據此草案，將省政府秘書處與民政廳合併，改為政務廳。其後，又陸續成立經濟局、社會福利局和糧食局。

　　根據上述法案的規定，到該年 6 月，偽廣東省政府下設有政務、財政、建設、教育 4 廳及警務、宣傳等處局，並特任陳耀祖為廣東省省長。在同年 7 月，由省政會議通過了《廣東省政府各廳處處務規程》。根據該規程的規定，在教育廳設置秘書室及第一第二第三第四等科，督學室被取消。各科室職責，除了秘書室以外其他四科的職責都有不少變化。〔註 109〕其中，最大的變化是將原來分屬第三第四科主管的初等教育與社會教育合為第四科管理，而第三科則專管中等教育。這就意味著加大對中等教育的管理力度，對初等教育及社會教育則有所弱化。這四科的職掌如下表所示：

表 1-10　1943 年偽廣東省政府教育廳四科設置及職掌表

科屬	職掌
第一科	（一）關於文件之撰擬收發繕校保管事項 （二）關於典守印信事項 （三）關於會計庶務事項 （四）關於所屬職員之任免獎懲及登記事項 （五）關於史蹟名勝天然紀念物資保存事項 （六）關於學校局所鈐記之核發及捐資興學請將之審核事項 （七）關於省教育經費及各局所學校經費預算決算之審核暨款項之領發核銷事項 （八）關於物品之購置保管及學校報告表冊證書之印製發給事項 （九）關於直轄學校圖書館博物館及其他教育機關之修建購置事項 （十）關於其他教育行政事項
第二科	（一）關於直轄局所長及專科以上學校校長之任免考成事項 （二）關於直轄局所長及專科以上學校職教員資格之審核登記事項 （三）關於專科以上學校之編制及課程事項 （四）關於私立專科以上學校之審查及立案事項 （五）關於專科以上學校學生之入學轉學綴學退學畢業之登錄暨畢業試驗之審查監督事項 （六）關於國內外留學生之管理事項

〔註 108〕石源華：《陳公博這個人》，上海：上海人民出版社，1997 年，第 263～264。
〔註 109〕《廣東省政府公報》1943 年第 39 期。

	（七）關於學術文化團體事項 （八）關於教育用書及出版物之編譯審查事項 （九）關於教育事業之調查統計事項
第三科	（一）關於中等學校校長之任免及考成事項 （二）關於中等學校職教員資格之審核及任免登記事項 （三）關於中等學校之設立編制課程及管理事項 （四）關於中等學校學生入學轉學綴學退學及畢業之登記事項 （五）關於私立中等學校之審查及立案事項 （六）關於中等學校教員檢定事項 （七）關於其他中等教育事項
第四科	（一）關於小學即幼稚園之設立編制課程及管理事項 （二）關於私立小學及幼稚園之審查及立案事項 （三）關於學齡兒童之就學事項 （四）關於義務教育事項 （五）關於小學教員檢定事項 （六）關於私塾之改良及取締事項 （七）關於民眾補習教育及識字運動事項 （八）關於低能殘廢及其他特殊教育之編制課程事項 （九）關於民眾教育館圖書館博物館美術館公共體育場之計劃管理推進事項 （十）關於短期職業補習學校之籌設管理事項 （十一）關於藝術教育及公共體育之推進事項 （十二）關於其他小學教育及社會教育事項

資料來源：《廣東省政府各廳處處務規程》，《廣東省政府公報》1943 年第 39 期。

　　偽廣東省政府剛剛成立之時，由汪精衛國民政府簡任林汝珩爲教育廳廳長，並由省政府委派陳致平爲教育廳主任秘書，汪漢三爲秘書，車湛深爲第一科科長、林伯榆爲第二科科長、許少珊爲第三科科長、史元濟爲第四科科長，督學則委派了黃承鑣、鄺家鼎、周公偉、杜澍楨、凌汝驥、李國樑等人。〔註110〕此後，各科室人員又多有調整。

　　在教育行政機構及各方面人事確定下來之後，偽廣東省政府便開始舉辦各種教育事業。包括恢復或新設從小學到大學的各級各類學校及社會教育機構、檢定中小學校教員、派遣留日學生、籌措教育經費、組織教育考察團赴日考察，並舉辦各市縣教育行政會議，等等。

―――――――――

〔註110〕《廣東省政府公報》1940 年第 1～3 期。

　　在社教機關方面，主要是復辦各種社會教育機構，包括省立圖書館、省立民眾教育館、體育館、教育會等，並設置了社會教育委員會、廣東省體育委員會（其後改爲中國體育協進會廣東分會）、童軍事業協進會、戲劇審查委員會、取締不良讀物委員會等各種組織。關於廣東省淪陷區社會教育的情況，可見附錄一「廣東省淪陷區社教機關統計表」。

　　在這裡，需要對僞廣東省政府組織的所謂「教育考察」作一番說明。在省政府剛剛成立的一兩年間，可以稱得上是中日文化交流的「蜜月期」。因此，中日雙方出於「溝通中日文化」而分別組織了幾次中日之間的互訪。早在維持會時期即有這樣的訪日活動的舉行。當時的廣東維持會主任委員彭東原就曾率團赴日參觀訪問，廣東婦女會也組織了一次婦人訪日團。就在省政府成立前夕，日本組織了一個「東洋婦人教育觀光團」對廣東的婦女會進行回訪。〔註111〕

　　省政府成立之後，廣州市率先組織了一個30人的「廣州市立小學校校長赴日考察教育團」。此次考察團由廣州市教育局督學擔任正副團長，廣東陸軍特務機關廣州市政府聯絡官擔任嚮導，於1940年11月22日從廣州出發，行經臺灣基隆港、臺北市及日本神戶、東京、京都、大阪，拜訪參觀了臺灣及日本重要政府機關、神社、學校、報社等，最後於12月27日返回廣州。〔註112〕此次訪日考察團，中日雙方都特別重視，在出國前與歸國後，分別舉行了慶祝活動，由中日長官發表演說。在訪日途中，還舉行了幾次座談會，參加者包括全體團員以及留日學生。歸國後，又在各報社連日刊載團員所寫的日記、觀感、感想錄之類的文章，並且還舉行播音演講通過廣播的方式將其東渡感想告之於眾。

　　隨後，省政府教育廳又組織了一個「東渡教育考察團」。此次訪日，由教育廳長林汝珩爲團長，率同省立各中上學校、中山日報社、東聯會、番禺縣婦女會以及廣東陸軍特務機關聯絡官共24人，於1941年1月26日從廣州出發赴日考察社會文化及教育事業。2月10日抵達東京。其在日本的行程：抵達當日即赴宮城遙拜，晚間由日本東聯協會設宴；11日參拜明治神宮、靖國神社，並訪問中國大使館；12日拜訪興亞院及其他長官；13日參觀東京帝國

〔註111〕《中山日報》1940年2月17日。

〔註112〕廣州市立小學校校長赴日考察團編：《廣州市立小學校校長赴日考察教育團報告書》，1941年。

大學及中學校、女子學校；14 日參觀東京文理科大學及東京朝日新聞社、東京日日新聞社、報知新聞社；15 日參觀上野圖書館、動物園、放送局；18 日赴中國大使館宴會並出席日本東聯協會各縣代表懇談會；最後由京都、臺北於 3 月初返回廣州。〔註113〕

　　在這裡之所以要對上述考察團的訪日行程作如此細緻的敘述，是為了說明類似這樣的赴日考察，就日本來說，是向來訪者展示其實力的絕佳時機。更為重要的是，通過參觀者的眼睛還可以將這些東西帶回其落後的故鄉，並呈現給所有的人觀看。其象徵意義可能要遠遠大於由實際參觀所獲得的那些所謂經驗。正如「廣州市立小學校校長赴日考察教育團」團長李繼唐在歸國後所寫的感想文所說的：「日本是一個美滿的國家，……經踏上友邦的領土，事實已經答覆我們，日本不但是一個美滿的國家，並且是一個世界上的模範團」，其所具有的美滿之處表現在：教育的發達、愛國的熱誠、思想的進步、科學的進步、工業的發達、交通的便利、衛生設備的完善、警政的發明、敏捷的精神、時刻的遵守、節儉的習慣、美感的教育等諸方面。〔註114〕從李的眼睛所看到的日本真的就是世界上最美好的地方。而對於訪問者來說，其眼睛所及之處，到處充滿著強弱的對比，那種因比較而產生的挫敗感會長期籠罩在他們心頭。這種挫敗感同樣會經由他們的文章及演講傳遞給所有讀者及聽眾。因此，所謂的訪日教育考察，比起溝通中日文化來，可能宣傳的意義要更為重要一些。

（二）縣市教育行政機構

　　縣級教育行政機構，在偽廣東省政府成立之後基本上經過了一個由局到科的轉變。在偽廣東省政府成立初期，各縣市行政組織的設置基本上沿用原南京國民政府的組織形式，縣政府內部分科，並下設民政、財政、建設、教育等各局，由教育局主管教育。到 1942 年，偽廣東省政府根據 1937 年 6 月 22 日行政院修正公佈的《縣政府裁局改科暫行規程》，擬訂了《廣東省縣政府暫行組織規程》及其《施行細則》。〔註115〕據此，各縣政府開始實行裁局改科，

〔註113〕《廣東省東渡教育視察團訪日經過》，廣東省教育廳編印：《廣東省教育報告書》，1943 年，第 137～140 頁。

〔註114〕李繼唐：《東渡視察所得和歸來後的感想及期望》，廣州市立小學校校長赴日考察團編：《廣州市立小學校校長赴日考察教育團報告書》，1941 年。

〔註115〕廣東省政府秘書處：《廣東省政概況》，1942 年。

將原來的「局」制改爲「科」制。按照《廣東省縣政府暫行組織規程》及其《施行細則》，各縣劃分爲一、二、三等，第一、二等縣設四科，三等縣設三科，教育事務均由第三科掌管。〔註116〕這一設置一直到戰爭結束，基本上沒有大的改變。

市的教育行政機構，前後也發生了一些變化。如廣州市在市公署時期（1939 年 11 月 20 日至 1940 年 5 月 9 日），設有秘書、財政、復興、公安五處，在復興處下設學務科主管教育，並分設人事股、教育股及督學。〔註117〕1940 年 5 月 10 日，廣州市公署改組爲廣州市政府。市政府初期設教育局主管教育事務。按照其制定的《廣州市教育局組織章程》，教育局設局長一人，秘書一至二人，並在教育局內設四科，各設科長一人，還設有督學若干人。〔註118〕到 1941 年 1 月 24 日，則將教育局裁撤，歸併社會局辦理。〔註119〕根據 1942 年 5 月制定的《廣州市社會局辦事細則》，社會局設秘書室、督學室及第一第二第三第四第五課，在第四課分設教育行政股與學校教育股，在第五課分設社會教育股與宣傳編譯股，督學室則設分別設置視察、督學、指導員。〔註120〕到該年 6 月，省政府要求市政府實行合署辦公。廣州市政府社會局即由原來的五課縮減爲兩課，由第二課主管教育，分設教育行政、學校教育及社會教育三股。〔註121〕汕頭市則沒有發生大的改變，從改組爲市政府之後就由社會局主管教育。不同之處，只是由最初的教育科而改爲第二課，第二課設學校教育股與社會教育股分別辦理學校教育與社會教育。〔註122〕

各縣市教育行政機構設置之後，便根據省教育廳以及縣市政府的部署開始開展各項教育事業。包括恢復或新設中小學校、復辦或新設各種社會教育機關、舉行中小學校教師檢定及培訓、整理教育款產及籌措教育經費，等等。

關於各縣市教育行政機構主辦的各項教育事業，以社會教育爲例，主要有民眾教育館、教育會、民眾學校的設置。就民眾教育館來說，儘管省教育

〔註116〕廣東省政府秘書處：《廣東省政概況》，1942 年。

〔註117〕《廣州市公署公報》1940 年第 3 期。

〔註118〕《廣州市教育局組織章程》，《廣州市政公報》1940 年第 4 期。

〔註119〕《廣東省政府公報》1941 年第 9 期。

〔註120〕《廣州市社會局辦事細則》，《廣州市政府公報》1942 年第 25 期。

〔註121〕《廣州市政府公報》1942 年第 26 期。

〔註122〕《汕頭市政府施政紀略（1940～1941 年）》，政類 842，廣東省檔案館藏；鄧向葵：《汕頭市更生後之教育行政概況》，《社會特刊》（教育號），1941 年，第 31 頁。

廳一再要求各縣市恢復辦理，但各縣則多未遵辦，到 1943 年爲止僅有廣州、順德、東莞、增城設立了民眾教育館。此外，廣州市還開辦了一所市立圖書博物館，並有體育委員會的設置。至於教育會，各縣市則多有恢復設立。關於民眾學校的開設，1941 年 3 月，教育廳根據教育部頒佈的《修正實施失學民眾補習教育辦法大綱》及《施行細則》，擬定了《廣東省實施失學民眾補習教育辦法》，於該年 4 月通令各縣市開辦民眾學校。但各縣辦理情況不一，既有按照擬定補習辦法實施的，但大多數則並未辦理。因此，教育廳從 1942 年開始便要求所有公私立中等學校根據上述補習教育辦法第二條「先就各市縣現有各種學校內附設民眾學校」的規定，於可能範圍內兼辦民眾學校至少一班，完全小學最低限度須兼辦民眾識字班一班，由各校教職員或指定高年級學生分別擔任教學工作。〔註 123〕此後，各縣市民眾學校才有所進展。據統計，到 1943 年，市立及各縣立之民眾學校或識字班，共計 245 所，全省合計有民眾學校及識字班 261 所，收容失學者 12400 餘人。〔註 124〕此外，還有很多區立、鄉立以及私立民眾學校、識字班或補習班的開設。關於各縣市社會教育的情況，同樣可參見附錄一中的相關內容。

小　結

　　親日教育顯然是汪精衛國民政府及僞廣東省政府教育施策中最爲重要的內容。但是，這個政府並不全然如此，它還有另外一面。很顯然，汪精衛國民政府是一個很奇特的政治組合。他們樂於將自己塑造成是國民黨的正統、原南京國民政府的合法繼承者以及孫中山思想的眞正實踐者。因此他們將在南京成立的政府稱作是「還都」，而不是建立一個新的政府。其根本精神就在於「不變更政體和法統，而以變更國策收拾此次時局爲要務」。〔註 125〕爲此，在「還都」之後，便將所有可以表徵國民黨政治符號的東西都予以了恢復，這些符號包括以中華民國憲法爲標誌的法統、以孔子爲師尊的道統、中華民國國號、國民黨全國代表大會、中央政治會議、青天白日滿地紅國旗、反對帝國主義以及三民主義。

〔註 123〕《廣東省政府公報》1942 年第 23 期。

〔註 124〕廣東省政府政務廳編：《廣東省政概況》（第二輯），1943 年。

〔註 125〕《中國方面提出關於收拾時局的具體辦法（1939 年 5 月 28 日）》，黃美眞、張雲編：《汪精衛國民政府成立》，上海：上海人民出版社，1984 年，第 64 頁。

　　與此同時，還要實現「和平建國」，爲此則要變更國策。所謂的「變更國策」，即「以和平建設、睦鄰反共爲指導方針，過去公佈之法令，凡屬違反本方針者，分別予以取消或修正」。〔註126〕汪精衛及其政府宣稱，中日雙方本著「善鄰友好、共同防共、經濟提攜」的原則，擺脫西方「侵略主義」和共產主義，以實現中國的復興、東亞的復興，最終建立起眞正的東亞新秩序。爲了使這種「合作」關係合理化，汪精衛重新啓用了孫中山關於「大亞洲主義」〔註127〕的講話，並在各種場合對其進行了闡發。此後這也成爲各僞政權時常採用的一種策略，以「大亞洲主義」爲主題的演講、文章、雜誌及著作可謂浩如煙海。這樣也就將對日合作說成是對孫中山的繼承。應該說，汪精衛對於將其政權塑造成在當時條件下可被各方認可並且接受的政治面貌可說是竭盡了全力。

　　正因爲如此，他們需要一直不斷地進行協調與辯白的工作。比如，面對各方對於汪精衛國民政府缺乏獨立性的指謫，汪及他的追隨者就一直堅持說對日合作是基於平等基礎上的互惠合作。爲了向民眾證明其政府是獨立自主的，他們做了種種辯護。正如汪精衛所稱的，在他的統治下：〔註128〕

　　　　1、各大中小學校學生在還都後已恢復唱國歌；2、學制在維新政府時期，曾改爲日本的五年制，現已恢復三三制；3、中小學校教科用書，由教育部自行編輯，除反日排日資料改換爲善鄰友好資料外，其他闡發國家與民族意識的資料仍自由編配；4、學校課程，除外國語一種加授日語外，其他與事變前並無不同；5、訓育方針，由教育部召集各省市教育當局詳加討論，友邦方面並無干涉；6、學校內之軍訓及童子軍教育，亦次第恢復；7、體育科由教育部頒發國民體操圖說，由各省市通行。總之，過去一年間的教育方針，除反日排日一點已與友邦方面約定，彼此改採互尊互親之方針外，一切俱保持獨立自主之精神。

〔註126〕《中國方面提出關於收拾時局的具體辦法（1939年5月28日）》，第67頁。
〔註127〕這次講話是孫中山於1924年11月28日在日本神戸高等女學校所作的名爲《大亞洲主義》的演講，見孫中山：《大亞洲主義——對神戸商業會議所等五團體講演詞》，《孫中山先生由上海過日本之言論》，上海：民智書局，1925年，第1～22頁。
〔註128〕汪精衛：《國民政府還都一年（續）》，《東亞聯盟月刊》第1卷第6期，1941年。

上述所說的這些內容，並非全是辯白，其中確有符合事實之處。據曾任汪精衛國民政府教育部部長李聖五在戰後的自白，也提到在其執掌教育部之後，恢復了維新政府時期被取消的三民主義課程和黨義周，並減少了日語課。〔註129〕這也是其政府及其下級政府有所為的一面。不過，卻又在所有良善之處根據對日合作政策而進行了種種調整。這就使得他們的辯護顯得蒼白無力。而這就是當時的現實。

汪精衛國民政府所具有的全部困境都被偽廣東省政府所承襲，他們不得不在此背景下去開展教育。就偽廣東省政府來說，不論是出於何種意圖，它還是建立起了包括高等教育、中等教育、初等教育以及社會教育在內的相對完備的教育體制，並根據情勢的變化作出了相應的調整，使得廣東省淪陷區的教育事業沒有因為戰時的淪陷而陷於完全停滯的狀態。而這一「成就」也給美國情報人員留下了印象。在 1944 年 9 月 26 日美國戰略情報局所作的一篇報告中，就認為在廣州，「總的說來，教育系統並沒有受到敵人的重大干擾」，極少學校教師為敵人作宣傳，因此「大部分學生沒有中毒，並且痛恨日本人」。〔註130〕

〔註129〕南京市檔案館編：《審訊汪偽漢奸筆錄》（上），南京：江蘇古籍出版社，1992年，第585頁。另外，關於維新政府，其全稱是「中華民國維新政府」。1937年12月，日軍佔領南京後，由梁鴻志組織「治安維持會」。1938年3月維持會取消，在南京成立了「中華民國維新政府」，管轄江蘇、浙江、安徽三省的淪陷區和南京、上海兩個特別市。1940年3月，汪精衛國民政府成立之後，維新政府即宣告解散，併入汪精衛國民政府。李盛平主編：《中國現代史詞典》，北京：中國國際廣播出版社，1987年。

〔註130〕美國戰略情報局編：《日本對華政策綱領》第二卷，第15頁。轉引自約翰·享特·博伊爾：《中日戰爭時期的通敵內幕 1937～1945》下冊，陳體芳、樂刻等譯，北京：商務印書館，1978年，第488頁。

第二章　高等教育──省立廣東大學

　　省立廣東大學的建立，是在汪精衛國民政府成立之後由汪精衛在廣東的嫡系一手促成的。該校從 1940 年 5 月開始籌建，其後建築校舍，籌備院系，聘請教職員，招收學生，到 9 月 25 日舉行開學典禮，至此省立廣東大學正式建立。從其成立到 1945 年解散，廣東大學歷時五年的時間。期間，院系幾經調整，人事頻繁更迭。1945 年隨著日本的投降，省立廣東大學也最終宣告解散。在廣東大學存在的五年時間中，每年大概有 400 多名學生在這個學校求學，五年當中有近千人進入這所學校，四屆畢業生共 201 名獲得這所學校發給的畢業證書。而在這所大學供職的教職員人數每年有近 200 人，在這些人當中，不乏當時的名師。

　　按照當時的通行說法，這就是一所在淪陷區建立起來的「傀儡大學」，它無疑是當時汪精衛一派叛國的產物。而在這所學校求學求職的人，也被打上了「傀儡」、「漢奸」的標籤。即使不是傀儡、漢奸，他們至少也是不堅定份子。他們不但不愛國，還在自己的國家遭受創痛的時候投入敵人的懷抱。而當蔣介石中國最終贏得了中日戰爭勝利的時候，這些人理所當然地要為自己戰時的行為承擔後果。於是戰後一系列的甄審、甄試便上演了，目的就是為了清除掉他們身上「被奴化」所遺留下來的毒素。有的甚至還站上了漢奸的審判臺。

　　甄審、甄試也好，還是作為漢奸接受刑事審判，這些實際上都是這個國家對他們戰時行為的道德審判。這樣的「污點」在其後很長時間都沒有辦法擺脫。那麼，這所學校是一所傀儡大學嗎？它在戰時都做了些什麼？在這所學校學習工作的人全是一群喪失良知的叛國者？他們為什麼要接受這所學校

的聘書？爲什麼要進入這所大學讀書？他們在這所學校究竟做了些什麼？他
們的戰時行爲眞的需要被打上不愛國的標籤嗎？也許下面的敘述，可以對上
述一系列問題作出回答。

第一節　廣東大學的建立

　　汪精衛國民政府成立以後，便以正統自居。不管是各級政府機構的設置
還是學校系統的建立，都急欲恢復原來的樣貌。而教育尤其是高等教育，正
如時任汪精衛國民政府教育部社會教育司司長的嚴恩栟所稱：「教育爲立國精
神所寄，而大學教育站在全國領導地位，於反共和平政策之推行，青年思想
行動之糾正，復興建設人才之培養，均極重要」。〔註 1〕因此，在各淪陷區便
掀起了一股創辦大學的熱潮。這些學校，或在原有的學校設施的基礎上重建，
或僅僅借用原來的學校名稱而復辦，或者重新建立新的大學。先後成立的高
等學校包括：南京中央大學、上海大學、交通大學、上海商學院、浙江大學
等等。

　　就廣東省來說，在廣州淪陷之後，所有的高等學校都已經遷離了廣州，
不是遷往內地就是遷往港澳地區。因此，僞廣東省政府成立以後，便急於建
立一所高等學校。於是，創辦大學的提案便在省務會議上得以提出。但是，
對於這所學校的建制，卻發生了爭議。汪精衛一派希望在廣州復辦國立中山
大學，直屬於教育部。而在廣州的林汝珩，時爲廣東省教育廳的廳長，則希
望復辦廣東大學，並將其確定爲廣東「省立」大學，由廣東省直接控制。此
意見得到了時爲僞廣東省政府主席陳耀祖的同意，並由林請汪精衛的妻子陳
璧君向汪陳情，最終得到了汪的同意。在經過各方的較量和妥協之後，「省立
廣東大學」的名稱最終得以確定。〔註2〕此項決定經由 1940 年 7 月 26 日召開
的第 18 次「省務會議」通過，會上還決定由林汝珩兼任該校校長。〔註3〕這
樣，林氏一派算是掌握了這所省立廣東大學的教育大權。

〔註 1〕嚴恩栟：《一年來的高等教育》，《教育建設》第 2 卷第 1 期，1941 年。
〔註 2〕陳樵、陳士谷、商穆：《僞廣東大學、廣州自警團、東亞聯盟青幹班和中日文
　　　 化協會廣州分會》，政協廣東省廣州市委員會文史資料研究委員會編：《廣州
　　　 文史資料》（第 5 輯），廣州：廣東人民出版社，1962 年，第 160 頁。
〔註 3〕廣東省檔案館編：《民國時期廣東省政府檔案史料選編》（10），廣州：廣東省
　　　 檔案館，1988 年，第 179 頁。

　　但是，這所新近成立的學校，並不是草草拼湊起來的。至少省政府方面希望通過資助這所省立大學，能夠多少為自己披上一層正統的外衣。因此，不管是在校園的建築、院系的建立還是人事的組織方面，偽廣東省政府都費了一番心思，並進行了比較細緻的籌備工作。到 9 月 25 日舉行了開學典禮，10 月 5 日開始上課，12 月呈奉汪精衛國民政府教育部核准備案。〔註4〕至此，省立廣東大學算是正式成立，共設有三個學院十個學系以及三個專修科。到1942 年 2 月，還增設了一個農學院，這樣廣東大學在院系方面就建立起了四院十二個學系。下面將詳細介紹廣東大學的籌建經過、行政管理以及院系設置各方面的情況。

一、籌建經過

　　在該年五月，即擇定廣州光孝寺原國立法科學院作為校址。光孝寺原本是廣州市治安維持委員會呂春榮的偽復興軍司令部，林汝珩以 5000 元軍票作為交換讓呂遷走。此外，還收購了附近的民房進行擴充。為節省經費，廣東大學並未專門成立大學籌備委員會，此項工作由省教育廳負責。隨即開始了廣東大學的校舍建築工作。

　　先修建校舍、學生宿舍、運動場、圖書館，並蓋了一座禮堂。同時購置圖書、儀器。到廣東大學於九月間開學的時候，應該說算是初具規模，各項教學需用的設施基本配置齊全。以圖書來說，有當時掛名館長徐信符借給廣東大學陳列的古籍圖書。還有日本人掠奪的「顒園」（原址在越秀山麓）主人陳融的線裝書共數十箱，後來將之贈與廣東大學圖書館。此外還有各方面捐贈得來和陸續購置的書籍（約值 3000 元左右）。〔註5〕這樣廣東大學的圖書算是規模粗備。儀器設備方面，以理工學院為例。該院設有三個學系，其中建築工程系與土木工程系的設備已完成者，有材料強弱試驗室、製圖室、曬圖室（附暗室）、設計室等。關於儀器及模型方面，已購置的有萬能建築材料試驗機、材料硬度試驗機、瀝青拉力試驗機、測量水流速度儀、三合土模型等及測量儀器 20 種。有關化學工程系的設備，完成的有化學實驗室、天秤室、化學儀器室。關於藥品及儀器方面，購備的有定量分析用藥品十餘種、儀器

〔註 4〕廣東省政府秘書處：《廣東省政概況》，1942 年，汪偽 6，廣東省檔案館藏。

〔註 5〕陳嘉靄：《淪陷時期的廣東大學》，廣州市政協文史資料委員會編《廣州文史》（第 52 輯），廣州：廣東人民出版社，1998 年，第 342 頁。

用 20 餘種、無機化學儀器 180 種、普通化學藥物約 200 餘種、有機化學儀器
30 種，有機藥品 30 種。〔註 6〕

這就是廣東大學初建時的規模。考慮到這是在戰時環境下成立的一所高
等學校，對當時所有的高校來說資源都是非常有限的，所以對廣東大學也不
能太過苛求。應該說，就其當時配置到的硬件設施來看，與其他高校相比，
即使沒有更好至少也不會很差。

二、行政管理

在學校行政管理方面，按照《省立廣東大學組織大綱》的規定，廣東大
學實行校長負責制。作爲學校最高立法機構的則是於每學期始末召開的校務
會議。在校務會議上做出的各項議決事項，經校長核定後，則交由主管部門
執行。廣東大學第一任校長爲林汝珩，林一直擔任該職務一直到 1945 年 4 月。
其後，由陳良士代理廣東大學校長。到 1945 年 7 月抗日戰爭即將結束的時候
由省務會議通過，該校長職務由短命的廣東省長褚民誼兼任。並在校長之下
設立了一個校務委員會，行使學校的立法權力，陳良士由代理校長改任該校
委會主任委員。〔註 7〕

在校長之下，分設秘書、教務、事務三處，後期又增設了一個訓導處。
秘書處，負責全校行政事務，該處設秘書一人，下設文書部；教務處，負責
管理全校教學工作。該處設教務長一人，教務長後來改稱教務主任。下設註
冊、出版、體育三部，後來體育部改爲訓導處管理，增設課務部。廣東大學
成立初期，教務長爲陳嘉藹。其後又有多人擔任該項職務，先後有楊廉父、
董志學、凌錫鏞等人。事務處，負責全校除教務以外的一切事務。該處設事
務長一人（後稱事務主任），下設會計、庶務兩部及醫務室，後來又增設警衛
部，醫務室改爲護養院。劉兆成爲第一任事務長，最後一任爲唐福祥；訓導
處，訓導主任爲區茂泮，下設訓育、體育、舍務、女生指導各部，專門負責
全校的各項訓導事務。〔註 8〕

此外，還根據需要設有各種委員會，如聘任委員會、招生考試委員會、
訓育委員會、章則委員會、出版審查委員會、圖書委員會、獎學金審查委員

〔註 6〕徐直公：《廣州淪陷時期的教育概況》，李齊念主編：《廣州文史資料存稿選》
　　　　（第 7 輯），北京：中國文史出版社，2008 年，第 302～303 頁。
〔註 7〕廣東省立廣東大學編：《廣東省立廣東大學概覽》，1945 年。
〔註 8〕廣東省立廣東大學編：《廣東省立廣東大學概覽》。

會、學期考試委員會、畢業考試委員會以及其他各種臨時委員會。

在上述各種委員會之中，最重要的是「訓育委員會」。按照《省立廣東大學訓育委員會規程》的規定，「訓育委員會」由教務長、秘書、各院院長各學系主任及各院教授互選二人組成，設常務委員五人，由校長指定其中一人為主任委員，辦理大學的各項訓育事務。在訓委會之下分設指導、訓練和事務三組，各設訓育員、指導員、事務員若干人。下表列出了廣東大學1940年度訓育委員會委員名單：

表2-1　省立廣東大學1940年度訓育委員會委員名錄

職別	姓名	原任職務
主任委員	李振	法學院教授
常務委員	區文峰	秘書、法學院教授兼經濟學系主任
常務委員	楊廉父	教務長、法學院教授
常務委員	陳嘉靄	文學院教授兼文學院院長
常務委員	張焯堃	農學院教授兼農學院院長
委員	馮霖若	法學院教授兼法學院院長
委員	袁武烈	理工學院教授兼理工學院院長
委員	石光瑛	文學院教授兼中國語言文學系主任
委員	倫哲如	文學院教授兼史學系主任
委員	區聲白	文學院教授兼教育學系主任
委員	陳典衡	法學院教授兼政治學系主任
委員	李叔明	理工學院教授兼化學工程系主任
委員	金肇祖	理工學院教授兼土木工程學系及建築工程學系主任
委員	韓覺偉	農學院教授兼畜產學系主任
委員	熊潤桐	文學院教授
委員	關文淵	文學院教授
委員	林北斗	法學院教授
委員	李壽祺	法學院教授
委員	高志	理工學院教授
委員	何榮道	理工學院教授
委員	張文治	體育部主任
總訓育員	劉立夫	

| 訓育員 | 麥建元、姚傳勳 |
| 事務員 | 何瑞生、麥華新 |

資料來源：省立廣東大學訓育委員會編：《省立廣東大學訓育法規錄》，1941 年，第 33～35 頁。

　　訓委會的職權包括：「（1）擬定本會各種規程；（2）考察學生個性；（3）指定學生作業；（4）考察學生操行成績；（5）決定學生獎懲事宜；（6）糾正學生思想及行動；（7）整飭學校風紀；（8）調解學生糾紛；（9）主持各種集會；（10）解決關於訓育一切事項。」〔註 9〕由此可見，廣東大學訓委會的工作就是通過對學生思想、行為各方面的規範，以使學生能夠「本『奮志力學』之校訓，力學救國，以期一掃自私虛驕之學風」。〔註 10〕

　　為了對學生思想、行為及其團體生活各方面進行規範，訓委會還制定了《訓育計劃大綱》和《訓育實施細則》，作為學生一切思想行動的準則。同時，實行「導師制」，以導師來負實際的訓導責任。為此，制定了《省立廣東大學訓育委員會導師條例》、《導師服務細則》及《導師會議細則》，對導師的職責作出了具體規定。由於與學生的這種密切關係，該委員會實際上成為廣東大學最有影響力的行政機構。不過，在廣東大學後期，該委員會的大部分職能被訓導處代替，其工作也多移交給訓導處，僅剩下對學生進行指導的職能，其名稱也變成了訓育指導委員會。

　　需要說明的是，對學生實施訓育，是民國初期實行新教育以後普遍採取的做法，屬於教育管理的一種方式。南京國民政府成立之後，以政府法令的形式要求各級學校都要嚴格對學生實施訓育，使其成為一種法定制度。汪精衛國民政府成立之後，也繼承原南京國民政府的做法，不過主要是針對中學，並未對大學的訓育問題進行具體規定。廣東大學成立之後，沿襲過去大學施行訓育制度的成例，制定了上述規程、細則、大綱等一系列規章制度以對學生實施訓育。因此，可以說，廣東大學在訓育實施方面並沒有多少制度上的創新之處。其與原南京國民政府高等學校在訓育方面的不同之處大概是其所宣稱的訓育宗旨，即：「本校訓育根據中華民國教育宗旨及實施方針，以灌輸反共和平建國之眞義」。所以，關於訓育目標、訓育實施以及學生操行成績考

〔註 9〕省立廣東大學訓育委員會編：《省立廣東大學訓育法規錄》，1941 年，第 1～3 頁。
〔註 10〕省立廣東大學訓育委員會編：《省立廣東大學訓育法規錄》，1941 年，第 6 頁。

查等各個方面，都規定要圍繞上述宗旨去制定並且實施。比如，關於思想訓練之實施，就是要讓「學生研究『和平反共建國』之眞義，並舉行各種名流學術演講」，「對於學生所發表之刊物，應負監督指導之責，務令其對於『和平反共建國』有深切之認識，並富於愛國思想。」關於學生操行評價標準，其第一項「忠誠」，就是要「誠意對己對人，尤須堅定『和平反共建國』之信念」。

　　但是，如果細細考查這些規章細則，所謂的訓育制度，並非以「和平反共建國」爲唯一目的，而更多著眼於「本『奮志力學』之校訓，力學救國，以期一掃自私虛驕之學風」。所以，在其制定的《實施細則》裏面，關於學生操行考查，除了「思想」一項涉及到有關「和平反共建國」的政治內容外，其他九項包括「勤學」、「服務」、「紀律」、「公德」、「衛生」、「態度」、「言語」、「情趣」、「社會」等都是關於道德行爲的考查。〔註11〕而且，從其導師日常指導事項來看，雖然包括對學生性行思想與學業兩方面的指導，但對性行思想所指爲何有些語焉不詳。下表列出了省立廣東大學導師日常指導事項：

表 2-2　省立廣東大學導師日常指導事項一覽表

導師姓名	修養指導內容	學業指導範圍
徐瓊宇	性行思想	中西哲學比較
倫學圃	性行思想	關於教育行政之各種問題
熊潤桐	性行思想	詩文及中國文化史
佟紹弼	性行思想	詩古文詞
石光瑛	性行思想	關於國學的各種問題
區文峰	性行思想	關於經濟之各種問題
陳典衡	性行思想	關於民刑訴訟之各種問題
楊廉父	性行思想	關於經濟財政之各種問題
伍雲生	性行思想	關於銀行貨幣國際金融之各種問題
李壽祺	性行思想	關於商業經濟及銀行之各種問題
李振	性行思想	關於政治經濟及主計之各種問題
李叔明	性行思想	防空問題軍用毒氣問題
何榮道	性行思想	土木工程之各種問題

〔註11〕省立廣東大學訓育委員會編：《省立廣東大學訓育法規錄》，第6～32頁。

俞鴻勳	性行思想	數學微積分部分問題
韓覺偉	性行思想	關於畜牧之各種問題
張焯堃	性行思想	關於農學之各種問題
何仲葵	性行思想	關於生物學之各種問題
王有為	性行思想	關於園藝之各種問題

資料來源：省立廣東大學訓育委員會編：《省立廣東大學訓育法規錄》，1941 年，第 38 頁。

三、院系設置

廣東大學在其籌備初期，計劃設立文、法、理工、農四個學院。成立之初首先設立了文、法、理工三個學院。文學院設有中國語言文學系、教育學系、史學系三個學系，另附設師範專修科四班，分別為自然科學組、社會科學組、鄉村教育組、藝術教育組；法學院設有法律學系、政治學系、經濟學系，另附設計政專修班；理工學院則設有數學系、土木工程學系、化學工程學系、建築工程學系，另附設測量專修班。在上述三學院開課的同時，又開始籌設農學院，並於 1942 年 2 月籌備完竣，開始授課。農學院設植物生產系、畜牧系兩個學系，另附設農業專修班兩個班。此外，廣東大學還設有第一、第二附屬中學，並在文學院內設立了一所實習小學以供教育學系的學生實習之用。

此後，院系還進行過幾次調整。院系調整最早是在 1942 年學校奉省政府命令遷往原嶺南大學校址之後。此時，理工學院改為工學院，並停辦數學系，改設機械工程系。同時文學院史學系及各專修班因學生人數過少無法繼續維持下去，因此停辦。到了 1945 年 4 月，陳良士代理校長之後，又進行了一次院系調整。7 月將文學院和法學院合併，改稱為「文法學院」，並將政治系與經濟系合併，改稱為「政治經濟系」。同時，更將工學院的建築工程系併入土木工程系，將機械工程系改稱為機械電器工程系。〔註12〕

各院系主管人員，文學院院長一職最初由陳嘉藹兼任，陳同時還擔任中國文學系主任，教育學系主任為區聲白，歷史學系主任由倫哲如擔任，倫逝世後，該系與中文系合併。法學院院長由原廣東法院院長馮霈擔任，並兼任法律系主任，政治系主任為曾廣銓，經濟系主任為區文峰。理工學院院長則

〔註12〕廣東省立廣東大學編：《廣東省立廣東大學概覽》，1945 年。

聘請原勳勤大學教授袁武烈擔任，高志任化學系主任，盧德任土木工程系主任，建築系主任為梁啓壽。農學院由前嶺南大學農學院院長張焯堃任院長，畜產系主任為杜樹材。〔註13〕到 1945 年初，其時各院院長多已更迭。法學院院長馮霈病故，由區文峰繼任；理學院院長由香港淪陷後來廣州的陳良士繼任，原任院長袁武烈則因另有任用而離開；農學院院長張焯堃擔任廣州市市長而由杜樹材繼任。

第二節　廣東大學的師資

　　省立廣東大學成立之初，面臨著兩大難題，一個是教師難聘，另一個是學生難招，這幾乎是當時各淪陷區的高校面臨的共同問題。那麼廣東大學的教師和學生從何而來呢？他們為什麼要在這所學校教書、工作和學習？他們即將面對一些什麼樣的棘手問題？對這些問題的回答，有助於我們更好地理解廣州淪陷後人們所面臨的現實處境以及他們在進行艱難抉擇時的為難之處。但是，囿於資料的限制，對於一些問題可能得不到很好的答案。對於另一些問題，我們也只能儘量進行合乎歷史事實的分析與闡釋。

　　眾所周知，一所大學最重要的資源就是師資。能夠擁有一批優秀的教師，是保證生源的一個非常重要的因素，尤其是富有聲譽的教授更能吸引學生。因此，對於這所新成立的大學來說，首要的問題就是要聘請一批教授講師來校任教。而尷尬的是，當時的兼任校長林汝珩手上卻無人可用。林當時的解決辦法是，先以厚籌聘來了避難於澳門的陳嘉靄擔任教務主任兼文學院院長，希望通過陳的人脈可以集聚到一批教師前來任教。

　　在進行接下來的敘述之前，有必要對當時的環境作一番簡要的描述，因為這可以幫助我們瞭解當時那些知識分子在進行抉擇的時候必然面臨的困境。當 1940 年「省立廣東大學」的建立即將成為現實的時候，戰爭的硝煙事實上已經遠離了廣州這座城市。對那些曾經經歷過戰爭的人來說，「戰爭」與「淪陷」的現實體驗已經不像 1938 年廣州剛剛淪陷的時候那般強烈了。相對於需要時時刻刻面臨戰爭威脅的粵北以及內地城市來說，廣州反而安全一些。因此，越來越多的人返回了廣州。此外，還有一個原因也許也是影響人們回來的一個因素。此時，汪精衛國民政府以及隨後的偽廣東省政府在這個

〔註13〕曹必宏、夏軍、沈嵐：《日本侵華教育全史》（第三卷），北京：人民教育出版社，2005 年，第 277 頁。

時候相繼成立了。儘管被當作日本人的傀儡政府，但是，這畢竟還是中國人自己在當家。從表面上看，這個政府與蔣介石的國民政府並沒有太大的差異。所有的政府機構、學校系統都是沿襲之前的組織系統建立起來的。人們面對這些曾經熟悉的事物會更加安心。因此，回到廣州似乎也是一個不錯的選擇。

不過，回到廣州並不意味著就可以完全重拾原來的生活。雖然不用再時刻受到戰火的威脅，但是，對於這些生活在陷區的人來說需要解決的問題也並非那麼簡單。首要的困難，就是要獲得食品、衣物以及其他生活必需品變得異常的困難。因為惡性通貨膨脹，這些東西變得昂貴起來，要解決衣食住的問題對每個人每個家庭來說都變得不那麼容易了。除此之外，他們還需要面臨的一個問題是，這畢竟是一個處於「淪陷」中的城市。除了有一個中國政府，還有眾多的日本派出機構。這些機構包括陸軍司令部、陸軍特務機關、海軍司令部、領事館、興亞院、廣東派遣事務所、憲兵隊等等。這些機構的存在對淪陷區的一切都發生著影響。那麼多的日本人出現在廣州街頭，他們侵佔我們中國人的房子、工廠、店鋪，他們像螻蟻一樣啃噬我們所擁有的一切，讓我們的生活陷入崩潰的境地。所有我們可能想像到的糟糕情景都隨時有可能在這裡發生。每個人要想在這裡生存下去，必然要小心翼翼，有時候為了活下去可能還要與日本人進行合作。這些就是當時所有像陳嘉靄一樣的知識分子所要面對的現實。

那麼當陳接到林汝珩的聘書時，作何感想呢？陳畢業於國立北京大學，曾擔任過國立廣東大學文科教授兼哲學系主任、國立中山大學文學院教授、交通大學國學系主任、廣州市教育局局長以及教育部編審處編審。在抗戰初期，則為廣州私立國民大學文學院院長。在民大遷往廣東開平時，陳脫離民大而避住澳門，從 1938 年一直到 1940 年歷時將及 3 年。其在澳門的生活，據他回憶是有生以來最困苦的一段時間。曾做過糧食店員、小旅館的管房、運輸行的跑街、代人抄寫書信文件等等，生活難以維持，過得極為困窘。就在這個時候，接到了林請其赴粵擔任廣東大學教務長兼文學院院長的聘書。在看完信之後，這位曾經的教授憂喜交集，憂的是廣州淪陷多年，情形不知怎樣，不測之淵，未免生怕；喜的是當此生活困窘之際，突然得此相當優裕的職位，輾轉思維，憂不敵喜，當即打算回穗。〔註14〕

〔註14〕陳嘉靄：《淪陷時期的廣東大學》，廣州市政協文史資料委員會編：《廣州文史》
（第 52 輯），第 339 頁。

陳的經歷很能夠解釋一部分知識分子在這個時候所做的抉擇。因為，對所有留在淪陷區以及滯留港澳的人來說，個體生存與道德困境的兩難抉擇已經沒有那麼困難了，愛國的內在焦灼感也已經不再那麼時時刻刻地迫壓著每個人。畢竟他們還得想辦法活下去，更多地考慮當下以及未來的生路比起那些愛國責任來說可能更加現實一些。特別是當這些人抱著單純的教書育人想法的時候，要做出這樣的決定就會更加容易一些。正如一位在廣東富有盛名的教授任元熙在接受廣東大學聘書時所說的：「古時王猛當秦符堅的宰相，許衡出任異族，做元朝的官吏均是不得已之事。我來大學，只教我的書，所有開會、演講和與政治有關的事情，我決不參加。這是我首先要聲明的。」〔註15〕正因為如此，所以對於一些生活窘迫的知識分子來說，廣東大學在這個時候得以成立也許是恰逢其時的。

當時廣東大學的待遇是頗為優厚的，對於資歷較高或較知名的教授可以拿到軍票440元，較低的也有400元；講師則定為每小時20元，低的也有16元。〔註16〕這樣的收入，可以極大地解決生存問題，有的教師甚至可以過上較為優裕的生活。因此，當這所學校於當年九月正式開學的時候，63名知識分子接受了該校的聘書，來到了這所新近成立的大學任教，這些人當中有教授、講師以及助教。此外，還有73名職員也進入了這所大學工作。其中，很大一部分是通過陳嘉靄聘請到的。陳在回到廣州之後，便馬上開始了聘請教職員的工作。

按照《省立廣東大學組織大綱》的規定，該校應設教授、副教授、專任講師、特約講師及助教等若干崗位。其聘任程序可依照下列三條規定之一：〔註17〕

一、由校長聘任

二、由院務會議提出，經校長審查合格後聘任之。

三、臨時組織聘任委員會，由校長授權聘任之。

根據上項規定，陳嘉靄先是設法在廣州聘請到一批教授，文學院教授有陳洵、任元熙、熊潤桐、區聲白、陳致平；法學院教授有杜之杕，講師有羅虞嵩、蔡恩灝、徐擎宇、莫毅，職員有何炳琳；理工學院教授有盧德、高志。

〔註15〕陳嘉靄口述、黎思復整理：《廣州淪陷時期前後見聞雜記》，李齊念主編：《廣州文史資料存稿選編》（第4輯），北京：中國文史出版社，2008年，第256頁。

〔註16〕陳嘉靄：《廣州淪陷時期的偽廣東大學》，政協廣東省廣州市委員會文史資料研究委員會編：《廣州文史資料》（第5輯），1962年，第158頁。

〔註17〕廣東省政府秘書處編：《廣東省政概況》，1942年。

隨後，陳又赴港，在香港聘請了一批教授，其中，有文學院的關文淵、石光瑛、余心一、袁振英、徐信符；法學院的陳子銘、李子疇；理工學院的袁武烈、李叔明等。徐信符還擔任圖書館館長一職，但只是在香港掛名。除此之外，廣東大學還延攬了一批講師、助教以及特約講師。

此後數年間廣東大學又陸續聘請了一批教授講師到校任教，這些人有董士修、潘冠英、伍雲生、李振、鄭廣權、李雨和、謝次陶、鮑文法、陳良烈、羅賡庸、袁擢英、潘應榮、陳良士、李叔明、過元熙、曾致揚、郭道南、何世光、雷通群、馮霈、楊廉父、嚴既澄、陳煥鏞、鄭振寰、張文迨、沈祥虎、凌錫廉、杜樹材、朱庸齋、崔孟如、桂明敬、詹菊隱、朱大猷、曾廣銓、杜樹桐、彭志德、、盧柱生、林北斗、潘焱熊、葉贊鑣、餘慶華、謝爲何、朱國基、汪祖澤、秦明德、陳少坡、李家英、溫仲良、李蔭光、王少伯、何與眾、許少珊、何榮道、俞鴻勳、韓覺偉、何仲葵、王有爲、陸精治、程祖彝、雷啓賢，等等。下面列出了廣東大學 1940 年～1944 年期間的教職員情況：

表 2-3　省立廣東大學 1940～1944 年間的教職員人數

學年度	學期	教員				職員	合計
		教授	講師	助教	合計		
29	1	26	34	3	63	73	136
29	2	26	50	3	79	89	168
30	1	47	51	3	101	77	178
30	2	47	52	3	102	76	178
31	1	30	34	1	65	99	164
33	2	31	48	7	86	93	179

資料來源：廣東省教育廳編：《廣東省教育報告書》，1943 年，第 2 頁；廣東省立廣東大學編：《廣東省立廣東大學概覽》，1945 年。表中，30 學年度增加的人數，是因爲增設了農學院所增聘的教師。

爲了更好地瞭解廣東大學的師資水平，我們可以將廣東大學教職員的情況與當時處於國統區的廣東其他高校的情況進行一番比較。

表 2-4　廣東省 1941 學年度專科以上學校教職員數

校別	教授	副教授	講師	助教	職員	教職兼任	合計
國立中山大學	179	62	56	101	141	63	602
省立文理學院	21	1	7	5	23		57

省立勷勤商學院	9	1	7	1	19	6	43
私立嶺南大學	39	16	27	11	12	11	116
私立國民大學	40		24	6	34	20	124
私立廣州大學	40	1	25		10	26	102
私立南華學院	9	2	3	1	14	3	32

資料來源：廣東省政府教育廳編：《廣東省教育統計》（三十學年度），1941 年，第 13 頁。

　　從上述兩個表格，我們至少可以得出這樣一個簡單的結論，即從數字上看，廣東大學的師資要優於除中大以外的幾所高校。不僅如此，如果我們將廣東大學的師資數量與當時汪精衛國民政府統治區域下的其他高等學校進行一個比較的話，廣東大學的師資數量在眾高校中依然要排在前面。下面列出了當時淪陷區一些主要高校的師資情況：

　　「國立中央大學」。1940 年 8 月創辦。初設文、理、工、農、法、商、醫、藥、教育等九學院，不久改爲文、法、商、教育、理工、農、醫七學院，下設中國文學、外國文學、歷史、政治、經濟、法律、商學、教育、藝術、土木、化工、機電、數理、農藝、醫學等系及師範、藝術、農業等專修科。辦學初期，全校教授、副教授 23 人（包括兼任），講師 29 人（包括兼任），助教 3 人，日籍教員 2 人，共 57 人。此後，教授、副教授（包括兼任）人數擴充到 110 人，講師（包括兼任）39 人，日籍教員 15 人，並聘有德籍教員 1 人，共 165 人。〔註 18〕

　　「國立上海大學」。據汪精衛國民政府教育部編印的《專科以上各學校簡明概況表》記載，到 1942 年，上海大學共設有 2 個學院 7 個系，共有教職員 67 人。又據《申報年鑒》記載，到 1944 年 10 月，上海大學共有 3 個學院，農學院、法學院、文學院，教職員共 108 人。〔註 19〕

　　「國立交通大學」。1942 年 8 月建立，該校分設理學、管理及工學三學院。至 1943 年底，共有教職員 93 人。

　　「私立南方大學」。1941 年創辦。至 1942 年底，南方大學共設兩個學院（商學院系後增設）六個系兩個專修科，共有教職員 25 人。〔註 20〕

〔註 18〕曹必宏、夏軍、沈嵐：《日本侵華教育全史》（第三卷），第 295 頁。
〔註 19〕申報年鑒社編：《申報年鑒》，申報年鑒社，1944 年，第 948 頁。
〔註 20〕汪僞教育部編：《全國專科以上各學校簡明概況表》，汪僞教育部統計室編：《全國教育統計》第五集，第 13 頁。

聖約翰大學。1942 年度，共有教員 183 人。另據 1944 年出版的《申報年鑑》記載：至 1943 年 6 月，設文理學院、醫學院、土木工程學院三個學院，教職員 165 人。〔註21〕

「大夏大學」。據《申報年鑑》記載，至 1943 年 6 月底，內設文理學院、教育學院、法學院、商學院，共有教職員 62 人。〔註22〕

由此可見，廣東大學的確聘請了不少的教職員。那麼其實際的水平又如何呢？要回答這個問題恐怕是不容易的。不過，我們還是可以看幾個數據。首先，可以看一看教師的學歷水平。以 1945 年為例，該年共有教師 86 人。在這 86 人當中，有博士學位者 3 人，碩士 11 人，學士 60 人，專科畢業 5 人，其他情況 7 人。其所佔比例分別為 4%、13%、68%、7%、8%。但是，即使有高學歷，即使有教授資格，其實際的教學及科研水平究竟如何呢？以 1940 年文學院教職員的履歷來看：

表 2-5　省立廣東大學文學院院職教員一覽表（1940 年度）

職別	姓名	履歷	所任科目	到校年月
教授兼院長	陳嘉藹	國立北京大學文學士 歷任國立廣東大學文科教授兼哲學系主任 國立中山大學文學院教授鐵道部交通大學國學系主任廣東國民大學文學院院長 廣州市教育局局長教育部編審處編審	中國近三百年思想史	1940.9
教授兼史學系主任	倫哲如	前清舉人 歷任國立北平大學清華大學朝陽大學輔仁大學教授	史學要論 中國通史 史記研究	1940.9
教授兼教育學系主任	區聲白	法國里昂大學國立北京大學廣東高等師範畢業 曾任中山大學國民大學廣州大學教授 廣東體育學校知行中學校長廣州市教育局社會局課長	教育學概論 社會學概論 教育社會學	1940.9
教授兼中文系主任	石光瑛	前清舉人 曾任中山大學教授	今古文異同考、小學大綱、左傳研究、國文	1940.9

〔註21〕申報年鑑社編：《申報年鑑》，1944 年，第 951 頁
〔註22〕申報年鑑社編：《申報年鑑》，1944 年，第 951 頁。

教授	任元熙	清拔貢學部職官 歷任兩廣優級師範廣東公立法政文學教員 廣州中學監學兼教員廣材中學校校長廣州大學文科教授華南國醫學院國文教授	詩經研究、經傳文、中國文學史	1940.9
教授	陳洵	清生員 曾任中山大學教授	宋詞	1940.9
教授	關文淵	北京大學畢業 曾任廣東大學中山大學講師民大廣大教授	文心雕龍、群經集義、文史通義、國文	1940.9
教授	熊潤桐	曾任廣州大學文學教授中山大學師範學院教授	楚辭、中國文化史	
教授	陳致平	日本東京文科大學文學士 曾任廣州大學教授國立中山大學勷勤大學講師廣東教育廳督學廣州市教育局督學廣東教育廳主任秘書	倫理學、西洋教育史	1940.9
教授	張焯垩	美國干尼諾大學農學博士 曾任嶺南大學農學院院長廣東省農林局局長	英文	1940.9
教授	謝鳳池	美國哥林比亞大學文學士 曾任廣東省立工業專門學校教授	英文	1940.9
講師	沈建侯	文科舉人 廣州市教育局第三科科長	史通研究	1940.9
講師	朱秩如	日北京都帝國大學文學部史學科 歷任廣東大學講師中山大學預科講師執信教忠等校教職員	日本史	1940.9
講師	倫學圃	國立中山大學高等師範文科畢業國立中山大學研究院教育研究所研究 國立中山大學文科助教東莞縣立中學校校長師範學校校長明生中學校校長廣州民國日報編輯省立廣東大學出版部主任	鄉村教育、教育行政、文牘、學校行政	1940.9
講師	李國樑	國立中山大學教育學士 曾任國立中山大學教育研究所助教（民二十一年度）執信中學校務委員兼教育學科教員（民二十二年至二十六年）廣州全市初中集訓總隊教育長（民二十七年）現任省立第二中學校校長	心理學	1940.9

講師	盧子樞	廣東高等師範學校附師畢業 曾任廣東大學講師一年廣州市市立美術學校國畫系教授四年廣東文化委員會委員半年現任中央警官學校廣州分校秘書兼廣東省政府設計委員	中國美術史	1940.9
講師	莫毅	國立中山大學法學士 曾任廣東國民大學法學院教授中央警官學校廣州分校講師	訓育問題	1940.9
講師	謝菊莊	前清縣學增生光緒二十八年廣東第一次官派留學日本弘文學院師範科畢業生 曾充廣東公立法政學校及各師範學校中學校倫理學教育學高級中學國文歷史等科教員	國文批改	1940.9
講師	張菊圃	清貢生 曾任前清法政學堂廣東女師市立師範廣法中學聖心中學明德女中等處國文及各選科教員	國文	1940.9
講師	徐瓊宇	學海書院本科國學系研究畢業 曾任省立廣西大學文科講師	哲學概論、論理學、諸子文、清代駢體文	1940.9
講師	佟紹弼	勷勤大學教育學院講師	昭明文選、宋詩選、文史通義	1940.9
講師	林育秀	日本東北大學法學士 曾任國立法科學院國民大學及廣州大學教授廣東省政府參議	日文	1940.9
特約講師	崛部春晃	京都帝國大學文學部哲學科畢業	王道精神之研究	1940.9

資料來源：省立廣東大學文學院編：《省立廣東大學文學院概覽》，1941年。

以上從教師的數量、學歷以及從教經歷幾個方面，對廣東大學的師資水平進行了論述。應該說，廣東大學在其存在的五年間，在應聘教師的工作上還是比較重視的。被聘請到的這些教師，無論是在數量上還是其學經歷，應該說並不算差。如法學院的教師馮霈、羅贗鏞、潘焱熊、潘冠英等人，曾長時期做司法工作。又如羅其鍾，原本已隨廣東高等法院遷入內地任廣東高等法院恩平臨時庭的推事，後又回到廣州任偽高等法院的法官，並在該校法律系任

教。這些人任教於法學院算是名副其實。

　　被聘請到廣東大學的這些教授講師，其應聘的原因可以說各種各樣。其中，以教書研究學問爲職業者居多數。這些人一方面教書，一方面從事學術研究工作，希望可以繼續作爲一名教育者去工作，這應該是廣東大學大多數應聘者的動機。但也有一些投機者，這些人則希望可以借教授講師的資格以作進身之階，如：張焯堃後期做了僞廣州市長，潘冠英做了僞廣東高等法院首席檢察官，彭志德任僞寶安縣長，曾廣銓任僞三水縣縣長，朱庸齋任省級機關秘書，羅賡嵩任僞廣州地方法院院長，陳良烈任僞廣東省政府教育廳長。〔註 23〕此外，還有其他一些原因。其中，特別值得一提的是著名植物學家陳煥鏞。

　　陳 1919 年畢業於美國哈佛大學森林學系，獲碩士學位。1920 年回國後先後任教於金陵大學、東南大學。其間與秉志、胡先驌、錢崇澍一起在南京開創了我國現代生物學的研究事業。1927 年又應中山大學之聘，到該校理學院任教授兼植物學系主任，一年後又到該校農學院任院長，並於 1928 年創辦了中山大學農林植物研究所。1935 年，他又應廣西大學之聘，兼任該校教授和廣西經濟植物研究所所長。1937 年抗戰爆發後，即著手準備該所的遷移工作，將其主持下的植物研究所的標本、圖書、儀器陸續遷往香港。並在香港創立植物研究所，繼續進行研究工作，並任香港皇家植物園主任。〔註 24〕1941 年12 月香港淪陷後，陳接受了廣東大學的聘書，帶著這批設備回到了廣州，並將其收集的植物標本 70 餘大箱帶到廣東大學，使植物研究得以繼續。爲了能夠聘請到這位著名的植物學家，廣東大學專門創辦了植物研究所，聘請陳擔任所長一職。爲了使其可以專心研究，不僅給予其極爲優厚的待遇，而且還不需要從事任何教學工作。〔註 25〕

　　陳煥鏞的應聘經歷在廣東大學眾多的教師之中算是比較特別的。廣州淪陷時，他沒有跟隨中大遷校而是去了尙屬於英國殖民地的香港，而在香港淪陷後他卻選擇了廣東大學作爲戰爭時期的歸宿地。對其做出的這種選擇究竟

〔註 23〕陳嘉藹：《廣州淪陷時期的僞廣東大學》，政協廣東省廣州市委員會文史資料
　　　　研究委員會編：《廣州文史資料》（第 5 輯），第 152 頁。
〔註 24〕《中國科學家辭典》編委會：《中國科學家辭典》現代第 2 分冊，濟南：山東
　　　　科學技術出版社，1983 年。
〔註 25〕陳嘉靄：《淪陷時期的廣東大學》，廣州市政協文史資料委員會編：《廣州文史》
　　　　（第 52 輯）第 344 頁。

是出於什麼原因，我們不得而知。但不管我們如何評價這一舉動，從結果來說陳在這些年堅持不懈的工作使得中國的植物學研究不僅得以延續，而且還在日後取得了突出成果。

除了教授、講師之外，廣東大學還設有一種特約講師，由日本人擔任，講述日本文化和世界文化。這在名義上被稱作是爲了促進中日文化交流。日本人在中國大學裏面出現並不稀奇，從 20 世紀初期就不斷有日本的學者和學生在中國的高校裏面任教和學習。在中國大半城市淪陷之後，更多的日本人來到了這些淪陷城市的大學。這些人裏面既有日本一流的學者，也有一些普通的日本教員。這些日籍教師在淪陷區的大學主要教授與日本語言、文化、歷史相關的課程，有的也教授醫學、農業、地質、工程等方面的課程。

很顯然，這些日籍教師此時此刻的到來對於那些中國大學來說是特別矛盾的。一方面，他們帶來的可能是世界一流的學術成果，中國需要這些；另一方面，這些日籍教師的存在卻又是一件讓中國人特別討厭的事情，因爲它會時時刻刻提醒著中國人這一殘酷的現實——自己生活的城市已被佔領。此外，這些日籍教師可以享受高薪待遇以及住房和其他各種津貼，這著實會讓一些中國教師滋生不滿。然而，不管中國人是如何看待這件事情又如何應對的，大批日籍教師的到來已經是一個不可改變的事實了。

不過，與其他淪陷城市的大學相比，在廣東大學任教的日本人並不多。據現有的資料來看，在廣東大學擔任過特約講師的日本人總共只有三名，分別是中村孝也、和田清及崛部春晃。此外，還有幾位是由中日文化機構邀請擔任作爲講座嘉賓而來的，這裡面就有日本法政大學的谷川教授。由中日文化協會廣州分會邀請，在廣東大學進行了題爲《日本文化的特質》的演講。

當時廣東大學在聘請特約講師的問題上，還發生了一些周折。這是因爲這份特約講師的工作可以拿到高薪，每周僅講課一二個小時，而薪俸卻可以達到軍票 1000 元。〔註 26〕所以很多日本人都想謀得這項教職。當時校長林汝珩有一個日本籍的同學（美國哥倫比亞大學同學），在廣州日本領事館工作，由日本海軍部推薦到廣東大學，教授東方文化的課程。聘書已經發出，講義也印了，但卻遭到陸軍部特務機關長宮本矢崎的反對。宮本表示海軍部推薦人員卻不通過陸軍部聯絡官崛部春晃，有違軍令，因而此事便告作罷。後來

〔註 26〕陳嘉靄：《淪陷時期的廣東大學》，廣州市政協文史資料委員會編：《廣州文史》
（第 52 輯），第 348 頁。

由宮本推薦了兩個日本東京帝國大學教授，即中村孝也與和田清，分別講授「日本明治維新史」和「東洋文化史」。這兩門課程被列爲全校學生的必修科目。兩人每周僅上課兩個小時，講學時全校學生都必須到場聽課。擔任聯絡官的崛部春晃也被聘爲特約講師，每周到校演講「王道精神的研究」，同樣是全校學生在大禮堂集合聽講。〔註27〕

　　崛部能夠在廣東大學擔任特約講師，與他聯絡官的身份有很大的關係。而另外兩人被廣東大學聘請，應該說是符合各方期望的。中村孝也（なかむらこうや，1885～1970 年），是日本研究大正‧昭和時期的歷史學家。1926 年取得東京帝國大學文學博士學位，1938 年擔任東京帝國大學教授一直到 1945 年中日戰爭結束。在帝大期間，講授國史學、江戶時代史、近代社會史等課程。1945 年 10 月，辭去東京帝國大學教授教職。1951 年，到明治大學任教。同時，從事德川家康文書的收集、調查和研究。1957 年，得到文部省研究成果出版補助金。出版《德川家康文書的研究》一書，並於 1962 年獲得日本學士院獎。〔註28〕

　　另一位教授和田清（1890～1963 年），日本歷史學家，文學博士。1915 年東京帝大文科大學史學科畢業後曾在校研究院學習，後歷任該校講師、副教授，1933 年升任教授。1939 年以《明初的滿洲經略》論文獲博士學位。1951 年被選爲日本學士院會員，先後任東洋文庫、東方學會、日中文化交流協會理事。從事滿蒙史、東亞民族史及明史的研究。參加編寫《東洋歷史大辭典》、《世界大百科事典》、《亞洲歷史事典》。發表多篇論文，如《內蒙古諸部落的起源》（1921）、《明初之經略蒙古》（1930）、《兀良合三衛研究》（1930、1932）、《北元世系考》、《擴廓帖木兒之死》（1933）、《元代開元路考》（1928、1933）、《元征東都元帥府考》（1936）等。1959 年出版了論文集《東亞史研究‧蒙古篇》（東洋文庫）。並著有《支那通史》、《支那地方自治發達史》、《支那官制發達史》《內蒙古諸部落的起源》、《近世中國社會の特質（近世紀中國社會的特質）》、《中國史概說》和《明代蒙古史論集》等等，被日本學界譽爲日本現代研究中國滿蒙史、清史的最高權威。〔註29〕

〔註27〕陳嘉靄：《淪陷時期的廣東大學》，廣州市政協文史資料委員會編：《廣州文史》（第 52 輯），第 344～345 頁。
〔註28〕中村孝也，http://baike.baidu.com/view/2003570.htm。
〔註29〕和田清，http://baike.baidu.com/view/939463.htm。

第三節　廣東大學的招生

廣東大學即將成立的時候，留在陷區的那些青年學生已經失學將近兩年了。對於這些當初出於各種原因選擇留在淪陷區的青年來說，如果希望繼續升學的話，似乎沒有多少可以選擇的餘地，只能入讀廣東大學。但是，廣東大學在當時很多人看來卻是一所「傀儡大學」，這所大學與當時的「傀儡政府」及其背後的日本政府有著太深的聯繫。在這個學校裏面，必然充斥著諸如中日提攜、善鄰友好、和平反共等等陳詞濫調。學校裏面那些掌握實權的人也肯定要在日本主子的授意下才能進行工作。對這些年輕人來說，如果入讀這所學校，可能意味著多少要放棄他們曾經堅守的愛國責任。在愛國與就學之間究竟應該如何進行抉擇再一次地擺在了他們面前，讓他們進退兩難。那麼，這些留在淪陷區的青年人是如何進行抉擇的呢？他們為什麼會做出這樣或那樣的決定？每一個學生又是如何尋找自己在社會和國家中的位置？

不管人們如何看待這所學校，到 1940 年秋季的時候，廣東大學的招生簡章還是在報紙上刊出了。但是只有為數不多的學生報考。這一點並不讓人意外，畢竟這是一項太過重要的決定，需要考慮的因素實在太多。首先，入讀廣東大學可能會被看作是不夠愛國的表現。那些逃往內地的朋友們正在持續不斷地以公開信的方式呼籲仍然留在淪陷區的人加入他們的隊伍，對於一些已經或正在考慮「墮落」的人則規勸他們趕緊「回頭」。用他們的話來說「在每一個中華國民都應貢獻他愛國的赤誠的當兒」、「在『民族至上國家至上』的宣誓前」，每個中國人都不應該「畏縮」「遲疑」。〔註30〕所以，報考廣東大學對那些還在愛國與讀書之間猶疑不決的人來說並不是一件輕鬆的事。他們可能正承受著巨大的壓力，因為每一個人都不希望被看作不夠愛國。其次，他們會考慮入讀廣東大學能不能真正地學到知識，畢竟如果承擔了巨大的心裏壓力還要花費好幾年的時間卻毫無所獲，損失就太大了。這就意味著廣東大學要給未來的學生提供可靠的師資，足夠完善的教學設備。再次，他們可能還需要在投入與產出之間進行權衡，也就是說，大學學位還能不能給他們帶來經濟效益以及社會地位，當他們畢業的時候還能不能找到一份體面的工作；第四，在專業的選擇上，廣東大學能不能提供他們足夠的選擇空間，在那裡有沒有他們感興趣的專業、課外活動、研究計劃等等；此外，可能還有

〔註30〕黃伯飛：《勸一個朋友回頭》，《宇宙風》1942 年第 114 期，第 181 頁。

一些比較具體的問題，比如學校的校園環境如何？宿舍怎麼樣？圖書夠不夠用？獎學金制度完善嗎？等等。

當然，具體到每一個學生及其家庭，可能還有一些他們自己需要考慮並且克服的問題，比如，上大學所需要的費用如何解決？是供家裏的男孩上學還是供女孩上學？之所以要在這裡提出這些困難之處，主要是想說明，淪陷的狀況，對每一個學生和他們的家庭來說都是非常不容易的。這個時候，做出的每一個決定都變得比以前更加困難，特別是像升學這樣的大事。

正因爲有上述那些問題需要考慮，所以招生廣告貼出多日依然還是很少人報考。當時報名投考的多是些官員子女，還有一些所謂「別有用心」的青年。官員當然是淪陷區的官員，父母既然選擇了在汪精衛國民政府中任職，所以他們的子女在報考廣東大學一事上便沒有太多的掙扎。而那些「別有用心」的青年，僅僅是需要有一個大學生的身份做掩飾，並無心向學。這些人裏面既有中共地下工作者，也有的單純只是爲了躲避日本憲兵的偵查。

大部分的學生還在觀望著，遲遲沒有行動。對於學校方面，卻不能放任這種情況一直持續下去。因此，爲了打破這個僵局，廣東大學可說是動足了腦筋，做足了工夫。先是放寬投考資格，並且拿出津貼貧苦學生的辦法，以吸引學生報考。後來還實行了一種「免試入學」的辦法，報名者連入學考試也免了，只需在開學時繳交證件即可。所謂的「免試入學」，還是由汪精衛的女兒汪文珣開其先例。一次，校長林汝珩的妻子吳堅帶汪文珣到陳嘉藹家。汪文珣提出想入讀廣東大學，並告訴陳已在南京見過林校長，林答應其可以免試入學，證件可在開學後補交。經過汪的這次探訪，於是陳便想出了「免試入學」的主意。〔註31〕

本來，廣東大學對於學生的報考資格有具體的規定，在《省立廣東大學組織大綱》第十八條、第十九條對其規定如下：〔註32〕

　　　　第十八條　凡具有左列資格之一者，得參加本大學入學考試。

　　　　　　一、凡公立或已立案之私立高級中學畢業者。

　　　　　　二、凡與高級中學同等程度之其他學校畢業者。

　　　　　　三、凡有與前二項之同等學力者。（取錄額不得超過

〔註31〕陳嘉藹：《淪陷時期的廣東大學》，廣州市政協文史資料委員會編：《廣州文史》
　　　　（第52輯），第339頁。
〔註32〕廣東省政府秘書處編：《廣東省政概況》，1942年。

百分之十）

第十九條　曾在教育部立案之公私立大學本科修業滿一年或二
　　　　　年，有相當證明文件者，得參加本大學二三年級生
　　　　　轉學考試。

也就是說，報考者需要達到一定的學歷要求。爲此廣東大學設立了一個招生
審查委員會來審核新生學歷。在通過學歷資格審核之後還需要參加入學考
試。但是，「免試入學」的辦法就使這一規定成了廢文，這爲那些家庭有關係
而又不符合報考資格的人大開了方便之門。如財政廳長汪宗準之四妾、鹽務
處長謝康之女、第三師師長許廷傑之女，均以證件遺失爲由而可以免試入學。
〔註33〕不過，對於那些沒有關係可通的學生來說，如果要入讀廣東大學，還
是得參加新生入學或者轉學考試。

　　原則上，所有的報考者都必須參加三種測試：筆試、口試和體格檢驗。
其中，筆試的科目包括國文、外國文（日文或者英文）、數學、歷史、地理、
生物、論理等諸科。如果是參加轉學考試，筆試的部分則由各學院規定考試
科目，如果有修業成績的在審核通過後也可以免除筆試。〔註34〕

　　據此，廣東大學在1940年9月4日至6日，舉行了首次的新生入學考試，
其後又在同月的27日至29日舉行了第二次入學考試。〔註35〕通過考試、免
試等方式最後共錄取了359名學生，包括一年級新生及二三年級轉學生。在
其後幾年，廣東大學的招生並無大的改變，基本上都是按照這樣的模式進行
的。

　　因爲現有的資料並沒有給出歷次報考人數的具體數字，所以我們也無從
知道廣東大學的錄取率究竟是多少。但是，根據後人的回憶，廣東大學在招
生方面確實遇到了不少的困難，至少比起招聘教職員顯然要困難一些。〔註36〕
每次舉行的所謂入學考試更像是走過場，組織者方面並不是那麼看重。畢竟，
報考者不多，爲了保證可以錄取到足夠數量的學生，對於考生的成績也只能

〔註33〕沈祥龍、莫擎天：《敵偽統治時期的省立廣東大學》，政協廣東省委員會文史
　　　　資料研究委員會編：《廣東文史資料》（第33輯），廣州：廣東人民出版社，
　　　　1981年，第183頁。
〔註34〕《學生入學手續》，廣東省教育廳檔案5-1-214，廣東省檔案館藏。
〔註35〕廣東省政府秘書處編：《廣東省政概況》，1942年。
〔註36〕陳嘉靄：《淪陷時期的廣東大學》，廣州市政協文史資料委員會編：《廣州文史》
　　　　（第52輯），第347～348頁。

一再地放低要求了。

　　不過值得一提的是，儘管一些特權學生通過「免試」的方式進入了學校，而且廣東大學還一再降低新生的入學門檻，但是根據資料來看這一門檻也並沒有降到毫無原則的程度。這些新生在入學前，基本上都拿到了高中畢業文憑。有的是在戰前就已經從高中畢業的，有的則是在戰後完成的高中學業。後一部分學生，大部分是在所謂偽廣東省政府統治下的公立或者私立中學畢業的，如廣東大學附中、省立第一中學、省立第二中學、番禺私立八桂中學、私立培道女子中學、私立明德中學、廣東省立第一職業學校等等。也有的是在國統區的中學完成學業後去到廣東大學的，如陽江縣立二中、合浦縣立第一中學、教忠中學等等。而那些轉學生在沒有轉入廣東大學之前就已經在某個高校肄業。這些學生有些是在廣州淪陷前就已經入讀了大學，他們要麼一直留在淪陷區，要麼在隨校內遷後又返回了廣州；有些則是在廣州淪陷後去才在國統區的大學入讀，最後還是返回了廣州並轉入廣東大學繼續學業。〔註37〕

　　儘管有高中畢業證書，但是由於學生的來源特別複雜，所以要對其學業程度進行判斷就有些困難。另外，由於廣東大學舉行的入學考試基本上只是一種形式，不管是校方還是學生對此都沒有特別認真，甚至還有些敷衍了事，有些學生連考試成績都沒有，這樣也就缺乏一個可資判斷的依據。這一切，都使得如果想要對廣東大學的學生在入學前的學業程度進行判斷變得更加困難。

　　下表列出了廣東大學五年間的學生人數，我們還是可以從中看出廣東大學在招生方面的一些特徵。

表2-6　省立廣東大學1940～1945年間的學生人數表

學年度	學期	院別	學生人數		
			男	女	計
1940	1	文學院	65	64	129
		法學院	114	49	163
		理工學院	55	12	67

〔註37〕具體情況可查閱廣東省檔案館藏有關記錄「學生學籍表」的相關檔案資料，廣東省教育廳檔案5-1-215，5-1-216，5-1-217，5-1-218，5-1-219，5-1-220，5-1-221。

		農學院	未開辦		
		合計	234	125	359
1940	2	文學院	46	49	95
		法學院	77	38	115
		理工學院	40	11	51
		農學院	60	16	76
		合計	223	114	337
1941	1	文學院	43	52	95
		法學院	118	40	158
		理工學院	68	7	75
		農學院	56	16	72
		合計	285	115	400
1941	2	文學院	39	48	87
		法學院	116	36	152
		理工學院	70	5	75
		農學院	43	15	58
		合計	268	104	372
1942	1	文學院	46	56	102
		法學院	132	41	173
		工學院	94	8	102
		農學院	61	22	83
		合計	333	127	460
1942	2	合計			407
1943	1	合計			477
1943	2	合計			431
1944	1	文學院	28	68	96
		法學院	119	38	157
		工學院	114	13	127
		農學院	88	34	122
		合計	349	153	502
1944	2	文學院	20	58	78
		法學院	106	30	136

	工學院	100	9	109
	農學院	71	27	98
	合計	297	124	421

資料來源：廣東省教育廳編：《廣東省教育報告書》，1943 年，第 2 頁；廣東省立廣東大學編：《廣東省立廣東大學概覽》，1945 年，第 164 頁、166 頁。

　　根據上表所示，廣東大學五年間錄取的學生人數，從 1941 年度開始穩步上升，每學期基本維持在 400 人左右，最多的時候是 1944 年度第一個學期的 502 人，最少的時候是 1941 年度下學期的 372 人，比較穩定，波動不大。不過，有些奇怪的是，下學期總會流失一些學生。特別是 1940 年度，也就是廣東大學成立的第一學年。在這一學年度，上學期的學生人數為 359 人，這個時候農學院還未開辦。下學期農學院開始招生授課，增加了一個學院，不過學生人數反而下降，只有 337 人。流失的主要是文學院跟法學院的學生，從上學期的 129、163 分別下降到下學期的 95、115，各減少了 34、48 人，總共有 82 名學生離開。要如何解釋這一情況呢？對此，我們也只能作一些猜測。也許是因為人們對這所學校還存有疑問，學生及其家庭還有些搖擺不定；也可能是因為戰時的通貨膨脹以致無力負擔大學的費用。

　　為了從整體上分析廣東大學的學生情況，我們還可以將廣東大學的學生人數與該省其他高校進行一番比較。下面列出了廣東省 1941 學年度專科以上學校學生數：

表 2-7　廣東省 1941 學年度專科以上學校學生數

校別	總計		科別															
			文		理		法		農		工		商		醫		師範		體育
	男	女	男	女	男	女	男	女	男	女	男	女	男	女	男	女	男	女	男	女
中山大學	2374	362	154	52	130	26	609	60	232	31	251	13			146	77	302	103		
文理學院	237	63	148	40	73	20													16	3
勷勤商學院	212	27											212	27						
嶺南大學	534	224	54	96	67	27			79	27	122	4	131	45	84	25				
國民大學	911	165	123	51			619	109			169	5								

廣州大學	649	91	41	8	18	6	490	52		35	65	25					
南華學院	31	4	25	2							6	2					

資料來源：廣東省政府教育廳編：《廣東省教育統計》（三十學年度），1941 年，第 9 頁。

　　在同一個學年度，廣東大學的學生人數是 772，其中男生 553 名，女生 219 名。僅就數量來說，與嶺南大學基本持平。而以各個學院的情況來看，廣東大學開設有四個學院，以法學院最有吸引力，每年都以該學院錄取的學生人數最多。而這與開設有法學院的中山大學、國民大學以及廣州大學的情況基本一致。看來，戰爭與淪陷並沒有改變人們對於從政經商的渴望。而廣東大學文學院、理工學院和農學院的學生人數則分佈比較平均，相差不大。這跟其他高校的情況基本相似。

　　那麼，具體到每個院系，情況可能要複雜一些。以文學院來說。廣東大學文學院最初有三個學系，分別是中國語言文學系、教育學系、史學系。據 1941 年 7 月的統計，三個學系的學生人數分別爲 66（包括一年級 61 人，二年級 2 人，三年級 3 人）、43（包括一年級 32 人，二年級 4 人，三年級 7 人）、28（一年級 28 人）。〔註 38〕到了第二年 8 月開學的時候，史學系因學生人數過少被撤銷，該系學生被重新分配。到了 1945 年 8 月，文學院兩個學系的人數分別爲 26（包括一年級 11 人，二年級 7 人，三年級 6 人，四年級 2 人）、51（包括一年級 26 人，二年級 5 人，三年級 10 人，四年級 10 人）。〔註 39〕

　　從上面的幾組數字，可以大概得出這樣的結論，即越來越多的學生選擇入讀教育學系，而選擇中國語言文學系的學生則逐漸減少，史學系則幾乎無人願意入讀。如何解釋這種現象呢？看來戰爭和淪陷的狀況對學生在選擇專業方面還是有很大的影響。因爲，這個時候，如果要讀史學系，不僅所用的教科書是經過歪曲而被大量刪改過的，而且講授這些課程的教授講師也必須使用經過日本當局檢查過的講義。學生可能是出於愛國也可能出於自保，所以乾脆不去選擇史學系。而在教育系與中國語言文學系之間，學生們更願意選擇前者，這可能跟就業前景有很大的關係。讀教育系至少還可以有一份教書的工作，而從中國語言文學系畢業的學生要找到工作就不是那麼順遂了。

〔註 38〕省立廣東大學文學院編：《省立廣東大學文學院概覽》，1941 年，第 75～84 頁。

〔註 39〕廣東省立廣東大學編：《廣東省立廣東大學概覽》，1945 年。

而在其他三個學院中，法學院的三個學系都很受學生歡迎，理（工）學院和農學院則分別是土木工程學系和植物生產學系更受學生親睞。基本上，廣東大學的學生在考慮選擇專業的時候，會受到個人興趣、性別因素以及就業前景等方面的影響，其中就業前景可能是最為重要的因素。

以上只是從學生人數上分析了廣東大學的情況。如果要對這群學生進行深入分析的話，我們還可以就學生的籍貫、年齡以及家庭出身幾個方面觀察到一些現象。

廣州高校的學生在地域分佈上，不論是戰前還是戰爭爆發後，都是以本省人居絕大多數。不過，在淪陷後的廣州建立起來的廣東大學，其學生籍貫還是有一些變化。下表列出了廣東大學 1944 年度下學期學生籍貫情況：

表 2-8　省立廣東大學 1944 年度下學期學生籍貫比較圖

籍貫	人數	籍貫	人數	籍貫	人數	籍貫	人數
欽縣	1	南雄	1	文昌	1	潮安	1
新興	1	清遠	1	四會	2	高明	2
山東	3	福建	3	梅縣	3	增城	4
花縣	6	台山	21	中山	22	新會	27
東莞	60	番禺	90	南海	87	順德	42
鶴山	13	開平	8	澄海	5	高要	4
瓊山	4	三水	4	防城	2	寶安	1
大埔	1						

資料來源：廣東省立廣東大學編：《廣東省立廣東大學概覽》，1945 年，第 165 頁。

從上表中，我們可以明顯看出，廣東大學的學生基本上都是來自廣州附近那些已經淪陷的縣份，很少粵北的學生。來自外省的有福建 3 人、山東 3 人，這兩個省份也淪陷了。而那些尚未淪陷的內地省份的學生則一個都沒有。這一情況倒是有點像 1937 年之後的北平。在戰前北京高校的學生來自全國各地，而戰爭爆發後則主要來自華北，尤其是北京和天津。〔註 40〕可見，這種

〔註 40〕J29-3-317，J66-1-124，北京市檔案館藏，轉引自李斐亞（Sophia Lee）：《淪陷時期的北京高校：可能與局限，1937～1945》，哈豔、吳丹譯，楊天石、黃道炫：《戰時中國的社會與文化》，北京：社會科學文獻出版社，2009 年，第 181～182 頁。

情況在當時淪陷區的大學比較普遍。不過，在這些大學上學的學生裏面，有多少是從未離開過淪陷區的，又有多少是離開後又返回的呢？遺憾的是，對這樣的問題我們現在可能沒有辦法給出準確的統計數據。

此外，廣東大學還有幾個日本籍的學生：八木友愛、武園直三、井上宗夫。其中，八木在文學院中國語言文學系二年級就讀，是由中日文化協會廣州分會推薦到廣東大學的。武園和井上則是作爲旁聽生入讀廣東大學法學院經濟系。〔註41〕日本籍的學生在中國的高校讀書，總是會被懷疑是帶著特殊目的的。而且這些人還可以享受特別的優待，就像廣東大學的三個日本學生。他們在廣東大學可以任意聽課，行動自由，完全不受校方管束。不過，這三人來廣東大學的原因是什麼，是不是帶著各自的任務來當所謂的「職業學生」（學生告密者），又或者只是單純的來學習中國文化？他們在廣東大學具體都做了些什麼？其後的經歷又是怎樣的，有被日軍徵召加入到侵略中國的隊伍嗎？所有這些問題我們都不清楚。但是，廣東大學的日本學生從數量上來說並不多，跟北京高校比起來，可能影響甚微。〔註42〕

在學生年齡方面，同樣以 1944 年度下學期爲例：

表 2-9　省立廣東大學 1944 年度下學期學生年齡比較圖

年齡	17	18	19	20	21	22	23	24	25	26	27	28	30
人數	6	20	68	106	79	53	33	23	16	6	6	4	1

資料來源：廣東省立廣東大學編：《廣東省立廣東大學概覽》，1945 年，第 165 頁。

根據上表，可以看到，廣東大學的學生年齡主要分佈在 18 到 25 歲之間。這倒是符合一般大學的入學年齡。在這一點上，看來淪陷並沒有給廣東大學帶來太多不符合常理的情況。

最後，再看一看學生的家庭出身。廣東大學要求每一個學生都要填寫學籍表，表中有一欄是要求填寫家長的職業。從搜集到的這些學籍表上，在職業一欄，填寫的有：商、金融、政、學、農、軍、中醫、廣州市黨部執行委

〔註41〕陳樵、陳士谷、商穆：《僞廣東大學、廣州自警團、東亞聯盟青幹班和中日文化協會廣州分會》，政協廣東省廣州市委員會文史資料研究委員會編：《廣州文史資料》（第 5 輯），第 163 頁。
〔註42〕可參考李斐亞（Sophia Lee）：《淪陷時期的北京高校：可能與局限，1937～1945》，第 181～182 頁。

員會委員、財政部廣東特派員、上尉書記、法院推事、律師、廣東省政府秘
書、國民政府行政院簡任參事、中國國民黨廣九鐵路特別黨部委員、廣東高
等法院檢察官、本校教授、廣州要港司令部職員，等等。其中，以經商爲職
業者最多，佔了一半以上；其次爲黨政軍各部門官員或者普通職員，有的甚
至身居要職，比如廣州商會會長植子卿、廣東警務處處長李道軒、寶安縣縣
長彭志生，這些職業又佔了差不多 30%；然後是教師、醫生、律師等，最後
才是務農與無職業者。這一點跟當時北京高校的情況很有一些不同之處。據
燕京大學 1938～1939 年的統計結果：28.5%商業，26.8%賦閒，11.1%教育，
7.1%農業，6.3%政府機關。〔註 43〕即使有資料不全的問題，不過兩者的統計
數據還是有很大的差別。這說明，在廣東大學就讀的學生，大部分是出身於
比較富裕的家庭，貧困家庭出身的只是少數。

　　不過，戰時的經濟困難使得那些出身富裕家庭的學生也有些難以承受讀
大學的一切花費。雖然廣東大學不收取任何學雜費用，但是日常的生活開銷
也是一筆不小的支出。對家庭尚有餘裕的學生來說都有些招架不住，那些出
身貧苦家庭的學生如果想要入讀大學就更加困難了。因此，廣東大學出臺了
諸如「津貼」、「獎學金」、「半工半讀」等資助制度。

　　最早實施的是「津貼」制度，主要是針對窮困學生。這項制度規定，「凡
學生具下列條件者：1.家境清寒，2.操行成績甲等，3.小考有五種必修科成績
在 85 分以上者，方得領受，但給款時，已不在校肄業，或家境轉裕，或操行
不良，或學科成績不佳者，即行停止。」每月津貼三十元。〔註 44〕爲了得到
這筆津貼，學生需要證明自己出身貧寒，這跟現在的助學金制度性質相似，
即如果希望申請到助學金，那麼就需要相關機構爲其開具證明文件。廣東大
學施行的津貼制度，則是要求學生填具保證人、保證商號，並爲此具保。爲
了審查學生是否符合申請資格，還組織了一個「清寒學生審查委員會」，以校
長爲主任委員，並聘陳嘉藹、馮霖若、袁武烈、張焯堃、區文峰、劉兆成、
杜樹桐、倫學圃等爲委員。1940 年 11 月 21 日舉行了第一次審查會議，經審
查及格者，有文學院李敬顏等 24 名、法學院李榮樞等 23 名、理工學院區樹

〔註43〕　《燕京大學行政通訊：年度報告，1938～1939》，轉引自李斐亞（Sophia Lee）：
　　　　　《淪陷時期的北京高校：可能與局限，1937～1945》，第 182 頁。
〔註44〕　廣東省政府秘書處編：《廣東省政概況》，1942 年。

仁等 22 名。〔註 45〕

「津貼」制度僅實行了一個學期，到該年度下學期改為「獎學金」制度，清寒學生審查委員會也改成了獎學金審查委員會。為此，專門制定了《獎學金審查委員會章程》和《學生獎學金章程》。〔註 46〕這就將資助制度由窮困學生擴大到了全體學生，取消了身份方面的限制。此時，如果想要拿到獎學金，唯一的條件是必須「學行優良且成績昭著」。這種獎學金，分甲乙兩種：甲種每名每月發給國幣五十元，乙種每名每月發給國幣三十元。其具體的申請資格，《獎學金章程》做出了相關規定。當時經獎學金審查委員會審查合格，發給獎學金證明書及獎學金的學生，有文學院楊星熒等 31 名，法學院孫立之等 31 名，理工學院馬國樑等 27 名，農學院方敬廉等 25 名。1941 年度上學期又發放了一次，受獎學生，有文學院韓國霖等 25 名，法學院梁韻秋等 25 名，理工學院陳俊華等 25 名，農學院梁慧惺等 18 名。〔註 47〕

到了 1942 年夏遷到原嶺南大學校址以後，取消了獎學金制度，改為半工半讀制度。申請半工半讀的多是家境貧寒的學生。參加學校指定的工作，如在圖書館管理圖書，或擔任清潔校舍課室等，每月可以拿到一定的報酬，大約為「中儲券」八百元左右。〔註 48〕

對每一個學生來說，入讀大學，最終都是希望能夠在四年之後拿到畢業證書，找到一份體面的工作。那麼，在將近五年的時間裏面，廣東大學又送走了多少畢業生呢？下面列出了廣東大學五年間的畢業生人數：

表 2-10　省立廣東大學歷屆畢業生人數統計表

		1941 年度（第一屆）	1942 年度（第二屆）	1943 年度（第三屆）	1944 年度（第四屆）	合計
文學院	中國語言文學系	1		12	2	15
	教育學系	3	2	21	10	36
法學院	法律學系	3		19	6	28
	政治學系	3	2	16	10	31

〔註 45〕廣東省政府秘書處編：《廣東省政概況》，1942 年。

〔註 46〕《學生獎學金章程》，廣東省教育廳檔案 5-1-214，廣東省檔案館藏。

〔註 47〕廣東省政府秘書處編：《廣東省政概況》，1942 年。

〔註 48〕沈祥龍、莫擎天：《敵偽統治時期的省立廣東大學》，政協廣東省委員會文史資料研究委員會編：《廣東文史資料》（第 33 輯），第 183～184 頁。

工學院	經濟學系	4	1	19	10	34
	土木工程學系		7	11	8	26
	建築工程學系			6	5	11
	化學工程學系			5	4	9
	機械工程學系					
農學院	植物生產學系				10	10
	畜牧學系				1	1
合計		14	12	109	66	201

資料來源：廣東省立廣東大學編：《廣東省立廣東大學概覽》，1945年，第164頁。

　　根據上表，廣東大學一共有四屆學生畢業，共 201 名。這些畢業生平均分佈在各個院系。其中，以教育學系的畢業生最多，為 36 名，其次是法學院的三個學系和工學院的土木工程學系，然後是文學院的中國語言文學系和工學院的建築工程、化學工程學系和農學院的植物生產學系，最少的是農學院的畜牧學系僅畢業 1 人。如果與每年錄取的學生人數相比，那麼廣東大學還有相當一部分學生沒有從這個學校畢業。特別是第四屆畢業生居然只有 66 人，當初入學的新生人數可是 359 名。具體是什麼原因不是太清楚，可能有部分學生中途休學、退學或者轉學，不過更可能的原因是與當時的形勢有關。到了 1945 年，戰爭已經即將結束。這個時候，很多學生已經在思考日後的出路問題，大家或者是不願意又或者是不敢拿廣東大學發給的畢業證書。

第四節　廣東大學的課程與教學

　　淪陷區的教育一直以來都被冠以「奴化教育」的稱呼，而其最為人詬病的地方就是其教育宗旨與教育目標。它宣稱要向所有學生灌輸「和平反共建國」之真義，要學生們以保衛東亞為目標，而不僅僅是保衛中國。「善鄰友好」、「東亞聯盟」才是學生們應有的正確觀念。而這一切主要就是通過精心挑選的課程、大量刪改的教科書以及受控制的教學活動去完成的。也就是在教科書裏面以及在教學的過程中滲入有關歌頌日本的文化、灌輸日本的精神而排除和扼殺中國固有文化和精神的內容。它的目的僅僅是在對原有教育大肆破壞後的形式上的一種維持。淪陷區要實施的就是這樣一種使學生「奴化」並

使之「愚昧化」的「反教育」的教育。〔註 49〕這就是「奴化教育」的基本內涵。

　　日本作為侵略者，其在中國各占領地進行教育活動肯定是對中國教育主權的一種侵犯，對此學界可以達成共識。問題主要是能不能把當時所有淪陷區的教育都簡單地稱之為「奴化教育」。考慮到各個淪陷區的不同情況，這個問題更加複雜。有學者通過對戰時北京高校的研究，就認為「日本在華北的教育政策……主要是消極的」，它更多地關注於控制而不是發展，控制的程度類似一個羅網，雖然有其約束力，但也不是無漏洞可鑽。〔註 50〕那麼，現在將對象集中在廣東省那些被佔領的區域，情況又是如何呢？特別是被看作為日本教育政策實施重點的大學，實際情況又是怎樣的呢？在這所大學裏面進行的教育教學活動完全是在對學生施行奴化教育嗎？日軍對廣東大學的控制程度如何？下文就通過對廣東大學在課程設置和教學方面的實施情況進行全面分析，試圖對上述問題給出一個符合歷史實際的回答。

一、課程設置

　　一個學校的課程設置總是與其培養目標相一致的。對大學來說，其培養目標就是辦大學究竟要培養什麼樣的人的問題。對此，廣東大學宣稱「本大學根據中華民國教育宗旨及其實施方針，以研究高深學術養成專門人材為宗旨」。〔註 51〕

　　將學術研究作為大學主要培養目標見於官方表述最初是在蔡元培於民國初年負責起草的《大學令》：「大學以教授高深學術，養成碩學閎材，應國家需要為宗旨」。〔註 52〕此後，這便成為民國時期大學建構的基本目標。蔡元培對大學性質及職責的規定，也成為後來政府制定的各種大學條例及組織法的基本原則。1924 年 2 月北京政府教育部公佈的《國立大學校條例》規定：「國立大學校以教授高深學術，養成碩學閎才，應國家需要為宗旨。」〔註 53〕1929

〔註 49〕耿申：《殖民教育和奴化教育──教育史學者在日本侵華教育史研究中的共同點與不同點》，《教育科學研究》2000 年第 6 期，第 85 頁。

〔註 50〕李斐亞（Sophia Lee）：《淪陷時期的北京高校：可能與局限，1937～1945》，第 174～175 頁。

〔註 51〕廣東省政府秘書處編：《廣東省政概況》，1942 年。

〔註 52〕《教育部公佈大學令》，中國第二歷史檔案館編：《中華民國史檔案資料彙編》第 3 輯教育，南京：江蘇古籍出版社，1991 年，第 108 頁。

〔註 53〕《教育部公佈國立大學校條例令》，中國第二歷史檔案館編：《中華民國史檔

年7月國民政府公佈的《大學組織法》，重申了「五四」時期蔡元培的大學理念，規定大學宗旨爲「研究高深學術，養成專門人材」。〔註54〕後來，這一表述被很多大學直接沿用成爲各個大學培養目標的基本定式。

廣東大學也不例外。至少從表面上看，廣東大學還是希望在培養目標上繼承民國以來形成的這一傳統，而不至被拋在這一傳統之外。爲此，不管是在院系設置、學科分佈還是課程設置與教學計劃等各個方面，廣東大學都希望儘量按照民國以來的成例來進行制度設計。不管其眞實性如何，如果我們僅僅從形式的完備上來看，廣東大學還是完成了上述各方面的基本建設。下文將具體討論廣東大學的課程設置情況。

廣東大學實行學年制。各院系本科爲四年，專修科和專修班學制爲二年。學生入學期間的課程，《省立廣東大學組織大綱》對其規定如下：〔註55〕

> 第二十二條　本大學之課目，分爲左列四類
> 　　　　　　一、各院系之必修課目
> 　　　　　　二、各院系之選修課目
> 　　　　　　三、各院系之實習工作
> 　　　　　　四、國文、第一第二外國語
> 第二十三條　各院系之必修課目，各生無自由選擇之權，各院
> 　　　　　　系之選修課目，學生應依本校之規定及教師之指
> 　　　　　　導選擇之，各院系之實習工作，至遲於第五學期
> 　　　　　　開始行之。

根據上述規定，廣東大學開設的課程包括全校學生共同必修課、各院系必修課和選修課以及實習工作。最後的課程成績以學分計算。國文、第一第二外國語以每周授課兩小時爲一學分，其他課程則以每周講授一小時滿一學期爲一學分，實習以兩個小時或三個小時作爲一個學分。必修課和選修課合計學分，第一二年級學生每學期至少要達到20學分，最多不得超過24學分，三、四年級學生每學期至少要達到18學分，最多不得超過22學分。在四個學年八個學期中，修滿160個學分（體育軍訓學分除外），並且完成畢業論文

案資料彙編》第3輯教育，第173頁。
〔註54〕《國民政府頒佈大學組織法》，中國第二歷史檔案館編：《中華民國史檔案資料彙編》第5輯第1編教育，南京：江蘇古籍出版社，1994年，第171頁。
〔註55〕廣東省政府秘書處編：《廣東省政概況》，1942年。

（教育系、農學院的學生還需完成實習工作）就可以畢業，並且獲得學士學位。〔註56〕

關於各個院系的必修和選修課，前後有一些變化，主要是在後期劃出了一個主系與輔系的區分，學生可以在不同學系之間選擇自己喜歡的課程。而在廣東大學成立的最初兩年，不管是必修課還是選修課都只能在各學系開設的課程中進行選擇，而不能跨系或者跨院。關於主系和輔系，主要是面向二年級以上的學生。具體來說，就是學生修習科目應認定其所讀學系爲主系，同時還要選定其他學系作爲輔系，但要以同一學院爲限。比如，如果某個學生以中國語言文學系爲主系，而以教育學系作爲輔系，那麼該生還必須選擇教育學系開設的幾門課程作爲必修課，這些課程有：教育學概論、教育心理學、小學教育、中等教育、教育哲學、教育行政。而如果以教育學系作爲主系，而以中國語言文學系爲輔系，那麼還必須將下列課程作爲必修課：文字學、文學概論、古今詩選、中國文學史、詞選。〔註57〕雖然只能在同一學院內進行跨系的選課，不過這一變化還是可以讓學生從修習不同專業的課程中學到更多的知識。

對於全校學生共同必修課，《大綱》僅列出了國文、第一、第二外國語。其中，第一外國語爲日語，第二外國語則是除日語以外的外國語，廣東大學曾經開設過的有英語、法語、德語以及意大利語。這是對本科學生的要求，而專修科和專修班的學生則只需要修習國文和日語。不過，根據學生實際學習的課程來看，除了國文、第一第二外國語以外，還有一些課程也是全校學生必須修習的，包括體育、音樂、軍事訓練以及前面提到的「特約講師」開設的幾門課程，即「日本明治維新史」、「東洋文化史」和「王道精神的研究」。此外，每周由學校舉行的「精神講話」也是全校學生都必須參加的。〔註58〕

二、教學

在這些共同必修課裏面，日語課與特約講師開設的講座被認爲是日本施行「奴化教育」的主要象徵。尤其是日語課的開設，更被當作是「日本推銷

〔註56〕廣東省立廣東大學編：《廣東省立廣東大學概覽》，1945年。
〔註57〕廣東省立廣東大學編：《廣東省立廣東大學概覽》，1945年。
〔註58〕「精神講話」雖然不是一種課程，而是學校對學生實施訓育的一種方式，但是作爲全校學生必須出席的一項固定活動，在其進行過程中所作的各種演講、訓話也起到了課程的作用。故在此將其放在課程中進行論述。

日本文化、培養中國人的『親日』情感」的一種利器。〔註 59〕一種普遍的觀點就認為，「奴化教育的最重要特點是侵略當局強迫當地人民學習侵略國的語言文化，並達到最終取代被侵略國的語言文化之目的。」因此，「為消除中國人民的抗日意識和民族精神，在廣大民眾中培養親日分子和親日情愫，日偽當局在淪陷區中大力普及日語教育。」〔註 60〕事實上，日本確實有這樣的企圖，日本「興亞院文化部」於 1939 年起草的《（秘）日本語普及方策》，對此表述得十分清楚：〔註 61〕

> 興亞工作的根本，就在於以皇道精神為內核的生命歸一的教育，內涵是指導大陸民族使之煉成純正日本人，外延是青少年的教育和一般民眾的教化。其武器就是日本語。

這裡明確地把日本語作為「武器」，賦予了日語教育以如此重大的使命。日本入侵中國，在各占領地強制推行日語的目的正是如此。他們不僅有主觀動機，更採取了實際行動。不僅在各級學校開設日語課以及其他一些講授日本文化的課程，而且還大量開辦日語學校以及各種程度的日語講習所和培訓班。

但是，問題是，我們能不能據此就得出結論，認為在中國各淪陷區的教育實際就是奴化教育。這種思維方式和論述方式可能會忽略其中一些更為複雜的情況，特別是如果我們要討論某一個地區甚至該地區的某一個學校的話，就更需要對其實施的具體情況進行細緻入微的分析。具體到廣東大學，如果我們要對其在日語課和其他日本文化相關課程的設置方面的情況有一個整體的評價，那就意味著要對包括課時安排、講授者、課程的具體內容、學生的反應等等方面的情況進行全面的分析。此外，在大學裏面舉行的「精神講話」活動以及軍事訓練的實施，也被看作是汪偽傀儡政權實施其統治的重要方式。接下來，就對日語課、「特約」講座、「精神講話」及軍事訓練等課程及活動在廣東大學的實施情況進行具體討論。

第一、日語課

前面提到廣東大學在語言課程的設置上，有三門課程，即國文、日語及第二外國語。也就是說，在廣東大學，依然將國文作為國語，而日語則是作

〔註 59〕 王向遠：《日本對中國的文化侵略：學者、文化人的侵華戰爭》，北京：崑崙出版社，2005 年，第 322～323 頁。
〔註 60〕 夏軍：《日偽統治下的日語教育》，《民國檔案》2005 年第 2 期，第 118 頁。
〔註 61〕 王向遠：《日本對中國的文化侵略：學者、文化人的侵華戰爭》，第 326 頁。

為一種外國語來設置的。並未像東北地區那樣日語變成了「國語」，而國文則被改成了「滿語」。〔註 62〕甚至也沒有像香港淪陷之後完全取消英語課的學習。〔註 63〕而且，對廣東大學的學生來說，並不是整個在校期間都需要修習上述三種課程。

對本科學生來說，按照廣東大學的規定是在第一、第二學年，一共學習四個學期，專修科與專修班的學生則在第一學年學習兩個學期。其課時與學分的規定前後也有一些變化。最初兩年，日語每周為三個課時，共 1.5 個學分，而國文和第二外國語都為兩個課時，共 1 個學分。到後期，日語課減少為兩個課時，而國文和第二外國語則增加了一個課時變為三個課時（具體變化情況可參閱後面的附錄二）。這也就是說，日語課的學習時間在後期反而減少了。

其原因與當時整個戰場的形勢發展有關。1941 年 12 月太平洋戰爭爆發後，隨著日本在西南太平洋戰場的形勢逐漸惡化，迫切需要汪精衛國民政府參加對美英的戰爭，所以被迫通過了一項「對華新政策」。其後汪精衛國民政府宣佈參戰，並與日本簽訂《日華同盟條約》。〔註64〕這些事情都發生在 1942 到 1943 年近一年的時間裏面。期間，為了實踐對「新國民政府」的承諾，日本有限度地放棄了在中國佔領地的一些權益，包括政治、經濟、軍事等各個方面，以此加強汪精衛國民政府處理內政的各種力量。其中，在「調整國民政府與地方政府的關係」問題上，「日本對於省政府以下的各地方政府的人事，由中國方面自由處理，帝國不加干涉」。這也就意味著，日本將減少對汪精衛國民政府內部事務的干涉。廣東大學也正是在這個時候做出了減少日語課的課時並增加對國文和英文的授課時間的舉動。

至於教授這些語言課程的教師，國文方面多是那些有比較深厚的國文功底並且曾有多年講授經驗的教師，而講授外國語課程的則多有曾經留學的經歷。下面列出了一些曾經在廣東大學擔任過國文、日語以及第二外國語的教師情況：

〔註62〕 曲鐵華、梁清：《日本侵華教育全史》（第一卷），北京：人民教育出版社，2005年，第 171 頁。

〔註63〕 方駿、熊賢君主編：《香港教育史》，長沙：湖南人民出版社，2010 年，第 232～233 頁。

〔註64〕 參見堀場一雄：《日本對華戰爭指導史》，王培嵐等譯，北京：軍事科學出版社，1988 年，第 686～711 頁。

表 2-11 省立廣東大學外國語教師情況一覽表

職別	姓名	履歷	所任科目
教授兼中文系主任	石光瑛	前清舉人 曾任中山大學教授	今古文異同考、小學大綱、左傳研究、國文
教授	關文淵	北京大學畢業 曾任廣東大學、中山大學講師，國民大學、廣州大學教授	文心雕龍、群經集義、文史通義、國文
教授	何格恩	北平燕京大學研究院碩士 曾任西南社會調查所研究員、嶺南大學文學院副教授兼嶺南學報編輯委員	國文
專任講師	俞叔文	北京譯學館學員、兩廣高等商業師範、高等男女師範國文教員、淑文中學校長、學海書樓講師	國文
專任講師	朱庸齋	正風文學院學士、廣東民政廳專門委員、中央警官學校講師、國立中央大學文學院講師、國民政府行政院編撰	國文
講師	袁振英	北京大學畢業、法國里昂大學研究院終業 國立中山大學哲學系國立暨南大學外國文學系、國立青島大學、勳勤大學教授，國立武昌大學、中山大學歷史社會學系主任	國文
講師	張菊圃	清貢生 曾任前清法政學堂、廣東女師、市立師範、廣法中學、聖心中學、明德女中等處國文及各選科教員	國文
講師	王智提	臺北帝國大學研究生，臺中農業專門學校畢業 陸軍獨立第二旅政治指導員，東莞明倫堂沙田整理委員會農村設計技士	日文
講師	林育秀	日本東北大學法學士 曾任國立法科學院國民大學及廣州大學教授廣東省政府參議	日文
講師	謝爲何	日本明治大學政經科畢業 中央陸軍軍官學校廣州分校教官	日文
講師	張漢		日文
教授	張焯堃	美國干尼諾大學農學博士 曾任嶺南大學農學院院長廣東省農林局局長	英文

教授	謝鳳池	美國哥林比亞大學文學士 曾任廣東省立工業專門學校教授	英文
講師	杜澍桐	嶺南大學農學士 嶺南大學農學院講師、廣東省實業廳全省改良蠶絲局 技士兼股主任	英文
講師	曾仲良		英文
講師	許論博		法文
講師	馮兆華		德文
講師	李其芬		德文
講師	羅驥		意文

資料來源：廣東省立廣東大學編：《廣東省立廣東大學概覽》，1945 年；《本院職教員一覽表》（二十九年度），廣東省教育廳檔案 5-1-214，廣東省檔案館藏。

　　根據上表，在廣東大學擔任過日語課的幾位教師，要麼是曾經在日本留學過，或者是在日本統治下的臺灣學習過，如王智提就是於 1942 年由廣東省教育廳選派赴臺灣的。〔註 65〕可能也有日本人或者臺灣人在廣東大學講授過日語，不過中國人的可能性還是更大。這一推測要更符合當時的實際情況。之所以這麼說，是因為當時如果要全部從日本直接派遣經過他們培訓過的日語教師到中國各占領地有些不太可能。儘管當時負責在中國開展日語教育的興亞院禁止在當地聘用教師，而主張從日本向中國派遣日本教師。不過，據資料顯示，在 1943 年，從初等教育到高等教育，日本派出的日語教師大約只有 500 名，而當時中國各淪陷區的學校僅初等學校就有上萬所。〔註 66〕再加上這些日本籍的日語教師主要被分配到了華北、華中地區，能夠來到廣東的人數可想而知。儘管如此，也不能完全排除在廣東大學可能有來自日本或臺灣的日語教師的可能性。他們也許不是以日本官派名義而來，而是通過其他機構派遣或者僅僅是以私人身份而來到廣東大學的。

　　關於日語教科書的問題，其實，汪精衛國民政府成立之後，對於高等學校開設日語課僅作出了一項原則性的規定：「全國中等以上學校以友邦語言為

〔註65〕陳嘉藹：《廣州淪陷時期的教育概況》，政協廣東省廣州市委員會文史資料研究委員會編：《廣州文史資料》（第 10 輯），1963 年，第 152 頁。

〔註66〕駒込武：《第二次世界大戰前期日本在中國的日語教育》，蘇思普譯，遼寧省教育史志編纂委員會編：《遼寧教育史志》（第 1 輯總第 4 輯），1992 年，第204 頁。

必修科目並搜集中日互相認識國情教材」〔註67〕。因此，對於各校使用日語教科書的問題並沒有作出明確規定，一般是讓其自行處理。至於廣東大學日語課所採用的教科書、教學方法以及學生學習情況等方面的問題，由於資料缺乏，還不是非常地清楚。所以也無從判斷日語課講授的實際情況。

第二、「特約」講座

至於日本特約講師開設的有關日本文化的講座，在第二節已經提到過，主要是中村孝也、和田清及崛部春晃，分別講授「日本明治維新史」、「東洋文化史」與「王道精神的研究」。那麼，這幾個特約教師的到來，對於促進中日文化交流究竟發揮了多大的作用呢？他們究竟給廣東大學的學生帶來了哪些東西？接下來以中村孝也講授的「日本明治維新史」為例來看看日籍教員在廣東大學所產生的影響。

中村是1941年1月到達廣州的，3月下旬離開。在一個多月的時間裏面，在廣東大學開設《明治維新史》講座。其講授目標包括如下兩點：「一，述說明治維新之理念，以及實踐理念及實現之努力，以此灌注對於日本之正確理解和認識；二，關於明治維新對外的方面，即突破歐美列強之亞細亞包圍圈，不但擁護本國之尊嚴，進一步以亞細亞之諸國家諸民族各個都能繁榮起來，那種情勢在中國也有同樣的情形，於是中日兩國以進行共通之歷史的過程，兩國互相理解合一，為建設大東亞共榮圈，應當有親善協力的必然性。」為此，中村主要講述了以下幾方面的內容：1、明治維新發生的原因；2、幕末政界間的波瀾，明治維新的理念及展開過程；3、明治維新後的世界發展狀況，以及中日兩國共同的歷史過程。〔註68〕

在這裡無意對講座的具體內容進行敘述。但是看看聽講者方面的反應也許是有意思的。據中村的記述，有三個學生在他的講座上作了發言。首先是法學院政治系的學生魯立言。他向中村提出了如下問題：「1927年田中內閣關於滿蒙政策及其他聲明同日本近衛聲明，究竟哪一方面是日本的真意？」其後，文學院教育系的學生潘斯舒則談論了日本與中國國際趨勢間的差別，認為中國立國已晚，其講述的理由為：「中國……，受到英美列強不平等條約枷鎖和束縛，囚禁，而中國人雖早已覺悟於復興中國，故中國之革新運動不能

〔註67〕《廣東省政府公報》1942年第29期。
〔註68〕中村孝也：《中國的大學和學生》，徐步譯，《時事》1941年第10～11期，第11～13頁。

迅速起來，實在晚了」，「故此以和平新運動展開之時，我們要脫著一切的障礙，復興中國，然中國之復興，實有待於日本之諒解，如孫總理說『無中國則無日本、無日本亦無中國』，均中日兩國都有復興東亞的責任」。最後是汪精衛的女兒汪文珣，認爲「中國必應救」，「我國於此危機之中，民窮財盡之時，若能有一人以其遠大之眼光謀略政事，再於最短期間內能使人民安居樂業，而變爲至強之國，並且承繼吾人最敬愛之總理遺志，扶助弱小民族，各方面皆圓滿後才能得到大同之地步，故余此次在和平運動上展望之意堅決而且懇摯。」〔註69〕

從上述所引的談話，可以看出學生在考慮中日問題時的思考邏輯：第一，學生對於中國的弱國地位是感同身受的；第二，中國之所以如此弱小，顯然是由英美的侵略導致的；第三，中國應該與日本合作，先求得中國的復興，最後建立東亞人的東亞。關於前面兩點，幾乎是民國時期所有人的共識。分歧點主要是在第三點，也正是對此問題的不同思考，所以才造成了學生中或親日或仇日的大分裂。

當然，並不是說在廣東大學求學的人都是抱持這種想法。但是，可以肯定的是，作爲已經可以獨立思考的青年學生，在有關中日關係這樣一些特別重要的問題上，的確有部分學生不僅認爲而且堅信「中日提攜、親善可以救中國」。這可能與當時的親日宣傳有關，不過也可能是學生自己思考的結果。當然，在類似這樣的場合，發表一些親日言論，一些學生可能是出於不得已而爲之，並非眞的就那麼親日。由於資料所限，關於特約講師在廣東大學講課的反響我們沒有辦法作出更進一步的判斷。但是，顯然我們也不能就此得出結論說學生的親日思想是由於這些課程的開設所帶來的。

第三、「精神講話」

上述這些由日本人所開設的講座在當時的廣東大學畢竟只占去很少的時間，如果要通過這些課程的開設來判斷廣東淪陷區高等教育的」奴化」程度恐怕有些困難。事實上，持續時間更長、參與人數更多、對學生影響更深的應該是類似「精神講話」這樣一些活動的舉行。

「精神講話」這種形式並非汪精衛國民政府的原創，原南京國民政府就已經大量舉行這種活動。舉凡各種紀念日、重要節慶日以及例行的周會上都

〔註69〕中村孝也：《中國的大學和學生》，徐步譯，第13～14頁。

會有這種講話，或者鼓舞士氣，或者傳達精神，或者對聽講者進行訓誡。而在各級各類學校所做的精神講話，則主要是對學生進行訓導的一種方式，通常是由主管訓育工作的人員負責，廣東大學也是如此。

在廣東大學，舉行精神講話是由訓委會負責的。既包括每周固定舉行的周會，也可在特定的時間比如紀念日、運動會、演藝比賽等等場合舉行。其演講人主要由訓委會的各委員、各院系負責人以及導師輪流擔任，或者聘請名流以舉行學術演講以及播音的形式進行。講話的內容涵蓋了各個方面，既有對學生行為規範的訓導、也有對國內外政治形勢以及各種社會問題所作的介紹，甚至還有關於學科知識的講述。下表列出了廣東大學在周會上所舉行的一些演講：

表2-12　省立廣東大學部分演講題錄

姓名	職務	演講主題
楊廉父	教務長、 訓委會常務委員、導師	「新生集中受訓的意義」 「文化與道德」
馮霖若	法學院院長 訓委會委員	「文化與道德」 「學生修養」
陳嘉靄	文學院院長 訓委會常務委員	「怎樣恢復中國固有道德」 「大學生之學問二元論」 「英美侵略亞洲的血跡」
區聲白	文學院教育學系主任 訓委會委員	「大學生的使命」
陳公博	國民政府立法院院長	「做人問題」
汪精衛	國民政府主席	「青年學生應有之認識」 「不要自暴自棄」
徐瓊宇	訓委會委員、導師	「今後我國文化建設的問題——本位化與現代化」
張焯堃	農學院院長 訓委會常務委員、導師	「民食問題」
韓覺偉	農學院教授 訓委會委員、導師	「牛瘟問題之研究」
李其芬	外聘名流	「學校與衛生」
潘冠英	法學院教授	「社會進化的問題」

袁武烈	理工學院院長 訓委會委員	「初級算術問題」
金肇祖	理工學院土木工程系及建築 工程系主任 訓委會委員	「和平區域之當前建設問題」
任元熙	文學院教授	「先師孔子事略述聞」
林汝珩	教育廳廳長 廣東大學校長	「滿洲建國的意義」 「關於參戰問題」 新國民運動簽發誓典禮訓詞 「鴉片戰爭百週年紀念的感想」 「歐戰與東亞」

資料來源：《省立廣東大學校刊》，1940～1942 年，第 1 期～第 75 期。

由上表可以看出，就訓導而舉行的講話活動最多，這與訓委會及導師的基本職責是相適應的。這裡比較引人注目的是關於宣揚「中日和平」的講話，其次數也不少。

而在一些紀念日上，比如「參戰紀念日」、「中華民國復興節」、「革命先烈紀念日」、「國府還都週年紀念」、「保衛東亞紀念日」、「國父逝世及誕生日」、「先師孔子誕辰紀念」等等，也經常舉行演講會。與上述紀念主題相關的演講常常成為演講嘉賓向聽眾進行和運宣傳的場合。而這也正是被指謫實施「奴化教育」之處。但是，這些「和平、反共、建國」的宣傳，究竟有沒有完全被聽眾、讀者聽進去、看進去，從而在自己的思想上產生天翻地動的影響並付諸實踐呢？同樣由於資料所限，我們沒有辦法知道學生對這些講話的反應，所以也就無從判斷到底這些「精神講話」對學生產生了多大的影響。不過，正是因為學生在淪陷時期參加了這些活動，於是在戰後便可能被打上種種背叛者的烙印。

第四、軍事訓練

在廣東大學的共同必修課裏面，還有關於軍事訓練的內容。這類課程的開設也是沿襲原南京國民政府時期的做法。特別是在汪精衛國民政府剛剛成立的時候，按照通例，將高中以上學生實施的訓練稱為軍事訓練，初中及以下學生則稱為童軍訓練。對之前所頒行的關於學生軍訓的規章制定也一律加以沿用。此後，僅對童軍訓練進行過一些原則性的規定，而對於高中以上學

生軍訓並未做出特別要求，各省市大多自行制定其軍訓辦法。

　　不過，從 1942 年底到 1943 年近半年的時間裏面，連續頒行了幾份關於學生軍事訓練的章則條例通行其下轄的幾個省市，並對軍訓組織的名稱也做了幾番更動。先是在 1942 年 11 月，汪精衛國民政府行政院第 130 次會議通過《中國青年團組織原則》、《中國青年團暫行總章》、《中國童子軍組織原則》、《修正中國童子軍總章》。將高中以上學校學生統一編爲中國青年團，並規定以青年團課程爲必修課，高級小學與初級中學學生統一編爲中國童子軍，並規定以童子軍課程列爲必修課。〔註70〕12 月初，爲統一推進青年團及童子軍訓練並爲籌劃成立中國青年團總團部及童子軍總隊部，設立了中國青年團童子軍事業委員會。嗣後，又由中央政治委員會於 1942 年 12 月 17 日通過了一個《中國青年模範團暫行總章》。〔註71〕隨即到 1943 年 2 月 25 日，中政會第一二一次會議宣佈廢止《中國青年團暫行總章》及《中國童子軍總章》，而新通過了《中國青少年團總章》。規定「全國公私立學校學生一律編爲中國青少年團，青少年團之教程列爲必修科」。其中高級中學專門學校及大學學生稱作「青年隊」，高級小學及初級中學學生稱作「少年隊」，青年隊又分初高兩級，高級中學學生爲初級，專門學校與大學學生爲高級。〔註72〕成立僅僅兩月餘的中國青年團童子軍事業委員會便又改組爲中國青少年團事業委員會。

　　上述變化，顯然與新國民運動在淪陷區的推展有很大關係。就在《中國青年團暫行總章》與《修正中國童子軍總章》頒行之前，行政院率先通過了《新國民運動促進委員會分會組織規程》，要求各省市縣分別成立新國民運動促進委員會。隨後頒佈的幾個有關學生軍訓的章則，都規定要「由教育部管轄辦理並受新國民運動促進委員會之督導」。此後，關於學生軍訓便由教育部與新國民運動委員會聯合主導。兩部會隨後頒佈了一系列有關中國青年團、中國童子軍的相關法令。其中，由教育部頒佈的有《中國青年團童子軍團隊員暨教練官員移轉登記辦法》、《中國青年團童子軍思想訓練綱要》、《中國青年團區團部及校團部登記辦法》、《中國童子軍區隊部及校隊部登記辦法》、《中國青年團團員登記辦法》、《中國童子軍隊員登記辦法》、《中國青年團教練官登記辦法》、《中國童子軍教練員登記辦法》及《中國青少年團聯合露營實施

〔註70〕《廣東省政府公報》1942 年第 31 期。
〔註71〕《廣東省政府公報》1943 年第 34 期。
〔註72〕《廣東省政府公報》1943 年第 35 期。

辦法》。〔註73〕新國民運動促進委員會則先後頒佈了《國民呼暫行辦法》（1943年2月）、《中國青年團中國青年模範團中國童子軍升旗降旗暫行辦法》（1943年2月）、《修正改訂中國青少年團中國少年隊歌並用法》（1943年3月）作為各地實施學生軍事訓練的輔助規定。〔註74〕

到此時為止，關於學生軍訓組織，不僅僅只是名稱上的變化而已，而是從內容到性質都有了很大的改變。在此之前，學生參加軍訓，只是進行包括學科與術科在內的軍事訓練，而並未涉及學生思想、行為這些屬於訓育範圍的內容。到實施中國青年團、中國童子軍以至中國青少年團，其訓練內容已經擴展到了包括精神教育、思想訓練、行動規律、體力鍛鍊、勞動服務、軍事訓練、技能訓練等諸多方面。其訓練宗旨也與「和平反共建國」的建國國策緊緊配合起來，要「使全國青少年有嚴密之組織受嚴格之訓練，發展作事能力培育服務精神養成良好習慣，使其人格高尚思想純正常識豐富體魄健全成為智仁勇兼備之中國青少年，俾能共同負荷興復中華保衛東亞之劃時代之責任，以建設三民主義之中國與共存共榮之東亞而臻世界於大同」。〔註75〕

而這一變化，與當時政治形勢的發展也有很大關係。前面已經提到過，正是在1942年末，日汪雙方就汪精衛國民政府宣戰問題達成協議，汪精衛以參戰為契機而換取了日本「對華新政策」的實施。因此，從1942年到1943年間，汪精衛在政治、經濟、文化、外交等諸多方面進行了連番嘗試，試圖在一定程度上重新掌握其自主的權利。

正是在上述背景下，廣東省淪陷區開始對省會中上學校的學生實施軍事訓練。偽廣東省政府教育廳在1941年10月1日召集省會公私立高中以上學校校長及訓育主任召開了第一次軍訓會議，決定從1941年度第一學期起省會高中以上學生一律實施軍事訓練。軍訓總隊長由教育廳廳長林汝珩兼任，總教官由暫編陸軍第三十師師長鄭洸薰擔任。第一次集體訓練是從1941年11月1日開始的，也就是該年度的第一個學期。訓練時間從11月1日到12月27日。〔註76〕這樣的集體軍訓此後又在1942年上半年舉行了一次。兩次軍訓，受訓學生分別為1091名、1667名。受訓內容包括學科與術科兩項。關於第一

〔註73〕（汪偽）《國民政府公報》1943年3月15日，第458號，第9～21頁。
〔註74〕《廣東省政府公報》1943年第35期。
〔註75〕《廣東省政府公報》1943年第35期。
〔註76〕廣東省政府秘書處編：《廣東省政概況》，1942年。

次學生軍訓學科與術科課程的具體內容，可參看附錄三。

到 1942 學年度第一個學期，按照《中國青年團組織原則》與《中國青年團暫行總章》的規定，成立了廣東省青年團。林汝珩、朱祖繩、李國樑、黃承鑣、余兆田、邱灼暉、徐瓊宇等七人爲團務委員，林汝珩兼書記長。隨後，爲了對前期訓練情況進行檢查，於 12 月 21 上午十時在廣州市中山紀念堂前舉行了廣東省高中以上學生軍訓預檢，25 日上午十時舉行總檢閱。〔註 77〕1943 年 1 月又成立了新國民運動促進委員會廣東省分會，陳耀祖兼任分會主任委員，委員分別爲汪屺、林汝珩、周應湘、梁朝匯、郭保煥、李蔭南、黃克明、郭衛民、馮壁峭等人。在主任委員之下，設秘書主任一人，以下設總務、組織、訓練、宣傳四組，各組分別由梁朝匯、馮澂、、林汝珩、郭保煥負責，每組設總幹事一人，幹事、助理幹事若干人。〔註 78〕在新運會廣東分會成立之後，隨即又於同年 4 月 20 日分別成立了中國青少年團廣東省團部、中國青年模範團第二聯隊部，省團部司令由陳耀祖兼任，副司令爲林汝珩黃恩灃，還由黃恩灃兼任模範團第二聯隊長。省立廣東大學也按照上述要求成立了青少年團校團部，全校 403 名學生被編入了青年隊。〔註 79〕

小　結

1945 年 8 月，日軍宣佈投降，汪僞政權隨之土崩瓦解。隨後，重慶國民政府開始了對淪陷區高等教育機構的復員工作。根據教育部擬定的《收復區專科以上學校處理辦法》：「收復區之敵僞所設之專科以上學校，及未經教育部認可之私立專科以上學校，一律由教育部派員接收」。接收後根據學校性質，分別予以停閉、改組、改歸省辦以及重行報部核准備案（僅指私立專科以上學校）等不同的處理方式。隨後又對大學解散之後的學生處理問題作出了安排。根據教育部復員設計委員會的計劃，擬將收復區劃分爲京滬、平津、武漢、廣州、東北、臺灣等六大區域，並在各區設立教育復員輔導委員會，同時組織專科以上學校學生甄審委員會爲其執行機關，辦理敵僞所設專科以上學校學生登記、甄審與補習等各項事務。並計劃從 1941 年起在北平、上海、

〔註 77〕《廣東省政府公報》1942 年第 31 期。
〔註 78〕廣東省政府政務廳編：《廣東省政概況》（第二輯），1943 年，第 27～30 頁。
〔註 79〕《廣東省政府公報》1943 年第 37 期。

南京、武漢、廣州、青島、瀋陽 7 處，分設臨時大學補習班，對學生進行安置。〔註 80〕

　　按照教育部的上述規定，歷時五年的廣東大學隨之宣告解散。該校的學生則由廣州區教育復員輔導委員會辦理登記甄審。但原擬設的廣州臨時大學補習班因人數太少，並未成立。在經過測驗後，原廣東大學的學生即按照成績分發至廣州各專科以上學校繼續學業。〔註 81〕至此，省立廣東大學的歷史正式完結。

　　不過，這所大學的結束，並不意味著關於這所學校的一切都隨著學校的關閉而煙消雲散。在戰爭剛剛結束的那一年時間，圍繞著「偽校」、「偽生」、「偽教師」的處理問題，在社會上掀起了一場關於「正偽之辯」的大爭論。就在這場辯論還在持續進行的過程中，還發生了針對「偽校」學生與教師的抵制運動。像中山大學學生就屢次拒絕「偽校」學生入校，並向校長請願不要讓偽學生入讀中大。〔註 82〕國民政府司法行政部還通令各省市屬行檢舉教育漢奸。其所稱的「教育漢奸」，首當其衝者即為偽大學校長，以及擔任教務長、訓導長、總務長、各院院長之類重要職務的人。〔註 83〕與此同時，又有「學校偽，學生不偽，學術不偽」的種種說法見諸於報端。〔註 84〕那麼究竟應如何看待「偽校」師生「正」與「偽」的問題呢？也許回顧一下「省立廣東大學」在這五年間的經歷可以有助於回答這個問題。

　　前面已經說過，廣東大學的建立是各方期望的結果。在政府一面，建立廣東大學，符合其「建國」之姿。而對於那些正苦於無事可做無書可讀的教師及學生來說，廣東大學的建立也算是正逢其時。無論懷著怎樣的動機，在1940 年 9 月 25 日那一天這所學校還是正式開學了。其後，很多的事情在這所大學發生。從週一早上的周會開始，他們便像普通的大學教師和學生那樣，教書上課，舉行學術演講，還參加各種演藝比賽、運動會、聯誼會。此外，他們還參加各種要人出席的活動。就在那些場合，臺上的演講者講著各種中

〔註80〕 賀金林：《抗戰勝利後國民政府教育復員研究》，北京：社會科學文獻出版社，2010 年。
〔註81〕 教育部教育年鑒編纂委員會編：《第二次中國教育年鑒》第一編第三章，北京：商務印書館，1948 年，第 84 頁。
〔註82〕 《粵中大學生拒絕偽校學生入校》，《申報》1946 年 1 月 31 日。
〔註83〕 《司法行政部還通令各省市屬行檢舉教育漢奸》，《申報》1946 年 3 月 31 日。
〔註84〕 《學術無偽學生無偽》，《民主教育》1945 年第 2 期，第 2～3 頁。

日親善的話，而這些臺下的人心思該是極端複雜的。就在這些人裏面，既有反抗者，也有消極派，更有出賣者。但是，後來的甄審卻只能對其戰時的行爲進行正僞之辯，卻不能看到行爲背後的總總隱秘之處。這大概也是戰後進行教育甄審時最讓人感覺迷惑的地方，因爲甄審的目的是要「去毒」，是要將日僞的長期統治留在他們體內的奴化毒素給連根拔起。這也就意味著要對人的思想進行重新洗腦，其採納的方法就是用三民主義一類的課程去重新塞滿所有補習者的大腦。可是，每個人行爲背後的動機又豈是這麼容易就能被改變的。所謂的「正僞之辯」，到最後也許並不能眞正地辨別忠奸。

第三章　中等教育

　　在第一章已經說過，廣東省淪陷區的中等教育在僞廣東省政府成立前後才逐漸開始恢復。在此之前的維持會時期，雖然也有復辦中等學校的計劃，但並未眞正實行。直到維持會結束，過渡到縣市政府之後，各淪陷區的中等教育才逐漸建立起來。汪精衛國民政府成立之後，即訓令各省市縣政府依照原「三三制」的學制系統迅速恢復中等教育。僞廣東省政府成立之後，各級教育主管機構即按照此項規定，恢復建立了廣東省淪陷區包括普通中等教育、師範教育及職業教育在內的中等教育系統。各地復辦或新設的中等學校也分別按照初級中學、高級中學或初高級合設之完全中學的形式予以開辦。

　　就整個民國時期來說，作爲初等教育與高等教育的銜接階段，六年制的中等教育實際上承擔了非常重要的育才任務。那麼中日戰爭時期在淪陷區建立起來的這些中等學校究竟扮演了什麼樣的角色？是完全被用來作爲日僞「奴化」中國學生的教育機構嗎？還是在培育人才方面發揮過實際的作用？在這些中學裏面工作學習的人究竟是出於什麼樣的動機和目的？那些教師爲什麼要去這些學校求職？學生們爲什麼要選擇去這些學校讀書而不是遠赴「自由區」的那些中學或者乾脆休學在家呢？在這些學校裏面，都開設了什麼樣的課程？作爲奴化教育實施中介的日語教育其施行的情況如何？對於這些問題，我將在接下來的這個章節盡可能地作出回答。

第一節　中等學校的創辦

　　那些受戰爭波及而淪陷的縣市，在日軍到來前後，其原有的中等學校基本上已經遷走或者停辦。那些選擇遷校而在別處繼續維持的，其中公立中學

多遷往粵北，私立中學則大多遷往港澳。〔註1〕因此，在偽廣東省政府成立之後，留給他們的僅是幾座破陋不堪的校園，此時已經雜草叢生，而那些教室都已經人去樓空了。因此，偽廣東省政府教育廳及各偽縣市政府要重新恢復中等教育，首要的任務就是為即將開辦的中學尋覓校址。可是，這一任務對當時的各級政府來說，卻並不輕鬆。尤其是在省會廣州，其原有的各種教育設施已經完全不堪使用。據調查，廣州在淪陷前，大中學校校舍共有 38 間，小學校舍共有 95 間。在淪陷之後，其中 15%的校舍全部變成了焦土，36%的校舍則被破壞，剩下的則全部被中日各軍政機關佔據，日方佔據了其中的 27%，中方則佔據了其中的 22%，所能用作開辦學校的幾等於零。〔註2〕所以，省政府在成立後，第一件事情便是籌備校舍。

由於省政府剛剛成立，財政收入無法承擔新修校舍的費用，因此只能就原有的校舍進行修繕，同時跟那些佔據校舍的各個機關進行協商以讓他們把佔據的地方讓出辦理教育。經過一段時間的交涉之後，到 1940 年 6 月底由省政府收回了七處，其中六處用作省會中上學校的校舍，一處用作開辦省立民眾教育館。其接收情況如下表所示：

表 3-1　偽廣東省政府成立初期接收教育機關概況表

學校	地點	讓渡機關	備考
廣東大學	光孝路	和平救國司令部	由特務機關斡旋補回工程費
省立第一師範	多寶路尾	曾駐日軍	西憲兵隊撥還
省立第一女子師範	文德路	日本居留民團	原辦日本人小學
省立第一中學	惠愛中路原禺山中學舊址	日語學校	

〔註1〕在廣州淪陷之前的轟炸期間，已有私立中上學校外遷，1937 年 9、10 月間，有私立大、中學 20 餘校遷內地上課。遷港澳的有私立真光女中等 10 餘所。1939 年廣州淪陷前夕，廣東省政府北遷，省教育廳密令珠江三角洲、東江、潮屬及西江下游各校分別暫停授課，或者遷校。遷校授課的有省立庚戌中學（初遷鶴山，後遷郁南連灘）等 69 校，暫停的有省立廣雅中學等 40 所，其餘皆照常上課。見廣東省地方史志編纂委員會編：《廣東省志·教育志》，廣州：廣東人民出版社，1995 年，第 94 頁。

〔註2〕廣東省政府教育廳：《廣東省教育廳工作報告書》，1940 年；廣東省檔案館編：《日軍侵略廣東檔案史料選編》，北京：中國檔案出版社，2005 年，第 489 頁。

省立第一職業學校	大新路努力中學舊址	日語學校	仍保留校舍一部分續辦日語學校
省立民眾教育館	惠愛西路	日本摩骨院	
私立執信學校臨時校址	至寶橋	曾駐日軍	西憲兵隊撥出

資料來源：廣東省政府教育廳：《廣東省教育廳工作報告書》，1940年；廣東省檔案館編：《日軍侵略廣東檔案史料選編》，北京：中國檔案出版社，2005年，第489頁。

　　在收回上述各處之後，省教育廳便首先開始著手恢復辦理省會廣州的省立中等學校，包括省立廣大附中、省立第一女子師範學校、省立第一中學、省立第二中學、省立第一職業學校。原計劃開辦的省立第一師範學校並未設立，其校址改由省立第一中學使用。上述五所中學在1940年度上學期正式招生開學。此後又先後在中山、新會、南海分別開辦了省立第三、第四、第五中學。這三所中學在1941年籌備完成並招生上課。經過一年多的時間，除了原計劃在順德設立的省立第二職業學校沒有依期設立外，省教育廳原來的設校計劃基本完成，共開辦省立中等學校八間。

　　此外，在太平洋戰爭爆發之後，由於香港淪陷，為了接收由港返回的學生，省教育廳還在1942年2月臨時籌設了一所省立臨時中學，由偽廣東省政府委派蘇熊瑞為校長，以原私立興華中學校舍為校址，於三月中旬招生開課。該校僅開辦了一個學期，到1942年度上學期，由於省立各校增開班額，省立臨時中學停辦，原有學生則分別轉入其他學校。另外，為了紀念前省長陳耀祖，[註3] 省教育廳特在1944年6月23日偽廣東省政府舉行的第67次省政會議上提出設立德昭紀念中學的議案，獲得通過。到8月17日即委派了區茂泮為該校校長。[註4]

　　總之，在中日戰爭時期，在廣東各淪陷區設立的省立中學共有11所。以類別劃分，普通中等學校有九所，師範學校一所，職業學校一所。關於省立各校開辦情況如下表所示：

〔註3〕陳耀祖，別字德昭，陳璧君胞弟，廣州淪陷期間擔任偽廣東省政府主席、省長，1944年4月被刺殞命。見大懺：《大漢奸汪偽省長陳耀祖遇刺記》，何邦泰主編、廣州市政協文史資料委員會編：《廣州文史》第48輯，廣州：廣東人民出版社，1995年，第309～311頁。

〔註4〕廣東省檔案館編：《民國時期廣東省政府檔案史料選編》（10），1988年，第548、559頁。

表 3-2　廣東省淪陷區省立中等學校一覽表

校名	校長姓名	成立時間	編制〔註5〕	校址	備註
省立廣東大學附屬中學	黃承鑣（主任）	1940 年 7 月開始籌備	高中 5 初中 16	廣州市光孝路	
省立第一中學	鄺家鼎 蕭忠泰 蘇雄瑞 程嶽恩	1940 年 7 月先開辦夏令班 8 月開學	高中 3 初中 13	廣州市多寶路	以原培英中學分校爲校址
省立第一女子師範學校	朱嬫 邱灼暉	1940 年 7 月籌備，9 月開學	師範科〔註6〕5 初中 9	廣州市文德路	以原廣州大學附屬中學校爲校址
省立第二中學	李國樑	1940 年 8 月開始籌備，9 月 4 日開學	高中 4 初中 12	廣州市惠愛東路	以原禺山中學爲校址
省立第一職業學校	謝敬思	1940 年 8 月籌備，9 月開學	計政 8 圖工樂體 1 電機 2	廣州市大南路	
省立第三中學	凌汝驥 黃石	1941 年 11 月開學	高中 3 初中 7	汕頭市中山路	
省立第四中學	麥子筠 吳壽周	1941 年 8 月	高中 2 初中 5	江門蟛蟹山	
省立第五中學	黃石 凌汝驥 鄺家鼎	1941 年 8 月	高中 2 初中 4	佛山臣總里	
省立臨時中學	蘇熊瑞	1942 年 2 月開始籌備，3 月開學	高初共 15 班	廣州市素波巷	

〔註 5〕這裡的編制，包括學級與班級，所列數字主要根據 1942 年度第一學期所作的統計，其後各校學級編制可能有所變動。

〔註 6〕汪精衛國民政府教育部在 1941 年訓令各縣市恢復辦理師範學校，如各地不能開辦，則視地方財力依照 1934 年度以前中學兼設師範科辦法，在中學內設師範本科一班，或二年以上的師範簡易科一班。因此廣東省淪陷區一些縣市便開始遵照此辦法在普通中學內開設師範科或師範簡易科。見《廣東省政府公報》1941 年第 14 期。

德昭紀念中學	區茂泮	1944 年 6 月由省政會議通過准予設立		廣州市河南	以原南武中學爲校址〔註7〕
省立臨時中學		1944 年 9 月由省政會議通過准予設立			1945 年 6 月 7 日第 117 次省政會議通過改爲省立第六中學

資料來源：廣東省政府秘書處編：《廣東省政概況》，1942 年；廣東省政府政務廳編：《廣東省政概況》（第二輯），1943 年；廣東省教育廳編：《廣東省教育統計表：1942 年度第一學》，1942 年；廣東省檔案館編：《民國時期廣東省政府檔案史料選編》（10）。

　　各淪陷縣市在結束維持會時期並改組爲縣市政府之後，也開始復辦中等學校。在 1940～1941 年間籌備復課的學校共十一校，包括廣州市立第一中學、廣州市立師範學校〔註8〕、汕頭市立第一中學、南海縣立第一初級中學、東莞縣立初級中學、順德縣立初級中學、新會縣立第一中學、中山縣總理紀念中學、中山第二區立初級中學、中山第三區立初級中學、中山十三鄉聯立鳳山初級中學。〔註9〕1942 年度第一學期又新開設了新會縣立第二中學、潮陽縣立第一中學、中山縣立中學、澄海縣立中學、潮安縣立中學及潮安縣上莆區區立中學等六校。第二學期則有三水縣立初級中學、增城縣立中學兩校開學授課。〔註10〕此外，澄海縣在淪陷之後，還先後開辦了四所縣立初級中學。〔註11〕至此，整個淪陷時期廣東省淪陷區的縣市立包括區立鄉立中學共有二十三所中等學校，其中，縣立十六所，市立三所，區立三所，以及鄉聯立中學一

〔註7〕　麥漢永：《武學堂之創辦歷程》，李齊念主編：《廣州文史資料存稿選編》第 7 輯，北京：中國文史出版社，2008 年，第 31 頁。

〔註8〕　兩校是在廣州市公署期間（1939 年 11 月～1940 年 5 月）恢復設立的，最初叫作廣州市公立第一中學校與廣州市公立第一女子中學校。到廣州市政府於 1940 年 5 月成立之後，兩校分別改爲廣州市市立第一中學校及廣州市市立第一女子中學校。其中，女子中學則從 1941 年 8 月起改爲廣州市立師範學校。見《廣州市政公報》1940 年第 4 期；廣東省政府秘書處編：《廣東省政概況》，1942 年。

〔註9〕　廣東省政府秘書處編：《廣東省政概況》，1942 年。

〔註10〕廣東省政府政務廳編：《廣東省政概況》（第二輯），1943 年

〔註11〕楊群熙、趙學萍、吳里陽：《潮汕教育事業發展資料》，汕頭歷史文化研究中心，2005 年，第 268 頁。

所。〔註12〕若以類別劃分，則普通中學有22所，師範學校一所。各校設立情況如下表所示：

表 3-3　廣東淪陷區縣市立中等學校一覽表

校名	校長姓名	成立時間	編制	校址	備註
廣州市立第一中學	雷惠明黃佐朝	1940 年 4 月	高中 2初中 9	廣州市蘆荻巷	
廣州市立師範學校	彭志德余兆田	1941 年	高中 4師範科 9	廣州市惠福西路	由原廣州市立女子中學改組
汕頭市立第一中學	鄭汶祥	1940 年 10 月	簡易師範科 1初中 8	汕頭市商業街	
南海縣立第一中學	江良	1940 年 4 月復課	簡易師範科 1初中 3	佛山祖廟大街	
東莞縣立初級中學	鄭翰光駱錦標	1940 年 8 月	簡易師範科 1初中 5	東莞縣城	學校經費由東莞明倫堂撥付
順德縣立中學	何博歐源衛	1941 年 1 月籌備、2 月開學	初中 3	順德縣城	
中山縣總理紀念中學	劉君瑞	1940 年 8 月	初中 3	中山石岐原仙逸中學校舍	
中山第二區立初級中學	楊清甫	1940 年下半年開始籌備，1942 年 2 月開學	初中 3	中山第二區申明亭鄉	
中山第三區立初級中學	何炳均	1940 年 8 月	初中 4	中山第三區小欖鎮	
中山十三鄉聯立鳳山初級中學	楊士淡	1941 年 8 月	初中 1	中山第五區前山鄉	
新會縣立第一中學	吳禮溥	1941 年 11 月籌備，1942 年 2 月開學	初中 4	江門水南鄉	
新會縣立第二中學	譚貽蓀趙國基	1942 年 7 月籌備，9 月招生上課	高中 1初中 3	新會縣城	以原私立岡州中學舊址爲校舍

〔註12〕以上所說的縣市立中等學校僅是就資料所及，可能還有一些縣市開辦的學校並未在這裡列出。

澄海縣立一中	陳輔國	1942 年 7 月籌備，10 月 15 日開始上課	初中 1	澄海縣第一區北社鄉	
澄海縣立第二初級中學		1942 年創辦			以原蘇灣初級中學爲校址
澄海縣立第三初級中學				澄海縣樟林塘西風伯廟	
澄海縣立第四初級中學				外砂文祠	
澄海縣立第五初級中學					以原鮀江初級中學爲校址
中山縣立中學	繆國權	1942 年 7 月籌備，9 月開始上課	高中 1 初中 1	中山石岐鎮	以原中山縣立女子中學校舍爲校址
潮陽縣立一中	郭昭壽	1942 年 7 月籌備，9 月開始上課	初中 3	潮陽縣城	以原私立潮光中學爲校址
潮安縣立中學	王任之	1942 年 2 月籌備，9 月開始上課	師範科 1 初中 1	潮安縣城東區	
潮安縣上莆區區立中學	許夢梅	1942 年 7 月籌備，9 月開始上課	初中 4	潮安上莆區彩塘市市上村	經費由該區地方公產及私人捐助，設校產管理委員會
三水縣立初級中學	陳國棟	1942 年度第一學期籌備，第二學期招生上課	初中 3	三水縣城	
增城縣立中學		1942 年度第一學期籌備，第二學期招生上課	初中 3	增城新塘墟	

資料來源：廣東省政府秘書處編：《廣東省政概況》，1942 年；廣東省政府政務廳編：《廣東省政概況》（第二輯），1943 年；廣東省教育廳編：《廣東省教育統計表：1942 年度第一學》，1942 年。

　　除了上述公立中學，在淪陷區還開辦了一些私立中等學校。就資料所及，共有十六所。其中十三所設在省會廣州，番禺、中山、南澳各一所。在省會開辦的中學，有執信中學、八桂中學、復興中學、中華中學、明德中學、嶺嶠中學、鳴崧紀念學校、萬善中學、華南計政職業學校、中中會計職業學校、

敏存職業學校、國民高級助產職業學校、〔註 13〕婦孺助產學校等，在番禺開辦的是沙灣中學，在中山開辦的是中山九區私立潭山初級中學，在南澳開辦的是南瀛中學。以類別劃分，其中，普通中學有十一所，職業中學有五所。其開辦情況如下表所示：

表 3-4　廣東省淪陷區私立中等學校一覽表

校名	校長姓名	成立時間	編制	校址	備註
私立中華中學	陳公望	1939 年成立校董會，1940 年 2 月籌備完竣	高中 1 初中 3	廣州市桂香街	以原金陵中學校舍爲校址
私立敏存職業學校〔註 14〕	原田武子	1939 年 4 月	縫紉科 2 公牘科 1	廣州市中華中路	原建於 1934 年，校址在廣衛路，1937 年停辦
私立八桂中學	羅德堅 陳善伯	1940 年 8 月籌備，9 月 1 日舉行開學禮	高中 2 初中 6	廣州市惠愛東路	由香港遷回
私立執信中學	楊道儀	1940 年 8 月	高中 3 初中 6	廣州市大新路	由澳門遷回經費按照成例由惠濟義倉每年撥助軍票三千元〔註 15〕
私立明德中學	巍暢茂	1940 年 8 月	高中 3 初中 5	廣州市大新路	學費由天主教堂撥付
私立嶺嶠中學	高詠雪	1940 年 9 月	高中 1 初中 3	廣州市恩寧路	由澳門遷回以原培正分校校舍

〔註 13〕該校於 1926 年在新會開辦，名爲新會城第一區私立國民產科醫學校，事變後停辦。1941 年 5 月召開校董會決定遷廣州復課，向僞廣東省政府教育廳立案，更名爲私立國民高級助產職業學校。見私立國民高級助產職業學校編印：《私立國民高級助產職業學校概覽》，1942 年。

〔註 14〕該校後改爲廣東女子美術職業學校，見廣州中山日報社編印：《復興的廣東》，1941 年。

〔註 15〕1928 年，該校校董陳璧君，以本校爲紀念先烈而設，爲謀發展校務培養人才，商請惠濟義倉撥款補助，該年惠濟義倉監理沈次高核定每年撥助三千元，分兩期支付，此後定爲成案。執信中學在廣州復辦之後，該校呈請僞廣東省政府教育廳援照過去的成例繼續由惠濟義倉撥付學款，獲得核准通過。見《廣東省政府公報》1941 年第 9 期。

私立復興初級中學	黃德如	1940年度由小學擴充	初中1	廣州市拱日西路	
私立華南計政職業學校	陳梓如	1940年9月	高級計政科1 初級計政科4	廣州市惠愛東路	
私立中中會計職業學校	溫明恥	1940年9月	高級計政科2 初級計政科4	廣州市文德路	原建於1936年由香港遷回
私立萬善中學〔註16〕	李啓榮	1940年開辦	高中1 初中3	廣州市中山七路	在萬善小學基礎上擴建，由中華基督教會開辦
私立國民高級助產職業學校	吳強華	1941年9月	助產科3 救護調劑科1	廣州市龍津東路	1941年由新會江門遷廣州復課
番禺縣第一區私立沙灣中學〔註17〕	何學潛	1941年開辦	初中3	番禺	
私立鳴崧紀念學校〔註18〕	雷惠明 陳良烈 徐瓊宇	1942年4月籌備，該年度第一學期開始上課	初中3	廣州市蓮塘路應元路	經費大多由教育廳撥助，並由惠濟義倉每月撥助經費軍票一千元
私立南瀛中學〔註19〕		1942年創辦		南澳縣	
私立婦孺助產學校	謝愛瓊		初中4	廣州市	1942年度第一學期向教育廳補辦立案手續

〔註16〕梁圖光、盧鳴本：《萬善中學沿革》，李齊念主編：《廣州文史資料存稿選編》第7輯，北京：中國文史出版社，2008年，第318～319頁。

〔註17〕私立沙灣中學編印：《私立沙灣中學校概況》，1944年。

〔註18〕關於這一學校的設立，最初由僞廣東省政府提出要在廣東設立一間和運殉難同志紀念學校，後由汪精衛電諭命名爲「鳴崧學校」，「因死於和運者以曾仲鳴沈崧兩同志爲最先，紀念兩同志即所以紀念一般死於和運之同志也」。最後，將學校定名爲私立鳴崧紀念學校，並由陳璧君全權主持辦理。省政府不僅收用空地用作該校校址，而且各項建築費用以及辦學經費均由省政府撥助。雖以私立爲名，但比省立中學享受到更多的政府資源。見《廣東省政府公報》1942年第23期。關於這所學校的情況，可參閱朱哲夫：《淪陷時期廣州的「鳴崧紀念學校」》，中國人民政治協商會議廣東省廣州市委員會文史資料研究委員會編：《廣州文史資料》第27輯，北京：廣東人民出版社，1982年，第155～160頁。

〔註19〕楊群熙、趙學萍、吳里陽：《潮汕教育事業發展資料》，第246頁。

中山九區私立潭山中學	劉鶴年	1942 年 6 月籌備，8 月開始招生上課	初中 3	中山潭州鄉	

資料來源：廣東省政府秘書處編：《廣東省政概況》，1942 年；廣東省政府政務廳編：《廣東省政概況》（第二輯），1943 年；廣東省教育廳編：《廣東省教育統計表：1942 年度第一學》，1942 年；廣東省黨部宣傳處編印：《廣東省偽機關人員調查錄》，1945 年，汪偽 9，廣東省檔案館藏。

　　上述這些公私立中等學校，或者使用原來的校名以復校的名義在淪陷區重新加以開辦，或者僅僅借用舊校址而開辦新的學校，或者完全另覓校址從新設立。在第一種設校方式中，那些被「替代」的舊校，既有已經停辦的，也有在國民黨統治區或者港澳予以復辦的。前者如廣州市立第一中學、私立嶺嶠中學等等，後者如省立第一中學、汕頭市立第一中學等等。就後者來說，就可能出現一個校名在兩地同時出現的情況，這在省市縣立中學中比較常見。以汕頭市一中為例，原市立一中已遷普寧，1940 年 10 月偽汕頭市政府又在淪陷後的汕頭重新設立了一間同名的市立一中。〔註20〕

　　後面兩種都是以新校名的形式在淪陷區開辦的。這些學校之中，由各級教育主管機構開辦的學校基本上都是為了貫徹實施其既定的教育方針政策。而那些私人開設的中學，既有單純出於教育的目的，如當時的沙灣中學、潭山中學就是如此。〔註21〕沙灣中學就規定「凡有志向學之青年，不拘姓氏性別或鄉界，儘量免費收容，以打破鄉村之姓氏鄉界畛域」。〔註22〕這樣的學校多是由各鄉紳為各鄉或各族的適齡學生升學而開辦的。不過，也有像鳴崧紀念學校那樣完全出於對日合作的目的。〔註23〕但更多的則是像國民高級助產職業學校、華南計政職業學校那樣既是為了辦學以掙錢，同時也可以向學生教授技能，但也可能會迫於形勢而做出一些合作的舉動，如國民高級助產職業學校就將當時擔任偽廣東省政府軍政各界要職的人聘請為學校的名譽校董以裝點門面。〔註24〕

〔註20〕楊群熙、趙學萍、吳里陽：《潮汕教育事業發展資料》，第 247 頁。

〔註21〕孔釗：《潭山中學的創建》，中國人民政治協商會議番禺縣委員會文史資料研究委員會編：《番禺文史資料》第 3 輯，1985 年，第 131～133 頁。

〔註22〕私立沙灣中學編印：《私立沙灣中學校概況》，1944 年。

〔註23〕朱哲夫：《淪陷時期廣州的「鳴崧紀念學校」》，第 157 頁。

〔註24〕私立國民高級助產職業學校編印：《私立國民高級助產職業學校概覽》，1942 年。

在中等學校中，私立中學的情況可能頗為複雜。那些學校可能經歷了從廣州到港澳又到粵北這樣的播遷過程。在廣州剛剛淪陷時那些選擇遷校的私立中學先是遷往港澳復辦。在香港淪陷後，這些在港的學校有的停辦，如私立禺山中學即是如此，有的則繼續遷往粵北，如私立廣州大學附屬中學，少數則遷往屬於中立區的澳門，還有的則遷返原址。在那些「遷返」的中學中，既有將香港各校予以解散，而僅在淪陷區恢復設立的，如八桂、復興、明德等中學。像私立八桂中學，在廣州淪陷後先是與禺山中學以八桂禺山聯合中學的名稱在香港復課。在香港淪陷後，禺山中學停辦，而八桂中學則由聯中校長陳善伯在廣州原址予以復辦。〔註25〕也有在兩個地方同時設立的，這就出現了一個校名被用於兩地的情況，最為出名的便是執信中學。

這所為紀念朱執信而開辦的學校，從1927年9月21日朱的殉國紀念日那天，由校董會推舉朱的夫人楊道儀出任了校長一職。在整個中日戰爭期間，楊一直擔任這一職務。這位據說僅會寫自己名字的校長，在廣州淪陷時先將執信中學遷往澳門。隨遷的有百餘名學生，還有三分之二的教職員也隨校遷往澳門。偽廣東省政府成立之後，楊校長又計劃將學校遷回廣州復辦。那些當初隨楊遷往澳門的教職員們在此時對於是否遷校的問題發生了激烈爭執。既有主張不遷的，也有主張遷往粵北的，同時也有願意遷回廣州的。最後，執信學校被分成了兩個，一個是省立執信中學，設在曲江，以金曾澄為校長，一個是私立執信中學，設在廣州，以楊道儀為校長。〔註26〕

也正是對這些遷返復校的學校，關於其合法性的問題往往存在著很大爭議。就有人認為，既言復校，就應當由校董會召集決議，號召舊日員生回校復課，只有這樣才是履行了正式合法的手續。如果僅僅只是找出曾在那些學校擔任過校長或者教職員的人作校長，便是代表原校全體校董和全體員生，揆之法理無法說得過去。更為重要的是，這樣做便是「敵我不分，亦為群眾所不諒」，因為這些人「無恥地為敵服務，只是他們個人的行動，安能連將校名帶走，而任其冒牌宣傳，致淆世人耳目」。〔註27〕這裡涉及到的實際上是有

〔註25〕衛恭：《兩間濃厚地方主義的中學「八桂」和「禺山」》，廣東省政協學習和文史資料委員會編：《廣東文史資料存稿選編》第4卷，廣州：廣東人民出版社，2005年，第863～866頁。
〔註26〕何博：《執信中學回憶》，羅進主編、廣州市政協文史資料委員會編：《廣州文史》第52輯，廣州：廣東人民出版社，1998年，第240～249頁。
〔註27〕徐直公：《廣州淪陷時期的教育概況》，李齊念主編：《廣州文史資料存稿選編》第7輯，北京：中國文史出版社，2008年，第306頁。

關愛國忠誠的問題。這在廣州淪陷前夕的遷校大討論中已經有突出反映。那個時候的遷校問題之所以這麼重要，是因爲「遷」與「不遷」，並非僅僅關涉個人或者集體選擇的問題，而是關乎著對國家忠誠與否的問題。正因爲如此，那些選擇遷移的學校和師生被認爲作出了高尚舉動而受到了一致讚揚。而這在整個戰爭時期甚至在戰爭結束之後很長一段時間都被當作一種愛國主義的犧牲精神而傳誦著。

遷校決定對於公立學校顯然要容易一些。而對私立學校來說就不是那麼輕鬆了。就在廣州淪陷到來的那一刻，還是有很多私立中學作出了遷校的決定。但是，其遷校地點的選擇卻是頗有意味的。這些學校，除了少數學校（如私立金陵中學、私立長城中學、私立大中中學、私立培桂中學等）遷往了廣東尚未淪陷的地區，[註28] 大部分都遷去了香港和澳門。而遷往港澳的這些學校，當初之所以做出遷校的決定，其中當然有愛國的因素，不過出於環境所迫而不得不進行遷校的學校也不在少數。對於這些學校來說，第一次的遷移也許還不需要在愛國與個人利益之間做出選擇。因此，他們完全可能出於私利而遷校。但第二次的遷移就是對他們愛國忠誠度的艱巨考驗。也正是因爲如此，所以才會出現執信中學在兩次遷校時的不同表現。

值得一提的是，如果要對廣東省淪陷區中等學校的創辦作一個評價的話，以學校數來進行橫向與縱向的比較，也許也可以說明一些問題。從橫向來說，同時期廣東省國統區的中等學校，以 1939 年爲例，共有 259 所，下面列出了具體的統計數字：

表 3-5　廣東省國統區中等學校數一覽表（1939 年）

立別	普通中學	師範學校	職業學校	總計
省立	14	9	6	29
縣市立	85	16	2	103
區立	8		1	9
聯立	2			2
私立	110		6	116
合計	219	25	15	259

資料來源：廣東省政府統計室編印：《廣東統計季刊》，1941 年 12 月，第 77 頁。

〔註28〕中國人民政治協商會議廣東省廣州市委員會文史資料研究委員會編：《廣州近百年教育史料廣州文史資料專輯》，第 188、189、191 頁。

　　而廣東省淪陷區的中等學校，就算以整個淪陷時期而論，總數也只有 50
所〔註29〕。其具體統計數字如下表所示：

表 3-6　廣東省淪陷區中等學校數一覽表

立別	普通中學	師範學校	職業學校	總計
省立	9	1	1	11
縣市立	17	2		19
區立	3			3
聯立	1			1
私立	11		5	16
合計	41	3	6	50

　　由上述兩個表格，可見廣東省淪陷區的中等學校數量遠遠低於國統區。
但是如果跟汪精衛國民政府統治下的其他淪陷區作一番比較的話，那麼廣東
省淪陷區的中等學校就不算少了。根據 1943 年汪精衛國民政府教育部統計室
編輯的《全國教育統計》中有關中等教育的部分，截至 1942 年底，其統治區
內的江蘇、浙江、安徽、江西、湖北及南京、上海、漢口等省市中等學校數
量的統計情況如下表所示：

表 3-7　汪精衛國民政府轄下主要省市中等學校數一覽表

省市名	普通中學	師範學校	職業學校	總計
江蘇	79	2	9	90
浙江	13	1	3	17
安徽	12	3	4	19
湖北	15	1		16
南京	11	1	3	15

〔註29〕　這一數字，是以現有的資料作出的統計，除了這 50 所中學，還有一些學校可
　　　　能並未向教育行政機構立案，有些則是以「補習學校」的名義辦理中等教育，
　　　　如汕頭的「嶺梅補習學校」，共開設設置了初一到初三及高一、高二五個年級，
　　　　每個年級各開設了一個班。見林宗棠：《嶺梅之憶》，中國人民政治協商會議
　　　　汕頭市委員會文史資料委員會編：《汕頭文史》第 9 輯，第 101～110 頁。

上海	37	2		39
漢口	6	1	2	9

資料來源：汪精衛國民政府教育部統計室編印：《全國教育統計》第五集，第27～28頁。

　　如果再從縱向比較的話，那麼廣東省淪陷區的中等學校數量可能是比較少的。以廣州市爲例，廣州在淪陷前的1936年，共有中等學校62所，〔註30〕而淪陷期間這一數字爲 23。以數量來說顯然是大大減少了。不過考慮到這個時期廣州市的人口銳減，差不多爲淪陷前的一半，那麼23所中等學校也就不是那麼讓人無法接受了。如果以整個廣東省來看，廣東在中日戰爭之前的1937年，共有中學307所，其中普通中學241所，師範學校42所，職業學校24所。考慮到戰爭時期廣東省三分之一的地域爲汪精衛國民政府管轄，因此廣東省國統區的中等學校數量與戰前相比基本上是一致的，可能還有所增加。

　　從上述的比較來看，廣東省淪陷區的中等學校，不管是與戰前還是與同時期的國統區相比，的確要少很多。但若是跟汪精衛國民政府轄下其他淪陷區的中等教育比較的話，則又有明顯的優勢。這一比較也許不能全面說明廣東省淪陷區的中等教育水平，但依然可以從一個側面窺測到僞廣東省政府統治下的區域，中等教育並非完全沒有進展。作爲汪精衛苦心經營的一個「模範」省份，僞廣東省政府對於中等教育事業的推進還是有所作爲的。

　　還有一點，也是需要加以說明的。這就是關於職業教育在汪精衛國民政府統治時期的設置情況。因爲職業教育常常被說成是日僞推行奴化教育的一個重要場域。

　　對於中等職業學校的開辦，汪精衛國民政府顯然是非常重視的，特別是在其成立之後的最初兩年，連續下發了多項關於設立職業學校的訓令。先是在1940年7月由教育部訓令其轄下各縣市政府，凡「新設中學，應偏重職業學校」，「關於縣中等教育，應注意一般青年生產技能，而廣設職業學校，以適應社會需要」。〔註31〕同年9月汪精衛國民政府正式頒佈了《職業學校法》。其後便要求「各省市廳局依照中央前頒各項職業教育法規，務於本年度（1940年度）籌設職業學校一所至三所，至地點之選擇，級科智設置，注重實習，

〔註30〕廣州市地方志編纂委員會編：《廣州市志》（卷十四），廣州：廣州出版社，1999年，第6頁。
〔註31〕《廣東省政府公報》1940年第3期。

減少理論灌輸，訓練實習技能，冀收優良之效果。」〔註 32〕

此外，爲了增設職業學校，汪精衛國民政府對於私人創辦中等學校也作出了要求。1941 年初教育部要求各縣市私人新設中等學校「應依二十六年以前部令須確實具有職業學校性質者，由各省市斟酌各該地實際情況，與社會需要，遵照私立學校規程立案手續辦理，至於普通性質之中學，尤當限制增設，期多造就生產人才，以增進國家社會之經濟力。」其理由是：「查我國生產落後，職業教育之提倡，自屬刻不容緩。當此次事變後，社會經濟，極感窘困，民生狀況，益形凋敝，各種建設上從事復興工作中級幹部人員，尤需特予注意與培養」。〔註 33〕

就在這一年召開的全國第二屆教育行政會議上，教育部督學室還提出了一項「推廣職業教育中心區制案」，最後決議「由會呈請教育部通令各省市酌量辦理」。根據這一議案，各省市需在所轄地區就地方實際需要分別設置某項職業教育中心區，每個中心區設立某項職業中學一所，其開辦費及經常費均以地方擔負爲原則。〔註 34〕爲了在民眾中推行職業教育，汪精衛國民政府還屢次要求各地在職業中學內附設職業補習班。〔註 35〕1941 年還頒佈了一個《公私立中小學校兼辦社會教育暫行辦法》，要求在中小學內附設職業補習學校。〔註 36〕

對於上述要求，僞廣東省政府顯然是沒有完全遵照辦理的。由各級教育行政機構開設的公立職業學校只有省立第一職校的開辦。廣州市社會局雖然也在 1941 年製作了一份「恢復市立職業學校計劃書」，計劃恢復設立一所職業學校，但似乎並未施行。〔註 37〕反倒是在 1942 年 8 月 15 日舉行的廣州市政府第 105 次會議上通過了一個設置工藝學校的計劃，隨後便開辦起了縫紉、木器、電器、理髮四間工藝學校。但這些學校的性質，在其「實施計劃」中稱是「根據廣州市小學教育改進計劃」而擬定的。〔註 38〕可見，這幾間工藝學校並不是作爲中等職業學校而加以開辦的。雖然各級僞政權對於開辦職業

〔註 32〕 國民政府宣傳部編印：《國府還都第二年政府施政概況》，汪僞宣傳部檔案二〇四 0/1，中國第二歷史檔案館藏。
〔註 33〕 《廣東省政府公報》1941 年第 9 期。
〔註 34〕 《廣東省政府公報》1941 年第 16 期。
〔註 35〕 《汕頭市市政公報》1941 年第 6 期。
〔註 36〕 《廣東省政府公報》1941 年第 12 期。
〔註 37〕 《廣州市政公報》1941 年第 10 期。
〔註 38〕 《廣州市政公報》1942 年第 28 期。

學校並不是那麼熱心，但是廣東省淪陷區在私人開辦職業學校方面還是比較成功的。在私人開辦的十六所中學裏面，職業學校就有 5 所，且全部集中在廣州，不可謂不多。但是，僅僅憑藉一所省立職業學校再加上幾間以教授一點技能爲目的而開設的私立職業學校，就要實行奴化教育，可能有些不太現實。

第二節　教師與學生

　　這些開設在淪陷區的中等學校，顯然沒有受到像高等教育那樣如此廣泛的爭議。在戰後的教育復員中，中等學校的教師和學生也沒有成爲教育甄審與甄試的重點對象，並受到像高校教師那樣的非議。儘管如此，這些在淪陷區的中學工作和學習的師生們，並非沒有受到質疑。因爲，在整個戰爭時期，身在國統區的人們一直在熱誠地號召淪陷區的師生們前赴「自由區」。爲了安置從淪陷區退出的師生，從中央到各級地方政府採取了種種措施。那麼爲什麼依然有那麼多的人不但沒有響應這些號召留在了淪陷區，而且他們還去了那些日僞爲了實施奴化教育而開辦的中學求職和讀書？對此，本節接下來的內容將分別從教師與學生兩個方面對這個問題進行討論，希望可以得到一個比較全面的答案。

一、教師

　　在第一節說過，廣東省淪陷區的中等學校有 50 所左右。以僞廣東省政府教育廳統計的其中三十所中學在 1942 年度第一學期的教職員數，共有 918 名，其中男性 769 名，女性 149 名。〔註 39〕那也就是說，總共有超過 1000 人在這些中學工作。那麼，這些教職員的程度如何？符合中學師資的任職資格嗎？他們是通過何種方式進入這些學校的？他們在考慮應聘的時候都有哪些想法？工作期間的待遇又如何？

（一）師資來源

　　由於廣州淪陷之後，專門培養中學師資的教育機構不是停辦就是外遷，原有的中學師資也大多隨校遷往了別處。因此，廣東省淪陷區要重新恢復中

〔註 39〕《廣東省公私立中等學校概況統計表》，廣東省教育廳編：《廣東省教育統計表：1942 年度第一學期》，1942 年。

等教育，其師資從何而來便成為各級教育行政機構及各公私立中學的棘手問題。因為如果按照原教育部頒佈的《中學規程》、《師範學校規程》及《職業學校規程》的相關規定來招聘各中學教職員的話，顯然非常困難。而要重新培養中學師資，又非短時期之內可以做到。廣州市公署雖然也在 1940 年 1 月開辦了一間廣東省中等學校教員訓練所，但其所能訓練的中學教員十分有限，遠遠不敷分配。而唯一的一間可以培養中學師資的廣東大學還是在 1940 年 9 月才開始上課。該校雖然開設了教育學院，但其學生至少還需要一到兩年的時間才可以被分配到各中等學校擔任教師。因此，偽廣東省政府剛剛成立的時候，各公私立中等學校在籌措校舍之外，還需要為新設立的中學招聘教師。對於當時廣東省淪陷區各級教育行政機構來說，最簡便可行的方法便是舉行教師登記與檢定。通過這種方式，將留在淪陷區以及從別處返回的教師重新匯聚起來，以分配到剛剛恢復的各類中等學校。

關於教師檢定，在偽廣東省政府成立之前，廣州市公署在 1940 年 1 月成立了一個廣東省中等學校教員檢定委員會，並委派市公署復興處處長歐大慶兼任主任委員。〔註40〕偽廣東省政府成立之後，遲至 1941 年度第一學期開學之前舉行了廣東省中小學校教員無試驗檢定。為此，省政府教育廳於 1941 年 6 月 21 日根據原南京國民政府教育部在 1934 年 5 月 21 日頒佈的《中學及師範學校教員檢定暫行規程》訂定了《廣東省中學及師範學校教員檢定暫行規程》。

根據上述規程第一條「本省公私立中學及師範學校教員須受檢定，由廣東教育廳依據部章組織中學及師範學校教員檢定委員會辦理檢定事項」的規定，省教育廳在 1941 年 6 月 4 日組織了廣東省中小學校教員檢定委員會。教育廳還根據原教育部頒佈的《中學及師範學校教育檢定委員會組織規程》與《小學教員檢定委員會組織規程》訂定了《廣東省中小學教員檢定委員會暫行組織規程》及《辦事細則》。〔註41〕按照上述組織規程的規定，委員會設委員長一人，由教育廳廳長林汝珩兼任。並在委員會內分設中學組與小學組，各設委員五人。陳嘉藹、區聲白、楊廉父、林伯榆、許少珊等五人為中學組委員，黃銳鍾、梅慶芬、張宗潞、馮芝蓀、馬壽康等五人為小學組委員。各組設總幹事一人，幹事若干人，由教育廳職員兼任，負責委員會一切事務。〔註42〕

〔註40〕《廣州市公署公報》1940 年第 2 期。
〔註41〕《廣東省政府公報》1941 年第 14 期。
〔註42〕廣東省政府秘書處編：《廣東省政概況》，1942 年。

關於此次中小學校教員申請檢定的手續，由省教育廳訂定了下列四項辦法：〔註43〕

（一）廣州市內之中小學校及師範學校教員申請檢定，須親到檢定委員會填具申請書連同各項證件繳核，所繳證件，由會給回收據。

（二）各縣市中學及師範學校教員，如未能親到檢定委員會申請檢定，應填具申請書連同各項證件呈由所在服務之校或所在地之縣市教育行政機關匯轉審核。

（三）各縣市小學教員申請檢定，由各縣市教育行政機關舉行口試，事畢，即將口試成績表及登記表加具實按語，依期匯轉審核。

（四）廣州市內之中小學校及師範學校教員，須於七月十五日以前申請檢定，各縣市收到中學及師範學校教員之申請書及各項證件，須於七月二十日以前匯轉檢定委員會審核，小學教員口試成績表及登記表暨各項證件，須於七月底匯送覆核，並制定申請書及口試成績表式分發各縣市應用暨布告周之。

按照上面規定的檢定手續，廣州及其他縣市紛紛舉行了無試驗檢定。對申請檢定的教師資格，《檢定暫行規程》規定如下：

一、高級中學教員

1、教育部認可之國外大學本科畢業者

2、國外師範大學本科高等師範學校畢業後有一年以上之教學經驗者

3、國內外專科學校或專門學校本科畢業後有二年以上之教學經驗者

4、曾任高級中學教員五年以上經督學視察認爲成績優良者

5、有有價值之專門著述發表者

二、初級中學教員

1、具有高級中學教員無試驗檢定資格之一者

2、國內外大學本科高等師範本科或專修科畢業者

3、國內外專科學校或專門學校本科畢業後有一年以上之教學經驗者

〔註43〕《汕頭市市政公報》1941年第4期。

4、與高級中學程度相當學校畢業後有三年以上之教學經驗於所
　　任教科確有研究成績者

5、曾任初級中學教員五年以上經督學視察認為成績優良者

6、具有精練技術者（專適用於勞作科教員）

三、師範學校教員

1、教育部認可之國外大學本科畢業者

2、國內師範大學本科高等師範學校畢業後有一年以上之教學經
　　驗者

3、國內外專科學校或專門學校本科畢業後有二年以上之教學經
　　驗者

4、曾任師範學校教員五年以上經督學視察認為成績優良者

5、有有價值之專門著述發表者

四、簡易師範學校教員

1、具有師範學校教員無試驗檢定資格之一者

2、國內外專科學校或專門學校本科畢業後有一年以上之教學經
　　驗者

3、與高級中學程度相當學校畢業後有三年以上之教學經驗於所
　　任教科確有研究成績者

　　凡符合上述資格之一的教師均可申請檢定，檢定時按照檢定暫行規程第
五條的規定，還需呈繳下列各項證件：〔註44〕

一、畢業證書或修業證書

二、服務證明書

三、著作（無著作者缺）

四、本人履歷書志願書及最近正面二寸半身相片四張

　　到該年九月底，檢定委員會對各縣市匯繳的中小學校教員申請書及各項
證件進行覆核之後，檢定手續便全部結束。此次申請檢定的中學教員，經檢
定合格者共有 540 名，其中高中及師範學校教員 333 名，初中教員 207 名。
均由檢定委員會發給合格證書。該證書的有效期限，中學規定為六年，小學
為四年。〔註45〕

〔註44〕《廣東省政府公報》1941 年第 14 期。
〔註45〕廣東省政府秘書處編：《廣東省政概況》，1942 年。

　　不過，根據上述檢定的結果，即使此次申請檢定的人員全部分配到中等學校任教，也只占全部中學教員的一半。那麼另外那些教員又從何而來？由於沒有完整的統計資料，因此，我們只能猜測，其餘的那些中學教員，可能並未參加教師檢定。關於這些教員的學歷情況，僞廣東省政府教育廳對其中30所中學在1942年度第一學期的教職員學歷作了一個統計，統計結果列表如下：

表 3-8　廣東省淪陷區公私立中等學校教職員學歷表（1942年度第一學期）

校名	國內外大學			高級師範或大學教育院系			專門學校			中等學校			其他			合計		
	男	女	計	男	女	計	男	女	計	男	女	計	男	女	計	男	女	計
廣大附中	20	2	22	22	2	24	20	0	20	4	1	5	1	0	1	67	5	72
省立一中	17	2	19	14	1	15	11	4	15	4	1	5	4	0	4	50	8	58
省立二中	2	0	2	33	1	34	9	3	12	3	5	8				47	9	56
省立三中	21	0	21	2	0	2	6	3	9	7	1	8				36	4	40
省立四中	13	0	13	3	0	3	6	0	6	5	3	8				27	3	30
省立五中	11	1	13	2	0	2	7	2	9	3	0	3				23	3	26
省立一女師	14	6	20	8	2	10	2	7	9	5	5	10	5	0	5	34	20	54
省立一職	26	0	26	2	0	2	10	0	10	5	1	6	1	2	3	44	3	47
鳴崧紀念學校	7	3	10	2	0	2	7	3	10	4	3	7				20	9	29
執信中學	19	2	21	6	0	6	2	1	3	3	5	8	2	1	3	32	9	41
嶺嶠中學	3	1	4	2	0	2	5	0	5	2	0	2				12	1	13
中華中學				12	0	12	3	1	4	0	3	3				15	4	19
敏存職校	1	3	4				3	4	7	1	0	1				5	7	12

校名																	
中中會計職校	21	1	22	4	0	4	4	0	4	3	4	7				32	5	37
華南計政職校	10	0	10	3	0	3				0	3	3				13	3	16
國民高級助產職校	10	2	12				2	3	5	4	0	4				16	5	21
八桂中學	6	2	8	12	0	12	6	2	8	1	2	3	1	0	1	26	6	32
明德中學	5	4	9	1	0	1	4	0	4	0	7	7	5	0	5	15	11	26
廣州市立一中	25	1	26	1	1	2	4	0	4	0	7	7	5	0	5	15	11	26
廣州市立師範學校	22	4	26	5	1	6	12	2	14	9	1	10				48	8	56
汕頭市立一中	14	2	16	3	0	3	4	1	5	6	0	6	1	0	1	28	3	31
南海縣立一中	7	3	10	2	0	2	2	0	2	1	1	2	1	1	2	13	5	18
順德縣立初中	2	0	2	3	0	3	4	1	5	5	1	6	3	0	3	17	2	19
東莞縣立初中	7	0	7	6	0	6	4	0	4	6	0	6				23	0	23
新會縣立一中	7	0	7				4	1	5	4	0	4				15	1	16
新會縣立二中	5	0	5	2	0	2	4	0	4	2	1	3				13	1	14
澄海縣立一中	5	0	5	1	1	2	2	0	2	5	0	5				13	1	14

中山縣立總理紀念中學	3	0	3	1	0	1	4	1	5	3	1	4	3	1	4	14	3	17
中山縣第二區立初中	5	0	5	4	0	4	4	0	4	1	1	2				14	1	15
中山縣第三區立初中	4	0	4	2	0	2	3	1	4	3	1	4	5	2	7	17	4	21
總計	312	39	351	158	9	167	158	40	198	105	53	158	36	8	44	769	149	918

資料來源：廣東省教育廳編：《廣東省教育統計表：1942 年度第一學期》，1942 年。

　　不管是教師檢定的結果，還是上述由教育廳統計的中等教師學歷表，可能都存在著虛報的情況。而且，各個中學之間顯然還存在著較大的差異，教師學歷水平參差不齊。甚至有些中學還以小學教師來充任教員，比如中山私立潭山中學就是如此。由於師資缺乏，因此該校不得不降低標準，聘請了一些小學教師擔任專職教師，甚至連校董也要兼課。〔註46〕然而，儘管如此，我們還是可以從中得到一些印象，即廣東省淪陷區的中等學校教師，並非像我們實際認爲的那麼不堪。即使是一些由私人創辦的私立中學，也有可能聘請到一些不錯的教師。如由新會遷到廣州復辦的私立國民高級助產職業學校，該校從 1941 年 9 月到 1943 年 7 月聘請的教師如下表所示：

表 3-9　國民高級助產職業學校教員姓名一覽表

（1941 年 9 月起至 1943 年 7 月止）

職別	姓名	學歷	擔任職務
校長	吳強華	廣東公醫醫科大學畢業	細菌臨症講義 飲食學
教務主任	陳鶴朋	上海東南醫科大學畢業	解剖 救急
訓育主任	林展才	同上	生理 護病 眼科
文書	趙韶	廣東公立監獄專門學校畢業	文書 兼社會學

〔註46〕孔劍：《潭山中學的創建》，第 132 頁。

舍監	林文新	廣東圖強產科學校畢業	教務員　兼家政
教員	朱紹東	美國波士頓醫科大學畢業	藥物學　調劑學
教員	陳暉成	日本東北帝國大學醫學專門部畢業	產科學
教員	袁先偉	廣東公醫醫科大學畢業	兒科概要
教員	李錫芬	廣東光華醫科大學畢業	內科概要
教員	冼兆芝	同上	婦科學
教員	王博文	國立中山大學醫學院畢業	衛生
教員	麥廷光	上海東南醫科大學畢業	外科概要
教員	劉錫章	同上	皮科概要
教員	張伯蔭	廣東省立師範學校畢業	國文
教員	周頂全	閩南醫學專門學校畢業	外國語
教員	周俊民	國立中山大學法學士	公民
教員	吳紀殷	廣東兩粵醫學專門學校畢業	化驗學
教員	陳念文	香港華南中學畢業	音樂
教員	李超凡	廣東圖強產科畢業	繃帶

資料來源：私立國民高級助產職業學校編印：《私立國民高級助產職業學校概覽》，1942年。

從上面所列出的學歷情況來看，顯然並不算差。像上述這樣的例子在廣東省淪陷區的中學裏面還可以舉出一些。

那麼，接下來的問題是，這些設在淪陷區的學校是如何聘請到這些教師的？教師們又是出於什麼樣的原因任職於這些中學？對於這個問題，由於資料所限，難以給出一個比較全面的答案，因此只能以資料所及對此加以說明。像新會縣立二中，其所聘請的基本上都是回鄉避難的教師。如英語教師譚廣德，是留美碩士，廣州淪陷前在廣州擔任大學教授，廣州淪陷後回鄉暫居。當時二中的教導主任以「培養家鄉失學青年」為由說服其在二中教授英語。〔註47〕這一緣由也許頗具代表性。也正因為如此，所以縣區鄉的中學有時候反而能夠聘請到不錯的教師。而那些在省立中學特別是設在省會廣州的那些中學任教的教師，其應聘原因可能比較複雜。有單純為了能夠在淪陷區生存下去而被迫在那些學校教書的，但肯定也有真正的背叛者、趨炎附勢者。就前者來說，可能有很多人都抱著像廣東大學教授任元熙一樣的想法，「只教我的

〔註47〕梁輝：《回憶我在淪陷區新會二中就讀的片斷情況》，新會市政協學習文史資料工作委員會編：《新會文史資料》第48輯，1994年，第48頁。

書，所有開會、演講和與政治有關的事情，我決不參加。」不管能不能眞地做到不受干擾，但至少有些教師還是在盡可能地去做教書的本職工作。

此外，還有一點，值得在此加以提出，這就是關於教師籍貫的問題，尤其需要說明的是日籍教師的問題。根據現有可考的資料來看，大部分的中學都沒有聘請日籍教師，有聘請的則多集中在省會廣州，主要是省立中學。比如省立第一女子師範學校，就有兩名分別來自日本長崎和千葉的教師，擔任日語課的教授。〔註 48〕省立第一中學據當時人後來的回憶也有日本人擔任日語課教師。〔註 49〕至於這些日籍教師的學歷程度，按照汪精衛國民政府教育部公佈的《省立市立及公立學校外籍外國語教員聘任辦法》中有關中學聘任外籍外國語教員，規定爲「須大學及高等專門學校文科畢業並經檢定合格」，且「曾任該國語文教員在一年以上」、「教學時須能操該國標準語」。〔註 50〕這一要求應該說還是比較高的。不過，由於資料限制，那些在廣東省淪陷區的中學工作過的日籍教師的學歷情況，我們並不清楚。

（二）教師待遇

關於這個問題，之所以重要，是因爲它與那些教師的生存有著密切的關係。淪陷之後的廣東各淪陷區，顯然已經不能跟淪陷前相比。此時的生活變得更加困難，不管是各項物質上的消費還是精神上的煎熬，都要甚於之前。正因爲如此，那些在淪陷區的中學工作的人，不管是教師還是普通職員，肯定都時時牽掛著工資和物價的變動。

對此，淪陷區的各級政府對於中學教師的生活也不是毫不關心的。在僞廣東省政府成立之前，廣州市公署就制定了一個《廣州市公立中等學校校員俸給規程》以規範中等學校的薪資。〔註 51〕汪精衛國民政府及僞廣東省政府成立之後，也曾多次制定相關法規以保障教師待遇。在 1941 年召開的第二次全國教育行政會議上，就通過了一個「提高中學教員待遇案」，通飭各市縣將中學教員待遇，按照各地生活程度狀況，酌予提高。據該提案所稱：「事變以

〔註48〕廣東省立女師編印：《廣東省立第一女子師範學校概覽（三十年度第二學期）》，廣州，1942 年。

〔註49〕蘇信：《汪僞省一中情況回憶》，廣東省政協學習和文史資料委員會編：《廣東文史資料存稿選編》第 4 卷，廣州：廣東人民出版社，2005 年，第 841 頁。

〔註50〕《廣東省政府公報》1940 年第 5 期。

〔註51〕《廣州市公署公報》1940 年第 4 期。

還，物價飛漲，較之往年，增高不啻十倍，中學教員，任重事老，平時已極清苦，復以月薪所得，常致不能維持生活，影響教育，殊非淺鮮，爲使各中學教員安心服務，藉以增加教學效率起見，自宜按照各地生活程度狀況，照現定薪額，酌予提高，俾資贍養。」〔註52〕據此，僞廣東省政府規定，「凡月薪在五十元以下者，月增薪十元，五十元以上七十元以下者，月增五元」。隨後，廣州、南海、東莞、番禺、寶安、潮陽、潮安等縣市遵照上述規定，對中學教師待遇酌予提高。〔註53〕

那麼當時淪陷區中等學校教員的薪資水平是怎樣的呢？還是以僞廣東省政府教育廳在1942年度第一學期所作的統計爲例，此次統計的結果列表如下：

表 3-10　廣東省公私立中等學校教職員 1942 年度第一學期月薪統計表（以軍票計）

校名	30元以下	31～60	61～70	71～120	121～150	151～180	180～210	211～240	241元以上
廣大附中	1	6	15	3	1	14	31	1	0
省立一中	3	3	15	4	0	26	6	1	0
省立二中	0	6	11	4	0	27	7	1	0
省立三中	0	0	2	3	8	10	16	1	0
省立四中	0	0	10	1	2	11	5	1	0
省立五中	0	1	8	3	0	5	8	1	0
省立一女師	3	6	12	3	0	21	8	1	0
省立一職	13	11	9	3	1	2	6	2	0
鳴崧紀念學校	0	2	9	7	0	7	3	1	0
執信中學	7	1	11	2	1	12	7	0	0
嶺嶠中學	3	5	2	2	0	1	0	0	0
中華中學	5	3	5	0	0	5	1	0	0
敏存職校	13	6	4	3	0	0	0	0	0
中中會計職校	1	5	3	5	1	0	0	0	0
華南計政職校	11	7	6	2	2	8	1	0	0
國民高級助產職校	10	4	0	0	1	0	0	0	1
八桂中學	11	8	2	0	0	0	0	0	0
明德中學	0	8	8	2	9	4	0	1	0

〔註52〕《廣東省政府公報》1941年第15期。

〔註53〕廣東省政府秘書處編：《廣東省政概況》，1942年。

廣州市立一中	3	2	11	2	1	15	5	6	0
廣州市立師範學校	3	11	9	2	5	22	3	1	0
汕頭市立一中	3	9	2	4	2	5	5	0	1
南海縣立一中	3	7	3	4	3	1	0	0	0
順德縣立初中	0	2	2	2	0	1	1	0	7
東莞縣立初中	0	6	5	0	3	6	1	0	0
新會縣立一中	2	6	3	3	2	0	0	0	0
新會縣立二中	2	3	5	4	2	0	0	0	0
澄海縣立一中	0	5	1	2	0	0	1	0	0
中山縣立總理紀念中學	5	8	5	2	1	0	1	0	0
中山縣第二區立初中	0								
中山縣第三區立初中	15	3	1	0	0	0	0	0	0
總計	117	153	182	68	45	207	116	20	10

資料來源：廣東省教育廳編：《廣東省教育統計表：1942年度第一學期》，1942年。

上述的表列數字，可能也有虛報的成分。不過，據當時就讀於鳴崧紀念學校的學生回憶，該校校長月薪軍票200元，教務、訓育、事務三處主任150元，中學部教師100元，職員50元，工友40元。〔註54〕這一敘述與上面所列的數字基本符合。如果以統計那年的物價水平，一擔（50公斤）白米需要中儲券約280元。〔註55〕100元中儲券可兌換軍票18元，〔註56〕那麼一擔白米就需要軍票約50元，也就是說1元軍票可以買到2斤白米。根據這樣的換算方式，如果能夠按照表列的數字發放教師月薪，那麼即使是30元以下，也能夠維持生活。不過，問題就是，由於物價不斷高漲，月薪遠遠不能跟上物價的漲幅，再加上規定的月薪還有可能被層層剋扣，以至於教師的生活越發艱難。特別是到戰爭後期，這種情形更加嚴重。

實際上，這種情況對戰爭時期所有的教師都是一樣的。不僅僅淪陷區如此，國統區的教師也同樣要面臨糟糕的生活處境。只要看看各個地區有關教師戰時生活的回憶文章，就可以瞭解當時教師的生存境況。在戰爭年代，即使是大學教授也同樣要以變賣物品來維持生活，那麼中小學教師的情況就更加惡劣了。

〔註54〕朱哲夫：《淪陷時期廣州的「鳴崧紀念學校」》，第155～156頁。
〔註55〕《兩年來廣州市之物價》，《經濟月報》第1卷第3期，1943年9月20日，第104～105頁。
〔註56〕《華南的金融狀況》，《經濟月報》第1卷第2期，1943年8月20日，第14頁。

不過，對於生活在淪陷區的教師來說，他們可能還得面臨一種精神上的煎熬。畢竟在那裡有所謂的日僞憲兵特務緊緊盯著他們的一舉一動，他們得隨時提防著不要被當成地下工作者而遭到他們的殘酷對待。此外，可能還需要謹慎行事以防被貼上漢奸的標簽。整整好幾年都像那樣生活著，經濟的壓力以及精神上的痛苦時時刻刻緊隨著這些教師。在這樣的情況下，不要說體面的生活，可以生存下來就已經很不容易了，特別是對於那些因爲有整個家庭的負擔而無法離開的教師來說，就更是如此。

二、學生

教師面臨的處境顯然不會太理想，那麼學生的情況又如何呢？這些剛剛進入青春期的男女生們，如果他們沒有在戰爭剛剛來臨的時刻離開的話，那麼他們的選擇可能是比較有限的，要麼休學在家，要麼去那些開設在淪陷區的學校繼續中學的學業。跟廣東大學的學生一樣，隨著時間的推移，當僞廣東省政府建立起來的時候，初臨戰爭來臨時的那種恐慌感已經逐漸消散了，取而代之的則可能是如何繼續維持接下來的陷區生活。對這些中學生來說，與其待在家裏無所事事，還不如去學校讀書，在那裡多少還能學到一點東西。抱著這樣的想法而去中學報名入讀的學生爲數頗眾，如當時在新會縣立二中讀初中的梁輝敘述他當時報名的緣由：〔註57〕

> 我的家庭，因當時入不敷出，不能供我在內地求學，一直失學在家。淪陷區內百業蕭條，社會不安，我年幼體弱，也無業可從。戰爭也不知何年結束；但一天天拖下去，年事漸長，將無一技之長，不文不武，靠什麼謀生？如何在社會上立足？正在此時，聽說：會城辦第二中學，學校是僞府辦的。再認眞打聽，知道學校基本上按過去普通中學的課程授課，還聘了過去新會頗有名氣的學者如莫伯選、李香介等老師任教。與其在家閒遊虛度光陰。不如低頭希望學些基礎知識。將來或可繼續升學，或者就業，知識文化水平較高總比愚昧、粗魯好一些。經過這樣考慮，第二年春我便毅然報名，就讀於會城新會二中，從初二下學期始，直至初中畢業。

正因爲如此，所以當那些中學陸陸續續開辦起來的時候，有差不多一萬的中學生去了這些學校。下表列出了截止到 1942 年 18 所省會中學的學生數：

〔註57〕梁輝：《回憶我在淪陷區新會二中就讀的片斷情況》，第 45 頁。

表 3-11　廣東省淪陷區省會中等學校學生統計表（截止到 1942 年）

立別		校名		學生數					
				高級	初級	合計	男	女	合計
省立		廣大附中		192	696	888	682	206	888
		第一中學		181	729	910	603	307	910
		第二中學		163	527	690	533	157	690
		女子師範		104	281	385	0	385	385
		第一職業		259	19	278	160	118	278
市立		第一中學		75	372	447	365	82	447
		師範學校		96	357	453	146	307	453
私立		番禺八桂中學		51	248	299	257	42	299
		執信中學		83	245	328	223	105	328
		鳴崧紀念學校		0	105	105	66	39	105
		嶺嶠中學		30	145	145	94	51	145
		中華中學		32	108	140	119	21	140
		明德中學		58	173	231	122	109	231
		中中會計		72	123	195	113	82	195
		華南計政		20	90	110	68	42	110
		敏存職業		13	42	55	5	50	55
		國民助產		47	0	47	0	47	47
		婦孺助產		66	0	66	0	66	66
統計	以立別分	省立學校	5 校	899	2252	3151	1978	1173	3151
		市立學校	2 校	171	729	900	511	389	900
		私立學校	11 校	472	1246	1721	1067	654	1721
	以類別分	普通中學	10 校	865	3956	4821	3173	1648	4821
		師範學校	2 校	200	0	200	37	163	200
		職業學校	6 校	477	274	751	346	405	751
		合計	18 校	1542	4230	5772	3556	2216	5772

資料來源：廣東省政府秘書處編：《廣東省政概況》，1942 年。

根據上表，18 所設在省會的中學共有學生 5772 名，這一數字與南京、上海及漢口的中學生數相近，後面三個城市在該年的中學生數分別為 5996、5967、

4168。如果再加上其他各縣市所開設中等學校的學生，那麼這一數字可能就會達到一萬左右，約占去了汪精衛國民政府統治區中等學校學生數的 18%，在幾個省份中是除江蘇以外中學生最多的一個省份。〔註 58〕而且，如果考慮到這個省份還有三分之二的面積並未淪陷而由國民黨所統治的話，那麼，廣東省淪陷區的學生並不算少。

而學生想要進入這些中學入讀，並沒有很高的門檻。省政府教育廳對於中學招生並未作統一的規定，而由各校自行決定錄取方式。這些學校，既有免試入學的，也有舉行入學考試的。大部分的學校都是採取免試入學的方式，各校根據報名學生在入學前的學歷程度將其編入相應的年級。舉行入學考試的，則以省立中學爲多，如省立第一中學就要舉行入學考試。據當年在該校入讀的蘇信在其後來的回憶中就稱曾經過激烈的競爭才被學校錄取。〔註 59〕不過這種考試入學的規定也並非那麼嚴格地加以執行。以省一中來說，該校素有「廣州廣東第一流」的稱號，收費昂貴，在這所學校入讀的學生中積聚了當時廣東省淪陷區軍政各界官員的子女，如陳耀祖之子陳國平、陳國安，呂春榮（廣東治安維持會副主任委員、和平救國救司令）之女呂婉清，林汝珩之女林曼華，該校校長鄺家鼎之子鄺義明，等等。〔註 60〕這些學生基本上都沒有參加過學校舉行的入學考試。

此外，關於這些學生年齡、籍貫以及家庭背景等方面的情況，也是需要加以說明的。因爲對這些問題的討論，有助於對廣東省淪陷區中等學校學生的狀況有一個比較全面的瞭解。接下來就對這幾方面的情況作一番簡要的介紹。

首先，關於學生年齡，根據僞廣東省教育廳對 30 所中學在 1942 年第一學期的學生年齡所作的統計，如下表所示：

表 3-12 廣東省淪陷區公私立中等學校學生年齡統計表

年齡	12 歲及以下	13	14	15	16	17	18	19	20	21 歲及以上	合計
學生數	155	547	1225	1628	1511	1230	733	362	204	166	7811

資料來源：廣東省教育廳編：《廣東省教育統計表：1942 年度第一學期》，1942 年。

〔註58〕 據該年汪精衛國民政府教育部所作的統計，其轄下共有中學生 54250 名，江蘇爲 20314 名，浙江、安徽、湖北分別爲 2850、3299、2382，見國民政府宣傳部編印：《國府還都第二年政府施政概況》。
〔註59〕 蘇信：《汪僞省一中情況回憶》，第 840 頁。
〔註60〕 蘇信：《汪僞省一中情況回憶》，第 841 頁。

根據上表所列的數字，可以看到，在統計的 7811 名學生中，學生年齡主要集中在 14～18 歲之間。這一年齡結構，應該來說是比較合理的，這一年齡階段也正好是學生入讀中學的年紀。

關於學生的籍貫，僞廣東省政府教育廳並未就此作過全面統計。不過，還是可以通過一些中學所進行的學生籍貫統計來加以說明。以省立第二中學爲例，該校設在省會廣州，其學生來自於廉江、三水、增城、順德、恩平、台山、東莞、開平、南海、番禺、四會、中山、鶴山、新會、寶安、花縣、高要等縣份。而以南海、番禺、新會、順德四個縣的學生最多。〔註61〕這一籍貫分佈基本上可以代表大部分中學的情況。

至於學生家庭背景，以省立第一女子師範學校爲例，該校在 1942 年統計共有 341 名學生，其父母職業情況如下表所示：

表 3-13　省立第一女子師範學校學生父母職業統計圖

職業	商	政	學	閒	軍	醫	警	工	農	合計
人數	142	92	27	25	24	15	4	3	2	341

資料來源：廣東省立女師編印：《廣東省立第一女子師範學校概覽》（1941 年度第二學期）。

根據這個統計圖表，學生家長的職業主要集中在商、政兩類，這一情況與廣東大學的學生家庭背景是相似的。省立第二中學也同樣是以商、政兩類爲最多。由這幾個學校的情況，可以大致反映出當時願意或者說能夠送其子女入讀中學的多是那些有一定的經濟能力或者在各政府機關工作的父母。因爲，當時各中學的學費一般的家庭是無力負擔的。以私立國民高級助產學校來說，該校在 1942 年的學費爲每學期 25 元，雜費每學期 5 元，宿費每學期 15 元，講義費每學期約 6 元，膳費每學期若乾元，那麼一個學期的學雜費用就要超過 50 元，還得按月繳交。

當時，僞廣東省政府也出臺了一些對清貧學生的補助辦法，如 1941 年教育廳制定的《修正廣東省各中小學校推廣兒童免費學額限製辦法》。該辦法所列的可以申請免費的學生，包括家境清貧者、先烈遺裔、家長對於和平運動有特殊功勳者、孤兒院兒童志切深造由院選送入學者。此外，學業及操行成

〔註61〕廣東省教育廳編：《廣東省教育報告書》，1943 年。

績達到規定要求的也可以申請。〔註 62〕但這些補助辦法遠遠不能解決清貧學
生的就學問題。不但免費的名額是有限制的，而且即使免去了學雜各費，還
需要負擔上學期間的各項生活開支。這對於確屬貧寒的學生家庭來說顯然是
不太現實的。正因爲如此，那些工人、農民家庭的子女能夠入讀中學的人數
才會如此之少。

　　這些學生即使能夠入讀，很多也要面臨生活上的困境。其中餓著肚子上
課的情形可能也時常發生。像時在新會二中就讀的梁輝回憶其同學兄弟四
人，在吃飯時分食的情景就頗爲感人。四兄弟都是旅美僑屬，在太平洋戰爭
爆發後由於僑匯中斷，只能依靠母親、祖母在家種田維持生活。吃飯每日只
有兩餐，用糧定量，不敢超過，煮熟後則由大哥給各人盛飯，而荣基本上就
是番薯。在過了一天之後，卻不知道下星期的生活是否有著落。而這就是這
幾兄弟幾年來每天都要面對的生活。〔註 63〕

　　最後，還需要對畢業生的問題進行討論，因爲這關涉到對整個淪陷區的
中等教育所作的一個整體評價。

　　關於畢業生，由於沒有完整的統計資料，因此，不僅無法得知歷年的畢
業生總數，即使是每一年度的畢業生情況也很難有一個清晰的把握。因爲，
僞廣東省政府並不是每年都有進行畢業生的統計，目前所能看到的比較完整
的資料只有 1942 年教育廳所作的《廣東省教育統計表：1942 年度第一學期》。
正因爲如此，所以到戰爭結束的時候，究竟有多少學生從這些中學畢業，我
們無法給出一個準確的統計數字。甚至如果要以某一個中學爲例加以說明，
可能都非常困難。因爲，目前所能看到的各個學校出版的類似學校概覽之類
的書籍，都非常零散，無法由這些出版物而獲得相對完整的資料。不過，可
以肯定的是，在每一學年結束的時候，都有中學生從其入讀的學校畢業。根
據僞廣東省教育廳對 30 所中學在 1942 年度上學期的畢業生數所作的一個統
計，其中普通中學共有 242 名學生畢業，初中生 194 名，高中生 48 名。在這
242 名畢業生中，男生有 159 名，女生 83 名。〔註 64〕另外，根據廣州市社會
局對其轄下兩所公立中學在 1942 年度下學期及 1943 年度上學期的畢業生數

〔註62〕《廣東省政府公報》1941 年第 11 期。
〔註63〕梁輝：《回憶我在淪陷區新會二中就讀的片斷情況》，第 47 頁。
〔註64〕《廣東省公私立中等學校上學期畢業人數統計表》，廣東省教育廳編：《廣東
　　　　省教育統計表：1942 年度第一學期》，1942 年。由於原件存在破損，只能看
　　　　到普通中學畢業生的統計數字，因此，此處也只列出了普通中學的情況。

所作的統計，〔註65〕如下表所示：

表 3-14　廣州市立中學 1942 年度下學期（1943 年 3 月至 7 月）畢業生
　　　　人數統計表

類別		校數	班數	學生數			畢業生數		
				男	女	合計	男	女	計
中學	市立中學	1	11	341	82	423	16		16
	市立師範	1	13	136	264	400	1	34	35
	合計	2	24	477	346	823	17	34	51

資料來源：《廣州市政公報》1943 年第 38 期

表 3-15　廣州市立中學 1943 年度上學期（1943 年 8 月到 12 月）畢業
　　　　生人數統計表

類別		校數	班數	學生數			畢業生數		
				男	女	合計	男	女	計
中學	市立中學	1	13	387	90	477	4	2	6
	市立師範	1	15	202	347	549	7	39	46
	合計	2	28	589	437	1026	11	41	52

資料來源：《廣州市政公報》1943 年第 44 期。

　　根據上面兩個表格，在 1943 年這一整年裏面，廣州市公立中學共有 103
名學生畢業，其中男生 28 名，女生 75 名，以市立師範學校的畢業生爲多。
若以四年計算，則有大概 400 名畢業生。

　　從上述對畢業生的討論，雖然無法做出準確的統計，不過可以大略推測
一下。若以一個學期 300 名學生畢業，同樣以 8 個學期計算，則約有 2400 名
畢業生。在這裡之所以要對畢業生數作這樣的估計，是爲了說明在戰爭期間
乃至戰後的教育復員中大概有這麼多的學生可能面臨著其學歷不被承認的尷
尬處境。

〔註65〕由於有「春季始業」與「秋季始業」的差別，所以兩個學期都有學生畢業。

第三節　課程與教學

　　課程在中等教育的實施過程中顯然起著非常重要的作用，因爲它對於教育目標能否實現有著至關重要的影響。因此，各屆中央政府都希望可以通過課程標準的制定以及國定或審定教科書的出版，來規范進而控制中學教育的基本發展方向，使其不至於偏離其既定的教育目標。

　　對於汪精衛國民政府來說，同樣希望通過對中學各門學科嚴訂課程標準以及出版經過修訂的教科書，來實施其「和平反共建國」的教育方針。不過，一直到汪精衛國民政府結束，也未能完成其既定的目標，課程標準僅制定了高級中學公民、歷史、地理三種，〔註 66〕而教科書也只出版了「國定」初中教科書。因此，在各級各類中學的實際教學過程中，大部分的學科實際上都是由各科教師自行編定講義。要在課堂中具體教授什麽樣的內容，採取怎樣的教學方式，這些大都留待於教師自己去掌控。當然，汪精衛國民政府以及其轄下的各級政府對於發生在中學課堂上的教學過程肯定也會進行控制，但其程度是有限的，並不能全面並且時時刻刻地進行監控。而就是在這樣的空隙中，爲中學教師留下了一定的自主空間。

一、課程設置

　　對於中等學校的課程設置，汪精衛國民政府於 1940 年 8 月 9 日根據新修訂的《中等學校規程》與《師範學校規程》制定了「高級中學各學期每周各學科教學及自習時數表」、「初級中學各學期每周各學科教學及自習時數表間表」以及「各級師範學校各學期每周各學科教學及自習時數表」，通令所屬各級政府按照上述規定安排中等學校各科課程。〔註 67〕隨後，僞廣東省政府教育廳便按照上述各種教學及自習時數表，制定了本省普通中學及師範學校各年級課程表，分爲高級中學、初級中學、高中師範科以及高中圖工樂體專修

〔註 66〕關於課程標準的制定，在汪精衛國民政府召開的全國第二屆教育行政會議上，廣東省教育廳提出「擬請訂定高初中各科課程標準及各科教學進程綱要公布施行以資劃一而利教學案」。對此，會議作出了如下決議：「國府還都後，中小學教科書既由審訂本改爲國定本，似無論訂各科課程標準之必要，至各科教學進度表，應由各省市廳局自行規定。」見《汕頭市市政公報》1941 年第 3 期。

〔註 67〕《轉發中小學及師範學校各學期每周各學科教學及自習時數表》，《廣東省政府公報》1940 年第 5 期。

師範科四種。關於四種課程表的具體內容，可參見附錄四。

從兩個政府所制定的課程表，可以看出，汪精衛國民政府及偽廣東省政府在中學教育階段的課程設置方面基本上延續了原南京國民政府。與此同時，為了實施其制定的教育方針與政策，又對原有的課程進行了調整。其中，最大的變化就是增加日語課，並對其他課程的授課時數作了增減的處理。

為了更清楚地看到汪精衛國民政府時期在中學課程設置上與原南京國民政府有何不同與相同之處，接下來就以高級中學的課程設置為例對此加以說明。原南京國民政府教育部先是在 1932 年公佈了「高級中學各學期每周各科教學及自習時數表」。其課程包括公民、體育、衛生、軍訓、國文、英語、算學、生物學、化學、物理、本國史、外國史、本國地理、外國地理、論理、圖畫、音樂等十七門。隨後又分別在 1936 年、1940 年對該表進行了修正。1936年 2 月修正的課程表，在課時上作了較大的改動，科目上的變化主要是將軍事訓練與衛生合併為「軍事訓練或軍事看護」，並取消了衛生一科。到 1940年 2 月修正公佈的課程時數表中，作出的較大改動是增加了勞作、礦物兩科，並將本國歷史、外國歷史合併為歷史一科，本國地理與外國地理合併為地理一科。〔註68〕這三次修正，最大的變動應該是在課時上，像公民一科就大大減少了授課時間。

實際上，汪精衛國民政府及偽廣東省政府對於高級中學的課程設置，主要是承襲原南京國民政府在 1936 年修正公佈的課程表。大部分課程及課時都沒有改動，而一直備受爭議的公民、歷史、地理三科在課時上也沒有改變，國文一科的課時不但沒有減少反而有所增加。而不同之處，就是日語科的開設，並對一些科目的授課時間進行了調整。

具體到廣東省淪陷區各公私立中等學校與師範學校，則基本上都是按照偽廣東省政府教育廳所制定的四種課程表進行課程安排的，並根據各自學校的情況進行了相應的調整。如私立沙灣中學初中部的課程，就將勞作一科改成了農業。其課程表如下所示：

〔註68〕吳履平、課程教材研究所編：《20 世紀中國中小學課程標準‧教學大綱彙編》，北京：人民教育出版社，2001 年，第第 129～130、140～141、158～159 頁。

表 3-16　私立沙灣中學校初中部課程表（1943 年度）

級別 時數 科目		初中一年級		初中二年級		初中三年級	
		上學期	下學期	上學期	下學期	上學期	下學期
公民		1	1	1	1	1	1
體育		2	2	2	2	2	2
童子軍		1	1	1	1	1	1
衛生		1	1				
國文		6	6	6	6	6	6
英語		3	3	4	4	4	4
日語		4	4	4	4	4	4
算學		5	5	6	6	6	6
自然	植物	2	2				
	動物	2	2				
	化學			3	3		
	物理					5	5
歷史		2	2	2	2	3	3
地理		2	2	2	2	2	2
農業		4	4	4	4	1	1
音樂		1	1	1	1	1	1
每周教學 總時數		36	36	36	36	36	36

資料來源：私立沙灣中學編印：《私立沙灣中學校概況》，1944 年。

　　至於職業學校，在汪精衛國民政府公佈的《職業學校法》中，規定「各級職業學校之教學科目設備標準課程標準及實習規程由教育部定之」。但其教育部似乎並未制定相應的課程標準。因此，廣東省淪陷區開辦的幾所職業中學基本上都是由各校自行安排課程。以私立國民高級助產職業學校爲例。該校的編制爲學科兩年，實習一年。學科編爲二個年級，其所習科目包括解剖學、生理學、藥物學、護病學、衛生學、內科學、外科學、皮科學、產科學、

婦科學、飲食學、臨症化驗學、救急學、調劑學、兒科學、細菌學、社會學、臨症講義學、國文、家政、公民、日語、拉丁文、音樂、眼科概要等等。實習科目則包括臨症實習、模型實習、接生實習、校外參觀其他醫療機關等。〔註69〕從上述開設的各種課程，也可以看出職業學校的課程偏重於實際應用方面，而對基礎學科的學習似乎並不重視，僅僅開列了國文、家政、公民、日語、音樂幾科。

二、教科書

汪精衛國民政府在學校教科書的編審制度方面依然延續原南京國民政府的做法，將審定制與國定制同時施行。〔註70〕原則上，是對高級中學及專科以上學校教科用書採用審定制度，而對小學及初級中學所用的各科教科用書則採用國定制度。汪精衛國民政府是希望通過這兩種方式的採用，將政府的意識形態及其認可的思想貫注於各種教科書之中。不過，從其編審教科書的實際過程來看，不論是審定制的實施還是國定教科書的編撰，都不算成功。

關於高級中學教科書的編審，汪精衛國民政府在剛剛成立的時候並沒有一個具體可行的計劃。對此，教育部僅作了一個原則性的規定，即「各高中暫時選用各大書局教本及自編講義補充」。其辦法，具體說來，包括：「（一）高中自然科學及國文等科教本在本部訂本未出版前得由各學校當局慎選各大書局及機關教本；（二）社會科學範圍內各種科目如公民、歷史、地理等科不得採用各書局成本，暫由任課教師妥擬講義。」〔註71〕隨後，便由教育部訓令各級教育主管機構，在國定課本出版之前，高中國文、社會等科由各校自編講義，教學，算術、理、化等科准予因地制宜選用與國策無牴觸的教材。類似這樣的訓令，一直到了1944年教育部還在向其轄下的高中下達。〔註72〕

正因為如此，所以廣東省淪陷區的各個高中使用教科書的情況差異很大。像省立第一中學，其數學、物理、化學、地理等科目使用的是戰前商務

〔註69〕私立國民高級助產職業學校編印：《私立國民高級助產職業學校概覽》，1942年。

〔註70〕關於原南京國民政府時期的教科書審查制度，可以參閱吳科達：《臣民還是公民——教科書審定制度和思想道德教科書1902～1949》，北京：中國社會科學出版社，2013年。

〔註71〕蘭麗紅：《汪偽政府中小學教科書編審制度研究》，碩士學位論文，重慶師範大學，2001年，第25頁。

〔註72〕《汕頭市市政公報》1944年第24期。

印書館出版的「復興教科書」。〔註 73〕而有些學校則幾乎全是自行編輯的講義，如汕頭的嶺梅補習學校就是如此。〔註 74〕儘管教材由各校自行決定，不過，汪精衛國民政府教育部還是在 1941 年初對於公民、地理、歷史這些按規定由各校自編講義的科目制定了一個「暫行修正」課程標準，作爲各教師編輯講義的準繩。〔註 75〕其目的主要是希望中學教師在講授這些課程的時候，將政府的國策貫徹進去。

對於國定本的小學及初中教科書的編審，則主要是由汪精衛國民政府教育部設立的編審委員會負責。同時，汪精衛國民政府還在 1940 年 4 月 23 日「恢復」設立了國立編譯館，由該館協助教育部編審各類教科書。兩機構甫經成立，便馬上開始了中小學教科書的編審工作。

不過，在國定教科書未編撰完成之前，編審會採取了一個權宜辦法。即以華北政務委員會教育總署以及維新政府所編輯的書目樣本作爲參考，對包括上海商務、中華、世界、正中、大東、開明、北新、三通等各大書局已經發行或新出版的教科書進行審查。將「其有不合時宜，或未臻完善之處，用最簡明之評定標明『適用』、『不適用』及『改正後適用』等字樣，以便於本部編纂各課本未出版前，作爲各級中小學採用課本取捨之標準。」〔註 76〕其審查標準包括：（一）關於教材的精神：適合國情，適合時代性，適合目前和平需要而沒有消極悲觀傾向的；（二）關於教材的實質：內容充實，事理正確，切合實用；（三）關於教材的組織：分量適合，深淺有度，條例分明，有相當的問題研究或舉例說明，有相當的注釋插圖索引。〔註 77〕經過審查之後，那些被認爲沒有問題的教科書則在其上標明「某年某月某日經國民政府教育部審定」的字樣。如此，方可被各中小學採用。編審會還製作了一份「各大書局教科用書採用標準表」由教育部下發其轄下各級政府以便學校參照。〔註 78〕

在實施上述辦法的同時，編審會還開始了對小學及初中教科書的編撰工作。編審會先是在 1940 年 7 月底之前編輯完成了初小及高小全部教科用書。

〔註73〕蘇信：《汪僞省一中情況回憶》，第 841 頁。
〔註74〕林宗棠：《嶺梅之憶》，第 103 頁。
〔註75〕《廣州市政公報》1941 年第 10 期。
〔註76〕《令發中小學課本暫行採用各大書局教科用書標準表》，《廣東省政府公報》1940 年第 4 期。
〔註77〕蘭麗紅：《汪僞政府中小學教科書編審制度研究》，第 19 頁。
〔註78〕《令發中小學課本暫行採用各大書局教科用書標準表》。

在中華印書局印刷完成之後由教育部發行，並分發其轄下各小學使用。初中教科書則因科目較多，到該年 11 月完成出版的僅有算術、幾何代數、生理、衛生、動物、植物、化學、物理、英文、國文等十種，公民、日語、歷史、地理四科則尚未完成。這些已經編撰完成的教科書由華中印書局印刷，並由上海三通書局總經售處及各省市縣三通書局負責發行及經售。〔註 79〕對於尚未編輯出版的日語及中外史地幾門科目，則由教育部規定暫用維新政府教育部編輯的課本作為臨時教材。其中，中外史地，包括本國史上前上後下前下後四冊、外國史上前上後中前三冊、本國地理上前上後下前三冊、外國地理上前上後下前下後四冊。〔註 80〕

不過，這些國定初中教科書的發行工作並不順利。據教育部所稱「該項教科用書總經售事宜，有交涉性之爭執，以致尚未裝訂」。因此，在 1941 年初開學的時候，上述十種教科書雖已編輯並印刷完成，但各中學並未使用，而是仍然沿用之前的辦法，從「各大書局教科用書採用標準表」中選擇教材。同時，教育部還規定由各科教師編輯臨時講義，但各校校長及教務主任對於教師編輯的講義須隨時進行督促審核。〔註 81〕據此，廣東省淪陷區各中學便繼續自行選擇教科書並且自編講義。但似乎各中學並未完全遵照教育部的上述規定。以廣州市兩所公立中學為例，下面列出了廣州市立第一中學與廣州市立第一女子中學所使用的教材及自編講義的情況：

表 3-17　廣州市市立第一中學校現用各科教科書及自編講義表

書名	冊數	出版書局	出版年月	著作人	備考
初中國文	第一冊	新民印書館	1939.8.10.	教育部編審會	
初中歷史	第一冊	同上	同上	同上	印講義
初中公民	第一冊	同上	同上	同上	印講義
初中算術	全一冊	同上	同上	同上	
初中地理	上冊	同上	同上	同上	
初中英語	第一冊	同上	同上	同上	
日語速成	全一冊	廣東迅報社	昭和十四年九月四日	廣東迅報社	

〔註 79〕《廣州市政公報》1941 年第 13 期。
〔註 80〕《汕頭市市政公報》1941 年第 3 期。
〔註 81〕《廣東省政府公報》1941 年第 11 期。

初中衛生	上冊	新民印書館	1949.8.10.	教部編審會	
初中動物	上冊	同上	同上	同上	
初中植物	上冊	同上	同上	同上	
勞作					由該科教員自編教材
圖畫					同上

資料來源：《廣州市政公報》1941 年第 10 期。

表 3-18　廣州市市立第一女子中學校現用各科教科書及自編講義表

公民科	自編講義取材於初中修身，教育部編審會著，新民印書館出版
體育科	現無教科書及講義
童軍科	現無教科書及講義
衛生科	自編講義取材於初中衛生，教育部編審會著，新民印書館出版
國民科	初中國文第一冊，教育部編審會著，新民印書館出版
日語科	小學國語讀本卷一　文部省著，日本書籍株式會社出版 日語速成，廣州日語學校校長澁田榮一著，廣東迅報社出版
英語科	初中英語第一冊，教育部編審會著，新民印書館出版
數學科	初中算術全一冊，教育部編審會著，新民印書館出版
植物科	初中植物學上冊，教育部編審會著，新民印書館出版
動物科	初中動物學上冊，教育部編審會著，新民印書館出版
歷史科	自編講義取材於初中本國史，姚紹華編，中華書局出版
地理科	初中地理上冊，教育部編審會著，新民印書館出版
勞作科	現無教科書及講義
圖畫科	現無教科書及講義
音樂科	現無教科書及講義

資料來源：《廣州市政公報》1941 年第 10 期。

從上面所列的兩個表格，可以看到，這兩所中學對於日語、歷史、地理幾門課程並未按照教育部的規定採用維新政府編輯的教科書，像日語就主要是使用廣東迅報社出版的《日語速成》，而其他課程則基本上都是採用偽華北臨時政府教育部編審委員會所編輯的教科書。但也有一些例外，比如市立女中對於歷史一科，則選用了由中華書局在 1933 年、1934 年所出版的《初中本國史》

（2 冊）作為編輯講義的參考書。

在十種國定初中教科書由三通書局發行之後，汪精衛國民政府教育部便通令各級政府，要求他們嚴飭其所屬的各公私立中小學採用國定教科書。並在 1942 年「委託」國立編譯館編輯其尚未完成的四種「國定」初中教科書。到 1943 年初，共編輯了 15 種 32 冊，即：國文（1～6 冊）、英語（1～3 冊）、本國地理（1～4 冊）、外國地理（上、下兩冊）、本國歷史（1～4 冊）、外國歷史（上、下兩冊）、公民（1～3 冊）、植物（上冊）、動物（上冊）、物理（上冊）、算術（上冊）、化學（上冊）、代數（上冊）、幾何（三）、生理衛生（全一冊）。〔註82〕

這些所謂的「國定教科書」，其實也並非都是由編審會及國立編譯館重新編輯。與其說是編輯，還不如說是「編刪」。其中，絕大部分教科書的編輯其實就是將原有的各種教科書根據汪精衛國民政府的建國國策進行增刪的工作。尤其是國文、歷史、地理這幾種課程，便做了大量的刪改。以歷史為例，據時為《大公報》主編的徐鑄成在香港淪陷後滯留廣州時所作的《廣州探險記》一文記載，在其所看到的一篇敘述中國近代歷史的課文中，是這樣敘述的：「中國素來是虛心接受外國文化的。歐風東漸，是接受歐美的文化；現在，日本的王道文化，是世界最進步的文化，我們應該全部採納。聖人說，殷因夏禮，百世可知也，就是這個意思。」最後的結論則為：「嗚呼，千網丕振，世運大昌，而王道大行，雖千百年無以易矣。」下面還有一個注解：「千網者，天皇之大權也。」〔註83〕這其實也就是極力貶低歐美文化而將日本的所謂「王道文化」作為治世真理。這在教科書的編輯工作中是最為普遍的一種做法。而這基本上就是對當時汪精衛國民政府所發行的國定教科書的真實寫照。

不過，這些教科書在各中學使用的實際情況，則可能頗為複雜。事實上，儘管汪精衛國民政府編撰了所謂的國定初中教科書，並嚴令各初中採用，同時還對高中所用教科書進行了一些規定，但在這些規定之外，依然為各個學校留下了較大的自主空間。特別是那些可以由教師自編講義的科目，就更是如此。因為這些科目是否有按照國定課本進行講授，或者編輯的講義是否有

〔註82〕《教育部編審委員會致國立編譯館函》，1943 年 2 月 9 日，汪僞國立編譯館檔案二〇九五／76，中國第二歷史檔案館藏。

〔註83〕徐鑄成：《徐鑄成回憶錄》，北京：生活・讀書・新知三聯書店，1998 年，第97 頁。

按照教育部制定的課程標準進行編撰，各個教師具體講授什麼樣的內容，採取什麼樣的講授方式，這些基本上都由教師自行決定。因此，這就給了高中教師比較大的發揮餘地。

這些教師，有些可能完全按照汪精衛國民政府制定的「和平反共建國」的教育方針政策去安排講授的內容，在課堂上向學生灌輸有關中日和諧、大亞洲主義、東亞聯盟等思想；有些則可能完全撇開這些既有的規定，而去講授以忠義、忠誠為主題的故事；還有些則可能依違於兩者之間，在日偽密織的羅網之下，一方面盡可能地向學生講述忠義的問題，在有些情況下則可能採取完全相反的應對。特別是對於國文、歷史、地理、公民這樣一些會涉及到民族、國家等主題的課程，就更能看出教師之間的差異來。像當時的省立第一中學，其開設的音樂課簡直就是一個大雜燴，既教唱北洋政府時期的歌曲如《卿雲歌》，也有李叔同的作品，甚至還有美國福斯特的《老黑奴》，更多的則是用日語教唱的日本歌曲。〔註84〕而當時在新會縣立第二中學就讀的梁輝描述其老師授課時的情況，就特別能夠反映出當時各個教師在教學時的心態：〔註85〕

> 音樂教師譚天，思想進步，平易近人，選用愛國、情緒激昂的歌曲教唱，如《黃花崗七十二烈士紀念歌》、《走馬川行送出師西征》、《杜鵑花》等；其中有些竟是抗戰的流行歌曲，不過稍加篡改而已；歷史教師趙文儀，知識淵博，講課形象詼諧，引人入勝；有幾位教師學問很好，他們經常在閒談中隱約地宣傳社會主義好。有位老師認為社會將來還是共產主義，一種新社會制度代替舊的社會制度，是必然的。這是我第一次聽到關於社會發展的道理。可惜當時我覺悟不高，領會不深。古文選講《正氣歌》、《鄭玄犒師》等篇，有一學期的地理課本，竟選用原中華書局印刷的課本，其中還有日寇出兵侵佔熱河一節，老師吳君冕未敢講下去。這些無非都是提高學生的愛國精神和民族意識，老師教導使我終生難忘。在學校中，對抗日救國，老師在公開的場合不敢提，但對所謂「中日親善」「大東亞共榮」等也沒人去講。只校長趙國基來校在一次周會講話中提過，……。

〔註84〕蘇信：《汪偽省一中情況回憶》，第842頁。
〔註85〕梁輝：《回憶我在淪陷區新會二中就讀的片斷情況》，第48頁。

三、教學

根據上文的論述，可以看到，發生在各個中學課堂上的教學過程，其實是極不一致的。這固然是由於汪精衛國民政府對於教科書編審制度的執行不夠徹底，因此就給各個學校及各科教師留下了較大的發揮空間。但學校及教師的個體選擇也是不可忽視的因素。正因爲如此，所以學校之間以及教師之間對於各門課程的教學才會表現出如此大的差異，特別是像語言課程以及公民歷史地理等社會科學課程，其差異就更大。不過，軍事訓練在大部分學校的開設倒是比較一致，特別是在省會中學。這主要是由於中學階段的軍訓課基本上都是由各級政府集中進行的，因此，也就可以統一安排課程內容。接下來，就以日語課、公民課及軍訓課爲例，對廣東省淪陷區的教學情況進行討論。

（一）日語課

日語課在淪陷區各級學校的開設，基本上是受到一致非議的。對於日本方面要求在各淪陷區開設這門語言課程的動機及原因，在前文已經作過討論（見第二章第四節）。但是，汪精衛國民政府及各級地方政府對於日本的這一要求也並非全都遵照執行。

首先，在課程設置上，日語課作爲一門外國語言課程，並沒有被列爲所有中學的必修課。對於日語一科，僅規定爲高初級中學的必修科目。在授課時間上，較之前的南京維新政府大爲縮減。在高中階段，日語課的課時還要少於英語課，日語課每周 2 課時，英語課則是 4 課時。在初中階段，兩種外國語課程的授課時間則是一樣的，在第一學年都爲 3 課時，第二、第三學年則爲 4 課時。在師範學校，日語課則與英語課同被列爲了選修科目。而各種專科師範，甚至都沒有開設外國語課程的要求。顯然，日語課程在中學語言課程中的地位在汪精衛國民政府成立之後不但沒有升高反而較之前降低了。

上面說的這些只是僞廣東省政府對於中學開設外國語課程的統一規定，但具體到廣東省淪陷區各個中學在在日語課及英語課方面的實際開設情況，則可能有比較大的差異。由於資料有限，沒有辦法對廣東省淪陷區中學日語課的開設及教學進行全面討論，不過還是可以從現有的資料中瞭解到一些情況。像有些學校，尤其是私立學校，從來沒有眞正地向學生教授過日語，而是以英語作爲外國語進行講授，日語課僅僅只是列在課表上的一個名稱，其作用只是爲了應付官方檢查而已。在另外一些學校，甚至完全取消了英語課，

而對於日語課的開設則特別認眞，而且日語課的考試也特別多特別嚴格，如果考試不及格可能還得留級。

　　而且，要聘請合格的日語教師對當時的各個中學來說也是一件不太容易的事。事實上，當時直接從日語學校的畢業生中聘請日語教師的情況頗爲多見。這些教員大多只接受過半年到一年的日語訓練，有些甚至只上過三個月的短期班，其日語水平如何就可想而知了。而且，這裡面還存在著教授法的問題。很多教師連基本的發音、語法、閱讀都很難向學生進行講授，那麼像日本所要求的在日語教學的過程中讓學生去領會日本的文化又談何容易。正因爲如此，日本方面才會對汪精衛國民政府所開展的日語教育如此不滿。爲此，曾屢次強烈要求汪精衛國民政府加強對各級學校學生的日語教育，並將其列爲中小學校的必修課。〔註86〕

　　總的來看，日語課程在中學各種課程中的地位較維持會時期肯定是有所下降的。對於這種狀況產生的原因，據當時在南京模範中學擔任日語教師的菊沖德平所說：「第一、除了中心都市以外，地方上日本人人口頗爲稀少，日常生活不太感覺到日文的必要性。第二、除了中心都市以外，日本人發展的將來性被認爲不確實。第三、由於華中地區集中了外國的權益，以都市爲中心的文化水準較高。」〔註87〕菊沖另外還從日語教育與英語教育比較的角度分析了日語衰落的原因：「從大學至小學並未樹立一貫的日本語課程標準，而且作爲文化教育的日本語狀況又落後，這一點與中支的英語教育比較之後就是頗爲明顯的事實。首先英語教育的文化材料相當豐富，使得中國人的英語教員在教授指導時得以適當地準備材料，而且更可以列舉歐美文化措施的優秀性。因此，日本語要打破常年以來的不利條件，而能在中支佔據第一外國語的地位，有必要更加一層的努力。」〔註88〕菊沖說的雖然是華中淪陷區日語教學的狀況，但其指出的幾個原因也同樣可以適用於廣東淪陷區的情況。

（二）公民課

　　關於公民一科，在汪精衛國民政府教育部制定的《暫行修正高級中學公

〔註86〕毛禮銳、沈灌群主編：《中國教育通史》第五卷，濟南：山東教育出版社，1989年，第429頁。
〔註87〕菊沖德平：《最近中支的日本語教育》，《日本語》第1卷第5期，1941年8月，第50頁。
〔註88〕菊沖德平：《最近中支的日本語教育》，第48頁。

民課程標準》中，對該課程的目標規定爲如下四點：〔註89〕

　　　　1.使學生習得社會生活必需之知識，以及組織能力治事方法，爲服務社會之標準。

　　　　2.使學生認識中國國民黨之主義政綱政策，爲建國及解決社會問題唯一之途徑。

　　　　3.使學生明瞭人生之意義，啓發其自覺心，以確定其人生觀，並養成其對於復興民族之責任心。

　　　　4.使學生瞭解和平反共建國爲善鄰友好，樹立東亞永久和平及新秩序建設之基礎。

根據上述目標，課程標準中對於教材大綱的規定就涵蓋了六個方面的內容，包括「社會問題」、「政治概要」、「和平反共」、「經濟概要」、「法律大意」與「倫理大意」等。可見，公民課並非全是有關和平反共的內容。而在中學公民課的課堂上，教師會講授哪些方面的內容，學生的聽課情況如何，這些可能與教師的個人選擇及其授課能力也有一定的關係。

　　關於公民教師的任職資格問題，前後也經歷了一些變化。最初是規定按照原南京國民政府在 1936 年 2 月 20 日公佈的《中等學校訓育主任公民教育資格審查條例》及 3 月 1 日修正公佈的《中等學校訓育主任公民教員登記規則》辦理。根據該《審查條例》的規定，公民教員以任用國民黨黨員爲原則，但如果因人選缺乏，則「非黨員經審查合格之訓育主任公民教員及代用人員，得由審查會代請省或特別黨部委員二人介紹爲本黨預備黨員」。〔註90〕

　　在 1942 年 11 月，汪精衛國民政府行政院連續公佈了《修正中等學校訓育主任公民教員資格審查條例》、《修正訓育主任公民教員資格審查委員會組織條例》及《修正中等學校訓育主任公民教員登記規則》等一系列文件。修正後的《審查條例》第五條對公民教員資格作了如下規定：「凡中國國民黨員或非黨員而對於三民主義曾有研究之人員而符合下列資格之規定者得請求受中等學校訓育主任公民教員資格之審查。」可申請審查的人員包括：「一、在專門以上學校研究社會科學畢業而有教學經驗或經試驗檢定合格者；二、具有教育行政機關所規定之中等學校教員資格曾教授社會科學者；三、具有教

〔註89〕《廣州市政公報》1941 年第 10 期。
〔註90〕《轉知非黨員不得擔任學校訓育及軍隊政訓工作》，《廣東省政府公報》1942
　　　　年第 22 期。

育行政機關所規定之中等學校教員資格對於社會科學確有研究而有著作者。」〔註91〕

凡經審查委員會審查合格的中等學校公民教員還須向教育部履行登記手續，之後即可以得到一張由教育部發的登記證。凡領有該登記證的公民教員，其資格不受區域的限制，可以適用於汪精衛國民政府統治所在的各個地區。

此外，對於公民教員的工作職責，汪精衛國民政府也作了具體規定。在公佈上述一系列修正規則條例的同時，還頒佈了《修正中等學校訓育主任公民教員工作成績考核辦法》及《修正中等學校訓育主任公民教員工作大綱》。根據大綱的規定，其中屬於公民教員的工作包括如下各項：〔註92〕

壹、訓育主任公民教員共同之工作：

甲、關於輔助學校行政者

一、襄助校長實施有關黨義教育之法令與計劃。

二、協助校長充實有關新國民運動之設施。

三、商承校長制訂訓育方案。

四、商承校長於每學期開始時擬具工作實施計劃書一份，呈送直轄教育行政機關，轉送訓育主任公民教員資格審查委員會備核。

乙、關於指導學生生活者

一、周會各種紀念日及各種集會，應因時制宜，講演　國父遺教，主席言論，革命史實，國際現勢，並依照中央施政方針，作時事報告。

二、指導並鼓勵學生參加課外活動，使黨義教育及新運精神能滲透於學生全部生活之中。

三、審查學生所閱刊物及交友種類與平時之言論行動，以便明瞭其思想及生活，隨時設法糾正。

四、用各種暗示方法，警覺學生，以養成其民族意識，及愛中國愛東亞之觀念。

五、實際參加學生團體之集會活動，以收指導實踐之效。

丙、關於自身修養者

〔註91〕《廣東省政府公報》1943年第33期。
〔註92〕《廣州市政公報》1943年第34期。

一、研究　國父遺教，主席言論，並多閱革命先進之言論
　　著述。

二、敦品屬行，努力進修，實行新國民運動，以爲學生表
　　率。

三、注意研究下列各項：

（1）我國現行教育政策

（2）青年心理衛生與群眾心理

（3）國際及國內時事

參、公民教員之工作：

甲、規劃事項

一、制訂公民教學方法案

二、依據訓育方案制訂公民訓練實施辦法

三、計劃學生思想誘導方法

四、制訂其他關於教學上必需之計劃及表格

乙、指導事項

一、領導學生出外參觀

二、查核學生對於公民訓育之反應

丙、進修事項

一、公民課程及教法之研究

二、有關公民訓練問題之研究

肆、應注意事項

三、公民國文史地等科教材應力謀連貫。

　　上述對公民科課程標準及公民教員資格與工作職責所作的各種規定，各
個學校實際上遵照辦理的並不多。像鳴崧紀念學校就以「黨義」課完全取代
了公民課。該校公民課使用的教科書都是將汪精衛在各種場合所作的演說、
訓話、談話以及文告、批示等等進行彙編即作爲學生學習的內容。在升級考
試中，甚至規定黨義科如不及格則不予升級。〔註93〕而華南計政職業學校則
更是撇開課程標準，其編輯的公民講義全是講中西哲學以及倫理學的知識。
從第三章開始到第十章，其開列的課程內容包括：西洋倫理思想、中國倫理
思想、道德的特質、道德的認識、道德的判斷、動機與意志、道德的標準、

〔註93〕朱哲夫：《淪陷時期廣州的「鳴崧紀念學校」》，第160頁。

知行之關係等。所講述的西方倫理思想涵蓋了從蘇格拉底、柏拉圖、亞里士多德、伊壁鳩魯到休謨、盧梭、康德、孔德、叔本華、約翰密爾、斯賓塞等哲學家的學說，中國倫理思想則以孔子、墨子、荀子、孟子、莊子、佛教、朱熹、王陽明、顏元爲主。〔註94〕

事實上，汪精衛國民政府所制定的公民課程標準在實際操作上也存在著困難。因爲按照課程標準的規定，教授公民課的教師需要在知識儲備上足以教授包括上述六個方面的內容，但是能夠符合這個條件的教師顯然不是太多。而且汪精衛國民政府雖然規定非黨員也可以申請擔任公民教員，但在實際執行上卻是偏重於黨員。因此，學生對這些由國民黨員講授的公民課程大都缺乏興趣，而公民教師也多是敷衍應對。

（三）軍訓和童子軍

關於軍訓及童子軍兩種課程，在前面的章節已經作過相關論述。這裡再對涉及中學階段的內容稍加闡述。

廣東省淪陷區各級學校學生的軍事訓練，以1943年2月《中國青少年團總章》的頒佈爲界，大致可分爲兩期。在前期，高中及以上學生爲軍事訓練，高小及初中學生爲童軍訓練；後期則兩者統編爲青少年團，並將各級學生分別編爲「青年隊」與「少年隊」組織軍事訓練。雖然在後期作了這樣的統一編隊，不過，各校學生的軍訓及童軍課程並沒有多大改變，均分爲學科與術科兩種，只是在具體內容上有所調整。

高中學生的軍事訓練是從1941年11月1日開始的。此次參加受訓的學校除了廣東大學外，還有十所省會中學，即省一中、市一中、省二中、廣大附中、省一職、市立師範、八桂中學、執信中學、中華中學、省女師等。受訓學生全部編爲一個總隊，然後依次編爲大隊、中隊、區隊，每一種編隊又分三隊，各設大隊長、中隊長、區隊長。軍訓課程則由教育廳聘請廣州綏靖主任公署及暫編陸軍第三十師的軍官擔任各項學科與術科的訓練。其中，學科課程，男生有陸軍禮節、步兵操典、軍事講話三種，女生則增加了一項看護學。術科統一在操場訓練，前五周男女相同，後四周男女則略有不同。〔註95〕關於此次軍訓術科課程的具體內容，請參看附錄三。

〔註94〕華南計政職業學校編：《華南計政職業學校講義彙編》，1943年。
〔註95〕廣東省政府秘書處編：《廣東省政概況》，1942年。

在 1942 年上半年舉行了第二次省會中上學校的軍事訓練。其訓練課程與第一次基本相同。不過，受訓學生人數大爲增加，共有 1667 人參加。編爲十六個大隊，其中男生十六隊，共 1074 人，女生六大隊，共 593 人，分六區進行訓練。

到了 1943 年上半年，根據新頒佈的《中國青少年團總章》，參加軍事訓練的中上學校學生被統一編爲「青年隊」。雖然在稱呼上進行了統一，但是訓練時的編隊基本上還是依照以前的編隊方式。軍訓課程，依然分學科與術科兩種。不過，女生不需要參加學科訓練，而以救護課程代替軍事學科課程，並與術科訓練輪周進行，每周訓練均爲三個小時。男生則術科與學科同時進行，其中學科由教育廳編輯講義，由學生自修。男生術科以持槍操練爲主，女生術科訓練則以徒手操練爲主。〔註 96〕

關於童子軍，一般來說應該包括行政、組織與訓練三個層面。不過，不管是汪精衛國民政府還是僞廣東省政府，大都著眼於其行政與組織上的規定，特別是在組織名稱上前後進行過幾次更動。先是將「童子軍」改爲「中國童子軍」，不久又改爲「中國青少年團」中的「少年隊」。

而僞廣東省政府，則先在 1940 年 11 月 1 日成立廣東省童軍事業協進會，作爲「恢復及革新童軍事業之監導機構」。並訂定《廣東省童軍事業協進會縣市分會組織章程》，要求各縣市政府組織分會。〔註 97〕到 1943 年又根據新通過的《中國青少年團總章》，首先成立了僞廣東省青年團團務委員會及少年隊隊務委員會，均以林汝珩爲書記長。並要求各縣市相應成立團務委員會及隊務委員會，各級學校則要成立青少年校團部。到 1943 年底，各縣能夠遵照辦理的僅有中山、南海、番禺、東莞四縣。〔註 98〕而各個中學內的童軍組織也由過去的童軍團改成了青少年團，並設立校團部。在青少年校團部成立之後，原來的童子軍訓練便相應地改成了「少年隊訓練」。該課程的課時還是每周 3 小時，課內 1 小時，課外 2 小時。〔註 99〕

對於童軍訓練，則並未像高中學生一樣舉行集體訓練，而是由各校自行舉行，以致於各個中學負責實施童軍訓練的行政機構多不一致。既有在訓育

〔註 96〕廣東省政府政務廳編：《廣東省政概況》（第二輯），1943 年
〔註 97〕廣東省政府秘書處編：《廣東省政概況》，1942 年
〔註 98〕廣東省政府政務廳編：《廣東省政概況》（第二輯），1943 年。
〔註 99〕《廣大附屬第一中學概況》，廣東省立大學編：《廣東省立大學概覽》，1945年。

處下設教練一職，如廣大附中、省立一中；〔註100〕也有設童軍辦事處的，並設一名童軍主任專責童軍事務，如省立五中；〔註101〕私立沙灣中學則是設童軍股，同樣設童軍主任一名，並聘請教練實施童軍訓練；〔註102〕省立女師則在校內設立了一個與訓育部並列的群育部，由群育部下設的童軍股來實施。〔註103〕

偽廣東省政府教育廳雖然沒有舉行過童子軍的集中訓練，但是童軍檢閱倒是在中山紀念堂舉行了幾次。第一次是在 1941 年元旦，舉行了廣東省童軍慶祝元旦檢閱典禮，參加受檢閱的童軍共有四千餘人。總檢閱官為省政府主席陳耀祖，並由陳向童軍領隊授旗。1942 年 12 月 25 日，又舉行了一次青年團童子軍總檢閱及表演，陳依然為檢閱官。此次參加受檢閱的童軍，被分成十二區隊，共達三千餘人。〔註104〕每次童軍檢閱，必定會邀請中日各機關官員到場觀禮。偽廣東省各種宣傳機構在檢閱前後還會做大量的宣傳工作，將其渲染成一件特別盛大的節日。

對於各校童軍訓練的具體內容，汪精衛國民政府對此只作了一些原則性的規定：「關於此項訓練課程標準，本部正在修訂中，在未經公佈之前，仍照舊標準實施，惟初級訓練項目內之『黨旗』，中級訓練項目內之『三民主義』，高級訓練項目內之『中國革命史略及童子軍組織法』等項，有待修正，應暫緩教授，並應將『和平反共建國之意義』，剴切講述，以端趨向，至於服裝之穿著與否，本學期內得視所在地之環境如何，暫由各校自行酌辦，即使學生財力可另製制服，亦應從極廉之土布作材料，不必徒務外表而忽略精神訓練，是為至要。」〔註105〕

這裡所說的課程標準，此後似乎並未見其頒佈過。而廣東省童軍協進會也只是在 1942 年，聘請各校童軍主任及教練組織了一個課程編纂委員會，編訂了一些訓練課程及操法。在編纂完成後，便印發各校作為參考。〔註106〕正

〔註100〕《廣大附屬第一中學概況》，廣東省立大學編：《廣東省立大學概覽》，1945年。

〔註101〕廣東省立第五中學編：《廣東省立第五中學一週年紀念冊》，佛山，1942 年。

〔註102〕私立沙灣中學編印：《私立沙灣中學校概況》，1944 年

〔註103〕廣東省立女師編印：《廣東省立第一女子師範學校概覽》。

〔註104〕廣東省政府秘書處編：《廣東省政概況》，1942 年；廣東省政府政務廳編：《廣東省政概況》（第二輯），1943 年。

〔註105〕《廣東省政府公報》1940 年第 5 期。

〔註106〕廣東省政府秘書處編：《廣東省政概況》，1942 年。

因爲如此，所以各個學校在童軍訓練方面也有不少差異。像省立第五中學，就是按照三級課程實施訓練。按照學生程度，編爲高中初三級，初三學生訓練高級課程，初二學生訓練中級課程，初一學生則訓練初級課程，此外還開設了一些專科訓練，如號角、救傷、傳訊、農事、工程等。〔註107〕而省立第一女子師範學校則沒有進行分級，而是實施的統一訓練。該校1941年度第二學期童軍訓練課程表如下所示：

表 3-19　省立第一女子師範學校 1941 年度第二學期童軍訓練課程進度
　　　　 預定表

周次	初級訓練		中級訓練	
	學科	術科	學科	術科
一	本學期辦理計劃	編隊	本學期辦理計劃	編隊
二	童軍歷史	操法	童子軍教育之意義	操法
三	禮節	操法	服務	操法
四	誓規	誓規比賽禮節練習	禮儀	禮儀練習
五	訊號	訊號比賽操法	方位	方位練習
六	記號	記號比賽操法	方位	方位比賽
七	衛生	衛生檢查操法	軍步	軍步練習
八	第一段考試			
九	歡唱	歡呼比賽操法	生火	生火比賽
十	徽章	操法	炊事	炊事比賽
十一	黨國旗	操法	歡唱	歡唱比賽
十二	國父事略	操法	偵察	偵察實習
十三	結繩	結繩練習	旗語	旗語練習
十四	第二段考試			
十五	軍歌	唱遊	旗語	旗語練習
十六	結繩	結繩練習	救護	救護練習
十七	結繩	結繩比賽	救護	救護練習
十八	結繩	結繩比賽	救護	救護練習
十九	結繩製法	結繩板	救護	救護實習比賽
二十	學期考試			

資料來源：廣東省立女師編印：《廣東省立第一女子師範學校概覽》，1942年。

〔註107〕廣東省立第五中學編：《廣東省立第五中學一周內紀念冊》。

　　從上表，似乎看不出有按照汪精衛國民政府的規定實施和平反共建國教育的痕跡，反倒是與原國民政府實施的童軍課程極為相似。而且，省立女師負責童軍訓練的童軍股還經常與群育部中包括體育、醫務、課外運動、團體活動四股一起共同聯絡活動，這樣實際上就使得童軍訓練偏離了偽廣東省政府最初恢復童軍教育的初衷，即「為求青年意志統一，力量集中，使成為和平反共建國工作中心之一員」。〔註108〕這也反映出當時各個學校在實際教學活動中確實享有一定程度的自主性。

第四節　中學訓育

　　對於中學階段的訓育教育，不論是原南京國民政府還是汪精衛國民政府都極為重視，將其作為對中學生思想與行為施以道德訓練與管教的最佳方式。特別是對汪精衛國民政府來說，為了將其制定的「和平反共建國」國策滲入學生的頭腦及行為上，那麼訓育教育就顯得尤為重要。正因為如此，所以汪精衛國民政府及其統治下的各級政府乃至各個學校的行政部門都對在中學裏面推行訓育工作特別重視。從中央教育部到省市縣各級教育主管機構，紛紛制定了各自的訓育方針及實施辦法，各個中學的訓育行政部門則又制定了各個學校的各種訓育實施規章和條例，以讓學生按照規章條例去糾正自己的思想並規範自己的行為方式。

　　那麼，上述所有的方針、實施辦法以及規章條例，在各個學校的具體實施情況如何呢？教師特別是具體負責實施訓育的教師，其表現如何？尤其是學生，在這層層規定之下，他們的表現又如何？訓育教育的實施真的在他們身上發生作用了嗎？接下來，就對上述這些問題進行詳細探討。

一、訓育方針

　　關於汪精衛國民政府在訓育方針問題上所頒布施行的文件在前面的章節中已經做過一些介紹。其中比較重要的是汪精衛國民政府在成立之後於 1940 年 10 月制定的《中學訓育方針及實施辦法大綱草案》。該草案在試行一年以後，即正式公布施行。偽廣東省政府則在 1942 年 5 月制定了一個《廣東省中等學校學生訓練方針及實施辦法》。所謂的「訓練方針及實施辦法」，完全是

〔註108〕廣東省政府秘書處編：《廣東省政概況》，1942 年。

對汪精衛國民政府修正公佈的訓育方針第一條「訓練學生反共睦鄰思想，並深切瞭解國父遺教及和平建國國策」所作的具體規定，使這一方針更加具體化，而易於實施。該訓練方針及實施辦法如下所示：〔註109〕

廣東省中等學校學生訓練方針及實施辦法

甲、訓練方針

（一）思想——以　國父遺教爲思想訓練之中心

（子）闡明以三民主義爲建國之最高原則

1、認識民族主義與大亞洲主義有不可分之理論與事實

2、認識民權主義之精神在於實行民主集權之制度下行動要紀律化團體要組織化

3、認識實行民生主義須消滅共產主義與英美經濟侵略主義

（丑）闡明和平反共建國爲復興中國唯一之途徑

（寅）闡明渝方抗戰之政策爲亡國賣國之舉及英美對中國及東亞侵略之陰謀

（卯）肅清英美侵略東亞之殘餘勢力並根絕英美之謬誤思想如功利主義個人主義唯物主義及其他與東方精神相反之思想

乙、實施辦法

1、在每周周會時作有系統的和平理論演講並搜集事實揭發抗戰區內教育之破產經濟之崩潰獨裁之橫暴種種事實藉以啓發青年思想確立信仰。

2、每周在課外活動時間舉行時事座談會使學生對時局有正確認識確立信念。

3、指定和運理論宣傳讀物使學生閱讀並於每周周記內報告閱讀心得。

4、國文、公民、歷史、地理等科補充教材須多選　汪主席文集及和運理論讀物

5、屬行導師制各班班主任及專任教員均爲導師分別領導各該班學生分組訓練

6、各導師對改組學生每月須舉行個別談話一次並須記入個別談話表內藉以考核學生個性行爲

〔註109〕《廣東省政府公報》1942年第25期。

7、各導師每兩個月須舉行學生家庭訪問一次，藉以考核學生家庭環境俾得聯絡並將訪問記錄存校備查

8、根據新國民運動綱要須身體力行隨時隨地振發學生新精神完成新使命

9、各導師每月須將和運工作報告校長會呈教廳以備考核

10、利用電影宣傳每月舉行時事影片一次使各該校學生輪流參觀（由各該省市縣立民眾教育館分別辦理）

　　以上是汪精衛國民政府及偽廣東省政府在中學訓育方面所作的規定。除此之外，各個中學也制定了各自的訓育實施原則以及目標。關於訓育原則基本上都是按照汪精衛國民政府及偽廣東省政府頒佈的上述方針及辦法制定的，如省立女師就將其定為如下五條：1、本「忠孝仁愛信義和平」之校訓，及新國民運動之要義，養成學生自治、自律、刻苦、耐勞、整潔、勤樸之精神；2、使學生認識三民主義為救中國之唯一主義；3、使學生認識「和平反共建國」主張，為當前救國救民之國策；4、使學生明瞭大亞洲主義為求中國獨立自由、東亞永久和平之根本原理；5、注意德智體群美五育之並施，以養成學生健全之人格，及習得生活必需之技能。這五項其實是對孫中山與汪精衛曾經提倡過的思想與「主義」的一個大融匯，在最後還添上了一個蔡元培提出的「五育」並舉的內容。但是，即使在尾巴上添上了一點現代氣息，但其真實內涵還是要貫徹實施汪精衛國民政府提出的「和平反共建國」國策。

　　不過，類似這樣的訓育原則，並非所有的中學都是像這樣規定的。比如廣州市立第一中學，就將其規定為「一方面固保全吾國『忠孝』『仁愛』『信義』『和平』之美德，一方面發展『自由』『平等』『博愛』『獨立』之精神，對於學生身心之訓練，力求完善。這裡就看不出要實施和平反共建國的意思，反倒更像是淪陷前各中學所制定的訓育原則。其制定的訓育目標也是要以「依照中華民國教育宗旨，適合教育原理，以培養健全人格高尚行為，使在校時成為優秀之學生，離校時成為良好之國民」為宗旨。所以根據上述原則、目標，其實施的訓育活動也都是圍繞著所謂「健康」、「公民」、「知能」、「休閒」這樣四個方面展開的。〔註110〕似乎也看不出要對學生實施親日政策的意味。

　　而且，即使對訓育原則作了那樣的規定，但是在訓育目標方面，大多數的中學還是希望可以在訓育實施中盡可能地涵蓋多樣化的目標。比如，省立

〔註110〕《廣州市市立第一中學校高初中學訓育概況》，《廣州市政公報》1941年第12期。

第五中學就制定了如下的訓育目標：〔註111〕

　　　　關於公民訓練——明瞭三民主義之要旨，養成革命精神，訓練其高尚志趣，勇敢行為，和平態度，忠恕道德。

　　　　關於求知訓練——根據科學原則，發展求知興趣，訓練其勤懇習作，精密探討，敏捷思想，明辨才能。

　　　　關於健身訓練——瞭解衛生原理，實施平均發展，訓練其整潔習慣，健全體魄，刻苦決心，耐勞能力。

　　　　關於職業訓練——認識民生需要，培植實用技能，訓練其創作才能，進取精神，藝術情趣，信實操守。

這樣的訓育目標，顯然就不是按照偽廣東省政府所制定的訓練方針而制定的，那種赤裸裸的親日痕跡在這裡幾乎已經沒有了。所以，如果要把中學裏面實施的訓育教育當作日偽實施奴化教育的一種罪惡制度，顯然有些不公平。訓育教育能否成為日偽推行奴化教育的一種方式，還得取決於各個學校如何去實施。如果學校沒有去嚴格執行政府的規定，那麼所謂的訓育也就只是一種管理方式而已，與原南京國民政府所實施的訓育並沒有實質上的差別。

二、訓育實施

（一）訓育組織

　　廣東省淪陷區的中等學校，其行政機構的基本設置都是在校長之下分設教務、訓育、事務三部或處，並各設主任一人。此外，各校根據各自的情況又分別設置其他一些機構。在三部之中，由訓育部（處）負責全校學生的訓育工作。訓育部（處）的基本職責主要就是對全校訓育實施進行管理。具體說來包括如下一些事項：釐訂各項章則，審定學生操行及評語，查核各班管理訓練事項及操行考查，聯絡家長及舉行個別學生談話，辦理學生告假、缺席、遲到、早退等各項登記，對學生實施獎懲，施行體格檢查，指導班會、班代表會及學生自治會之組織及進行，等等。

　　對於訓育部的設置，各個學校則有繁有簡。簡單的大都是在訓育部主任之下設事務員、訓育員若干人，如私立沙灣中學即是如此。比較複雜的則在主任、訓育員、事務員之外，再分設若干股，如廣大附中就是分設指導、訓

―――――――――――――――――――

〔註111〕廣東省立第五中學編：《廣東省立第五中學一周內紀念冊》。

練、宣傳三股。〔註112〕廣州市立第一女子中學也是在主任之下設股，包括監護、班務、自治指導股、訓導、衛生、體育六股。〔註113〕省立第一女子師範學校，按照其制定的《訓育部規程》規定，則在主任之下分設五股，分別是指導股、考勤股、風紀股、宣傳股、舍務股，並設訓導會議。其中，指導股的職責包括：1、政治訓練之實施事項，2、校內東亞聯盟分部之指導活動事項，3、指導及監督學生團體組織與其活動事項，4、指導學生行為及社會服務事項。宣傳股的職責則包括：1、和平反共建國國策之宣傳事項，2、新國民運動之宣傳事項，3、出版物之審查事項，4、民族運動之參與事項。〔註114〕而省立第一中學在訓育機構的設置方面則特別複雜。由於該校將訓育、童軍訓練、體育以及醫務等事務都由訓育部負責，所以訓育部的職責就涵蓋了上述所有方面，甚至對本來應該屬於教務處管理的一些事務也有所涉及。下圖所示是該校訓育部的組織系統圖：〔註115〕

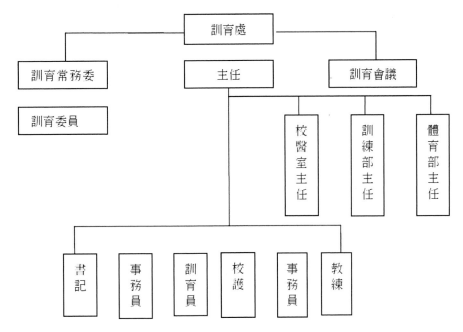

〔註112〕《廣大附屬第一中學概況》，廣東省立大學編「《廣東省立大學概覽》，1945年。

〔註113〕《廣州市市立第一女子中學校民二十九年度上學期訓育概況》，《廣州市政公報》1941年第12期。

〔註114〕廣東省立女師編印：《廣東省立第一女子師範學校概覽》。

〔註115〕廣東省立第一中學編：《廣東省立第一中學概覽》，廣州，1943年，第4頁。

　　從上面對訓育行政機構的簡要介紹，可以看到，各個中學在該機構的設置上其實存在著比較大的差異。從其設置上的繁簡不同，也可以反映出各個學校對訓育教育的重視程度也有輕重之別。顯然，私立中學沒有公立中學特別是省立中學重視對學生的訓育教育，少數私立中學甚至都沒有作這樣的一個設置。

　　在訓育部（處）中設置的訓育主任一職，顯然汪精衛國民政府是對其寄予「厚望」的。在1942年底，汪精衛國民政府連續頒發了一系列有關訓育主任任職資格及工作職責的文件。這些文件在前面討論公民課程的時候已經做過一些說明。按照上述這些文件的規定，訓育主任應該由「具有教育行政機關所規定中等學校教員資格並曾任中等學校訓育職務者」擔任。凡是「現任」或「志願擔任」中學訓育主任的教員「須向審查委員會請求審查或由各中等學校、各級教育行政機關、各級黨部提請審查」。經審查合格之後還須像公民教員一樣向教育部登記並領取登記證。經過這些步驟之後，便具有了擔任訓育主任的合法資格。〔註116〕

　　對其工作職責，《修正中等學校訓育主任公民教員工作大綱》對此作了具體規定。其中，最為重要的規定是，訓育主任應該與公民教員「互相聯絡相輔而行」，並且還要「設法聯絡全校職教員」，尤其是軍事童子軍團長及體育教員，「藉收統一訓育方針之效」。可見，訓育主任在中學訓育教育中具有十分重要的作用。訓育部（處）中其他各種部門、各種職位的設置，也都是為了執行訓育主任所作的各種決策及下達的各種命令。

（二）訓練

　　在訓育教育中，最為重要的部分實際上是對學生實施的各種訓練。正是通過這種訓練，上述的方針、原則及目標才能滲透在學生的思想及行為上。為了實施這些訓練，使學生能夠有所依循，各個中學的訓育部（處）都會制定一些章則，從實施項目、實施步驟等各個方面對訓練活動進行比較細緻的規定。有些學校還為各種實施項目制定了若干細則，如學生守則、學生禮節須知、周會、學生操行成績考查方法、學生獎懲辦法、家庭聯絡辦法以及禮堂、教室、考試、學生請假及缺課、學生補假、參加民眾運動、審查出版物等各項規則。並對有關學生自治生活也制定了相應的細則，如學生班社組織

〔註116〕《廣州市政公報》1943第34期。

大綱、學生自治會章程、班長辦事細則、值日生細則、學生集會結社等等。
有的學校甚至還製作了每個學期的訓育行事曆。〔註 117〕關於此種行事曆，下
面以省立第一女師在 1941 年度第二學期制定的行事曆為例：

表 3-20　廣東省立第一女子師範學校 1941 年度第二學期訓育行事曆

周次	月份	日期	預定事項	準備事項
1	2 月	2 日至 8 日	準備開學	草擬各種規程
2		9 日	舉行開學禮	1、開學禮開會秩序；2、編禮堂學生座位 3、公佈本學期操行成績考查辦法
3		16 日 20 日	周會：報告本學期訓育計劃 舉行第一次訓導會議	召開第一次訓導會議
4		23 日 27 日	周會：演講 指導各班班社改選	編各班舉行改選時間
5	3 月	2 日、3 日 3 日	參加新國民運動演講會 參加婦女節開會	1、指導班各班社改選 2、學生自治會代表大會 3、領導學生參加婦女節
6		9 日 12 日	周會：報告演講比賽辦法 國父逝世紀念集會	1、公佈班際演講辦法 2、敦請演講比賽評判員
7		16、18 22 日	周會：高中部演講比賽舉行第二次訓導會議。初中部演講比賽	1、編定演講比賽秩序 2、召開第一次訓導會議 第一次段考
8		29 日	參加革命先烈紀念會	領導學生參加革命先烈紀念大會
9		30 日	國府還都紀念日	領導學生集會紀念
10	4 月	6 日 8 日	周會：報告過去九周間訓育工作概況 舉行員生聯歡會	籌備員生聯歡會事宜
11		13 日	周會：敦請名人演講	敦請演講者
12		20 日 22 日	周會：宣佈論文比賽辦法 舉行論文比賽	1、請國文教師擬論文比賽題 2、公佈論文比賽辦法
13		27 日	周會：時事報告 學生練習演講開始	各班選出參加練習演講學生報到

〔註 117〕廣東省立女師編印：《廣東省立第一女子師範學校概覽》。

14	5月	4日 5日	周會：舉行第三次訓導會議 革命政府成立紀念	第二次段考 各開第三次訓導會議
15		11日	周會：精神訓話（做人的基礎）	敦請演講者
16		18日	周會	高中辯論比賽
17		25日	周會：報告關於日常一般的行檢	高初中書法比賽
18	6月	1日	周會：演講（社運與婦女問題）	敦請演講者
19		8日	周會：精神訓話	本周內發函催收各生操行表由本校班任擔任
20		15日	周會：訓育報告	本周內計算操行成績
21		22日	周會：演講（從讀書談到考試問題）	由本校班任擔任
22		29日	周會：公佈本學期操行概況 舉行第四次訓導會議	定期召開訓導會議 本周內發家庭通知書

資料來源：廣東省立女師編印：《廣東省立第一女子師範學校概覽》。

類似這樣的行事曆，對整個學期學校計劃舉行的訓育活動事先進行比較細緻的安排，並在每個學期開始的時候告知每一個學生，使學生能夠瞭解接下來的一個學期可能需要參加的活動。這與政府部門發佈學校曆的作用其實是一樣的。廣東大學甚至還按周發佈訓育行事曆，並刊登在大學校刊上，以讓學生遵照每周行事曆去進行各種訓練活動。

從這個行事曆中，可以看到，該校所舉行的訓練活動，主要包括周會、各種紀念會、各種比賽會以及學生自治活動。其中，最主要的其實是每週一例行舉行的周會。這種周會活動，與前面提到的廣東大學所舉行的周會其實沒有什麼差別。在周會上所舉行的活動，既有由學校行政長官主要是校長、訓育主任對學生進行的精神訓話或者向學生作訓育報告，還有邀請名流作各種主題的演講，諸如「從讀書談到考試問題」、「社運與婦女問題」等。除了周會，還有演講、論文、辯論、書法等各種比賽會的舉行。在這些活動之外，最為引人注目的是則全體學生參加的各種紀念會，包括革命先烈紀念會、國父逝世紀念集會、國府還都紀念日、革命政府成立紀念。這些紀念日正是汪精衛國民政府以法定形式而頒行的國定紀念日。在這樣的紀念集會中，會舉行各種紀念儀式及活動，或者演講，或者表演，或者舉行童軍檢閱。會場所營造出來的氛圍也是或者憂傷、或者歡慶。訓育的作用就在這種由主辦方刻

意營造的氛圍中發揮出來。只是其效果如何，因爲資料缺乏，難以作出準確的判斷。

　　除了上面所說的訓練活動外，當時各個中學所實施的訓練還有周記、訓導堂、壁報、個別談話、衛生指導、勞動服務、旅行或參觀等等。學生參加的每一種訓練項目，都會由負責教師對學生的表現進行評分，最後就得出了所謂的「操行成績」。這種操行成績，一般來說劃分成思想、性情、儀表、禮貌、言論、舉止、勤勉、服務等各項，並分別予以量化。下面列出的是廣東省立第一女師所制定的學生操行成績考成表：

表3-21　廣東省立第一女子師範學校學生操行成績考成表

項目 分數 姓名	遵守 校規	尊敬 師長	課室 秩序	學業 努力	集會 紀律	團體 生活	謹守 時刻	語言 儀態	同學 友誼	服務 勤惰	總分 數	記功 加分	犯規 記過 扣分	等列	評語	備考
標注 分	10	10	10	10	10	10	10	10	10	10						
及格 分	6	6	6	6	6	6	6	6	6	6						

注釋：
1.操行分甲乙丙丁四等
2.九十分以上者甲等七十分以上者乙等六十分以上者丙等不滿六十分者丁等
3.丁等不及格須留級或開除學籍
4.記缺點一次扣總平均三分　記優點一次加三分
5.記小過一次扣五分　記小功一次加五分
6.記大過一次扣十分　記大功一次加十分
7.記大過二次即開除學籍
8.操行成績計分法訓育處占百分之20，群育處占20%，班任與教員各占有30%

資料來源：廣東省立女師編印：《廣東省立第一女子師範學校概覽》。

　　事實上，操行成績優良與否，對於學生來說可能並非一件無關緊要的事，因爲這一成績可能關係到其是否受到懲處或者獎勵。懲處包括上面所說的記過、留級甚至開除學籍。而獎勵，像省立第五中學就規定：「凡每一學生在每期各科學期成績均在 80 分以上，操行成績列甲等者，給予優學甲等獎，70 分以上者，操行成績列甲等者，給予優學乙等獎，全期未缺席者給予勤學獎，各項比賽成績特優且可展揚校譽者，給予特別獎。各種獎勵除給發獎狀外，酌予實物，以留紀念。家境清貧查明屬實且該生品學均優者，依章准予免費。」

〔註118〕正因爲如此，對於一些家境貧窮的學生來說，爲了獲得各種獎助學金或者免予學雜費，而在那些訓練活動中表現優異進而拿到好的操行成績，顯然是有可能的。

那麼，接下來的問題是，學校制定的各種方針、原則、目標，究竟有沒有落到實處，在各種訓練活動中被貫之始終？還是僅僅只是流於形式？因爲，方針、原則、目標之類的東西通常都是以文稿的形式公諸於眾的，而且往往非常朗朗上口。這就意味著要呈現給所有人去看，對學校方面來說，他們尤其希望讓那些執掌權柄的中日長官看到。那麼，這些學校的眞實意圖究竟是怎樣的呢？在這其中，是否存在著一些學校「陽奉陰違」的情況？對於這些問題，僅僅從那些形之於文的方針、原則、目標中可能是難以找到答案的。各個中學實際舉行的各種訓練活動可能更能夠揭示出該校在訓育實施上的眞實狀況。

顯然，從一些資料中，可以看到，當時汪精衛國民政府所宣揚的各種思想在大多數中學所舉行的訓練活動中都有所涉及，像省立一中就常常舉行以「反戰」、「和平運動」爲主題的演講、壁報比賽，還參加了諸如「大東亞聯盟」、「德意聯邦承認我國民政府」、「新國民運動」以及「廣東更生週年」等各種慶祝會。〔註119〕以及像上文所說的省立女師所參加的國府還都紀念日，以新國民運動爲名義而舉行的各種比賽會等等。但是也有像當時的新會縣立二中那樣，儘量避免去講涉及所謂「中日親善」、「大東亞共榮」之類的內容。

正因爲如此，要從這些訓育活動中去尋找上述問題的答案十分困難。對於學校當局的意圖就更難以把握了。事實上，由於資料所限，我們所能瞭解的訓練活動，大多還是那些寫在公開出版物中的各項計劃，很少看到對實施情況以及學生表現的具體介紹，留下的頂多也只有一些冷冰冰的操行成績表。就算是這樣的成績表，也有可能存在著某些學生爲了拿到獎學金而假裝表現優異的情況。

小　結

通過以上論述，我們可以瞭解到如下一些情況：這些開設在淪陷區的中

〔註118〕廣東省立第五中學編：《廣東省立第五中學一周內紀念冊》。
〔註119〕蘇信：《汪僞省一中情況回憶》，第842～843頁。

學，他們的開辦各有各的原因；同樣地，在這些學校工作學習的師生們也跟那些前赴廣東大學應聘求學的人一樣，各有各的動機；而這些師生們的學校生活，跟他們在淪陷之前的生活相比，既有很多相異之處，也有不少相似的地方；在這些學校開設的課程，既按照對日合作的教育政策添加了許多成分，同時原南京國民政府規定的各種課程又都予以了保留；學校中由訓育主任所實施的訓育教育，也同樣是有各種各樣的情況。正因為如此，對於廣東省淪陷區的中等教育我們很難僅僅用「奴化」二字加以概括，真實的情況可能是極為複雜的。這些中學，既有真正的傀儡學校，也有堅持原則而實施愛國教育的，更有依違兩方的。在這些師生中，可能有真正的愛國者，可能有被迫應對者，也可能有諂媚者，甚至還可能有叛國者。

但不管是哪種情況，這些開設在淪陷區的中學在戰後的教育復員中，都遭受到了被關閉或者被整頓的命運。而在這些學校工作和學習的師生們，甚至在戰爭還在進行的過程中就已經面臨著被審查的處境。就在 1942 年底，有曾經入讀過私立明德中學的學生前赴粵北國民黨統治區，希望教育廳發給他們高中畢業證書。廣東省教育廳就此徵詢重慶教育部的意見，教育部給出了如下答覆：〔註 120〕

（一）敵偽初高中學校學生資格應不予承認，對於此種學生除令取具現任薦任職公務員二人以上保證向廳申請登記外，應特別加試公民、國文、史地等科，視其學力酌予收容入相當年級試讀，俟試讀一學期經學校考察其思想行為確屬純正而各科成績均能及格者始准改為正式生給予學籍。

（二）如屬高中畢業生應由廳參照前發《卅一年戰區來渝未能攜帶高中畢業證書高中畢業學生升學預試辦法》予以升學預試，繼預試各科成績及格者由廳給予證明書自行投考大學，或請部酌予分發大學先修班肄業。

上述引文中所說的《卅一年戰區來渝未能攜帶高中畢業證書高中畢業學生升學預試辦法》是重慶國民政府教育部在 1942 年制定的。其規定的升學預試的科目包括公民、國文、英文、數學、中外史地、理化等六科。〔註 121〕不

〔註 120〕《奉電知接收敵偽學校學生辦法仰遵照由》，廣東省教育廳檔案 5-2-93，廣東省檔案館藏。

〔註 121〕《卅一年戰區來渝未能攜帶高中畢業證書高中畢業學生升學預試辦法》，《教

管是肄業生還是畢業生，都必須參加公民、國文、史地三科的考試。這實際上是對這些學生的思想進行甄別，看其是否有被日偽教育所「奴化」或者說「日化」，檢驗的其實是有關學生忠誠與否的問題。

戰爭結束之後，教育復員剛剛開始便展開了對收復區中等學校教師與學生的甄審與甄試。這些需要參加甄審的中學生，首先要向甄審委員會申請登記甄審。並履行如下的三種手續：1、填具登記表，2、繳銷偽校在學證件及畢業證件，3、畢業生並應承繳三民主義閱讀報告。甄審合格後則可以得到一份由甄審委員會發的甄審合格證明書。然後才可以向各中學申請繼續中學學業，或者由教育廳分發各中學就讀。在入學之後還要參加學校舉行的編級考試，公民一科考試三民主義，該科如果不及格則不得升學。〔註 122〕這與戰時的做法可謂如出一轍。不過，廣東省在戰後所舉行的中等學校學生與教師的甄審與甄試並未掀起大的風波，到 1946 年底就基本上結束了。這些「偽校」學生也很快在新的學校繼續學業，或者插入中學或者升入大學。

育通訊》旬刊 1942 年第 21 期，第 7～8 頁。
〔註 122〕《廣東教育》第 1 卷第 1 期，1946 年，第 75～76 頁。

第四章　初等教育

　　廣東省淪陷區初等教育的恢復，是從維持會時期開始的。不過，正如在第一章所說的，那個時期的教育其目標並不是發展性的，而更多的是作為日本軍事佔領政策下的附屬物。正因為如此，由各種維持會所創辦的小學校，不僅數量有限，而且生源與師資也是異常地缺乏。這個時期最突出的可能要算是私塾的異軍突起。此後的好幾年，這種教育形式雖屢經教育主管機關的「取締」、「整頓」，但其數量在整個初等教育系統中依然佔據著重要比重。

　　在「維持會」時期結束，偽廣東省政府成立，原來的各種維持會逐漸過渡到縣市政府之後，初等教育才真正得以恢復。這個時期，不僅有了專門培養小學師資的師範教育機構，以為那些擴建的各類小學供給師資。而且由於返回淪陷區的人數陸續增多，以至於有入學需求的學齡兒童也持續增加。因此，各個淪陷區的小學校數量較維持會時期增加不少，尤其是省會廣州，僅僅公立小學就增加到了一百多所。此外，還有各種短期義務教育班以及簡易小學的設立。

　　那麼，廣東省淪陷區的初等教育情況究竟如何呢？那些小學教師都從何而來？除了各種師資培訓機構輸送的教師外，還有來自於哪些渠道的教師？那些入學的學生都來自於哪些地方？從外地返回淪陷區的家庭，他們在是否送他們的適齡孩子入讀這些開設在淪陷區的小學問題上是如何考慮的？學生在這些學校都要學哪些課程？所使用的教科書從何而來？師生們的學校生活又是如何？與淪陷前比較，有哪些相異的地方？如果有相同之處的話，又表現在哪些方面？這些問題將在接下來的部分加以探討。

第一節　初等學校的創辦

　　廣東省淪陷區創辦的初等學校，如果以開辦主體來劃分，可以分為公立小學和私立小學。公立小學，包括省立、市縣立、區立、鄉鎮立以及聯立小學。私立小學除了由私人及團體所開辦的小學外，還包括各種形式的私塾。這些學校，按照其各自的學級編制，包括這樣一些類別，即完全小學、初級小學、簡易小學、短期小學以及各種附設的義務班等等。這與原南京國民政府時期基本上是一樣的。下面，就對上述學校分別予以討論。

一、公立小學

　　在維持會時期，各淪陷區的各級維持會組織已經開始創辦公立小學。關於這個時期的學校開辦情況在第一章已經有所論及。從這些論述可以看到，這個時期所開設的小學校數量是極為有限的。一直到偽廣東省政府在 1940 年 5 月成立之後，各省市縣政府才在偽廣東省政府教育廳的主管之下開始有計劃地恢復其統治區域內的初等教育，開辦了包括省立小學、市縣立小學以及區鄉鎮小學在內的各種形式的公立小學校。

　　關於省立小學，其實只是在幾所省立中上學校附設的小學校，包括廣東大學附屬實習小學、〔註1〕省立第一女子師範附屬小學、省立第一中學附屬小學、省立第三中學附屬小學及省立第五中學附屬小學等。這些學校，其編制基本上都是按照「二四制」分別設置六個年級各一班。不過，省立三中附屬小學在開辦之初僅設立了五、六兩個年級。此外，像省立一女師附小及省立一中附小還附設有幼稚班，都分設甲乙兩班。〔註2〕

　　對於市縣立小學，由於整個中日戰爭時期在廣東省可以稱之為「淪陷區」或者「半淪陷區」的 30 多個市縣中，偽廣東省政府真正能夠實施管轄權的僅有 2 市 17 縣，包括廣州市、汕頭市以及南海、順德、東莞、花縣、博羅、潮安、番禺、三水、從化、增城、寶安、潮陽、澄海、中山、新會、惠陽、南澳等縣份，〔註3〕因此，正是在這些市縣中，由各市縣政府教育行政機構建立

〔註1〕廣東大學附屬實習小學，1941 年初開辦，到 1942 年予以裁撤。
〔註2〕廣東省政府秘書處編：《廣東省政概況》，1942 年。
〔註3〕廣東省政府秘書處編：《廣東省政概況》，1942 年；廣東省政府政務廳編：《廣東省政概況》第二輯，1943 年。這裡需要說明一點，在廣東省淪陷區域中，還包括瓊崖地區，但是由於日本海軍企圖將其作為「南方海外殖民地」，以「海南人自治」的形式，試圖將其劃出廣東省的版圖，因此，該地區縣市政府的縣市長並未由偽廣東省政府委派。故偽廣東省政府在出版 1942、1943 年《廣

起了各市縣立小學校。

就廣州市來說，在市政府於 1940 年 5 月成立之前，由廣東治安維持委員會及其後的廣州市公署所開辦的公立小學共有 22 間，這些學校多爲六年制的完全小學，也有少數爲四年制以及五年制的初級小學。其設置情況如下表所示：

表 4-1 廣州市公立小學校概況統計表（1942 年 2 月制）

校名	編制	教職員數			學生人數		
		男	女	合計	男	女	合計
惠福	完小	6	8	14	260	166	426
忠信	完小	9	4	13	288	127	415
永安	完小	9	6	15	345	135	480
大新	完小	5	5	10	206	135	341
報德	完小	5	4	9	170	117	287
同福	完小	6	2	8	160	91	251
德宣	完小	4	7	11	154	139	293
泰康	五級	5	3	8	157	113	270
維新	初小	4	5	9	154	111	265
太平	五級	3	4	7	131	81	212
興亞	五級	4	4	8	165	90	255
文德	完小	5	6	11	157	111	268
吉星	完小	4	3	7	155	70	225
洪德	完小	4	1	5	124	64	188
文昌	完小	4	3	7	163	87	250
芳村	五級	3		3	18	14	32
大同	初小	4	3	7	115	103	218
平和	初小	3	2	5	133	50	183
更生	完小	3	4	7	143	81	224
協和	五級	3	4	7	81	25	106
海幢	完小	3	4	7	89	75	164
清眞〔註4〕	完小	7	2	9	78	52	130
合計〔註5〕		103	87	190	3446	2037	5483

資料來源：《廣州市公署公報》1940 年 3 月第 4 期。

　　東省政概況》的時候，關於縣市政府部分也沒有將瓊崖地區列入進去。

〔註 4〕清眞小學，即廣東回教自治會所開辦的回教小學校，在 1939 年 12 月由廣州市公署收歸市轄，並改爲廣州市公立清眞小學校，開設了一至五年級共五級。《廣州市公署公報》1940 年第 2 期；《廣州市公署公報》1940 年第 4 期。

〔註 5〕在 2 月以後的新學期，錄取了 1145 名新生，學生數增至 6628 名。

在偽廣東省政府及廣州市政府成立之後，汪精衛國民政府教育部鑒於「小學教育乃國家命脈所繫，自應分別增籌經費，儘量擴充，尤當特別注意鄉鎮小學之規復」，因此通令各省市教育廳局，「斟酌地方情形，擬具下年度初等教育擴充計劃」。〔註6〕廣州市政府教育局隨即制定了1940年度的初等教育擴充計劃書，並經過教育廳呈轉教育部核示。

在廣州市教育局此次擬訂的計劃書中，以1940年度第一學期為期限，計劃開設初等小學四百班。這四百班，按照教育局最初的計劃，採取單極編制，並「按照市內各區人口密度、分配班數，以一班即為一校作為設校辦法」，散設於市區各處。對於採取這一設校辦法的原因，教育局在函覆教育廳的報告中解釋稱是為了「利便兒童入校」及「收教育普及之效」。為此，從班級編制、開辦費用到開設地點的選擇等諸多方面，都是儘量以校多費少為原則。每班或者說每校只配置教員及校役各一人，開辦費僅有五元，「至於新校設備，為適應目前財力起見，力求撙節，不事外觀，所有市內各街坊公共場所，祠堂廟宇，或自警團等，凡可以利用者，儘量利用，只須地方清潔，便視為合格，志在深入平民區域，散佈於偏僻閭巷中。」甚至還採取了一種所謂的「因時制宜」之策，即將原開辦的22間小學指定為中心學校，以協助教育局管理新設的400班單級小學。

不過，因為經費問題，四百班的設班計劃並未在預定的時間內全部完成，而是分作了前後兩期，而且最初計劃的所謂「一班一校」的設班辦法，最後也放寬到了以4班為限。〔註7〕第一期，即1940年度第一學期，先開辦了二百班，被分佈於五十九間小學；到1941年1月，教育局被歸併於社會局，再由社會局開辦了餘下的二百班，分佈於十九間小學。〔註8〕到此時為止，廣州市共有一百間市立小學，分別以數字稱之，即從市立第一小學到第一百小學。此外，在市立第一中學及市立第一女子師範還分別附設了一間小學。這就使學校數達到102間，班級數共有566班，學生數為25808人。〔註9〕

到1941年4月，汪精衛國民政府教育部又再次通令各省市籌設簡易小學

〔註6〕《廣州市政公報》1940年第2期。
〔註7〕《廣州市政公報》1940年第4期。
〔註8〕《廣州市政府行政報告》（省府舉行第三次市縣長會議本府報告），《廣州市政公報》1941年第19期。
〔註9〕《廣州市政公報》1942年第28期。

「以資救濟失學兒童」。〔註 10〕對於這種「簡易小學」，並非汪精衛國民政府的發明，而是沿用原南京國民政府於 1936 年 7 月公佈的《修正小學規程》第四條的規定，即「爲推行義務教育起見，各地並得設簡易小學及短期小學。簡易小學辦法由各省市教育行政機關訂定，呈請教育部核准備案」。〔註 11〕就在 1937 年 2 月 23 日，由原南京國民政府教育部制定了《各省市教育行政機關訂定簡易小學辦法應行注意之點》。〔註 12〕汪精衛國民政府教育部便將這一由原教育部所制定的「注意之點」作爲「本部」所制定的法規，而通令各省市遵照辦理。

對於教育部的上述通令，廣州市政府社會局遲至 1942 年才擬具了一份《廣州市小學教育改進意見及計劃書》，經第 100 次市政會議議決通過「照案試辦」。該計劃書第一條即爲「本計劃根據教育部通令各省市教育廳局廣設簡易小學以救濟失學兒童及通令各省市教育廳局轉飭各縣籌設短期小工藝義務職業學校之原則及市立小學實際情況訂定之。」其關於設立簡易小學的部分，並非完全從新設立新的學校，而是將那些課室缺少班數不足的小學直接改變名稱而變之爲簡易小學或工藝學校。〔註 13〕其修業年限，按照社會局隨後擬訂的《設立簡易小學暫行辦法》規定爲四年，而不是原南京國民政府教育部所規定的三年。其編制，根據學生及教室數採用二部制或者複式編制進行教學。〔註 14〕

實際上，這一次「改進」計劃，最大的變化並不是簡易小學或者工藝學校的改辦，而是通過對已有的一百間市立小學進行調整，從而分別整理出了六年制的完全小學以及四年制的初級小學與簡易小學三種類型。經過此次調整，原有的一百間市立小學被縮編成了八十二間，其中完全小學六十二間、初級小學十六間，簡易小學四間，並附設幼稚生五班。〔註 15〕這一設置，較之廣州市政府成立初期的設班計劃就要完善很多，可以滿足不同學生的需求。其中既開設有六年制的完全小學，以與中學銜接，以滿足學生的升學需

〔註10〕　《奉教育部令各省市儘量籌設簡易小學函請查照辦理》，《廣東省政府公報》
　　　　　1941 年第 13 期。
〔註11〕　中國第二歷史檔案館編：《中華民國史檔案資料彙編》第 5 輯第 1 編教育 1，
　　　　　南京：江蘇古籍出版社，1994 年，第 540 頁。
〔註12〕　教育部：《教育法令彙編》第 3 輯，正中書局，1938 年，第 53～54 頁。
〔註13〕　《廣州市政公報》1942 年第 27 期。
〔註14〕　《廣州市政公報》1942 年第 30 期。
〔註15〕　廣東省政府政務廳編：《廣東省政概況》第二輯，1943 年。

要。也有四年制的初級小學與簡易小學，其開辦目的主要是對失學兒童施以簡單的學校教育。

在此之後，廣州市政府在公立小學設置方面最大的變化，就是在 1943 年將所有的初級小學改爲完全小學，這就使完全小學的數量增加到 78 間。〔註 16〕其設置情況如下表所示：

表 4-2 廣州市市轄學校學生人數及經費數統計表（1943 年度上學期）

學校類別	校數	班數	學生數			經常費（以中儲券計）
			男	女	合計	
完全小學	78	572	13083	9349	22436	1,814,000.00
民船小學〔註 17〕	1	2	37	23	60	11,950.80
簡易小學	4	9	242	113	355	25,185.00
附設幼稚園		5	137	104	241	
合計	83	588	13499	9589	23088	1,851,135.80

資料來源：《廣州市政公報》1943 年第 44 期。

據上表所示，廣州市在 1943 年度第一學期的市立小學共有 83 間，學生數爲 23088 名，平均每一校約有學生 278 名。這個時期的廣州市人口，據廣州市點查戶口委員會統計，截至到 1943 年 9 月 15 日，廣州市住戶人口總數爲 641199，住戶總數爲 111127 戶。〔註 18〕而廣州在淪陷以前的 1936 年，共有市立小學 99 間，學生 44997 人，平均每一校約有學生 455 名。〔註 19〕而當時的人口約爲 112 萬餘人。從這一簡單的比較，可以看到，廣州市在淪陷時期的公立小學校數與學生數都不能與淪陷前相比。但是如果將人口數特別是屬於義務教育階段的適齡兒童總數考慮進去的話，那麼，上述的差距就會大大縮小。

應該說，僞廣州市政府對於恢復初等教育是作出了一些努力的。不論是在學校的開設、班級的設置還是學校經費的籌集、校舍的建築以及師資的養

〔註 16〕《廣州市政公報》1943 年第 42 期。

〔註 17〕民船小學，是由 1939 年設立的民船總公所所經營的。該小學在 1943 年 1 月由廣州市社會局接管。《廣州市政公報》1943 年第 35 期。

〔註 18〕《廣州市政公報》1943 年第 42 期。

〔註 19〕廣州市地方志編纂委員會編：《廣州市志》（卷十四），廣州：廣州出版社，1999 年，第 34 頁。

成培訓等諸方面，都試圖以廣州在淪陷之前的情況作爲參照。如果我們暫且忽略教育教學的內涵，單從上述設施來看，那麼我們還繼續說汪僞政權之所以設立學校僅僅只是秉承其日本主子的意圖而爲其實施奴化殖民教育服務可能有失公允。〔註20〕至少就僞廣州市政府來說，爲了能夠讓儘量多的失學兒童有學可上，市政府教育主管機關還是進行了若干的制度安排。除了按照《修正小學規程》分別設置了完全小學、初級小學及簡易小學之外，僞廣州市政府還沿用了原南京國民政府教育部在初等教育方面曾實施過的兩種政策，即開辦短期小學與設置小學區。這兩種辦法在《修正小學規程》第四條及第六條分別作出了規定，「短期小學依照教育部短期小學規程辦理」，「各縣市爲推廣設立小學便於管理起見，應依照修正市縣劃分小學區辦法劃分學區」。〔註21〕

就前者來說，僞廣州市政府教育局在 1940 年 6 月 8 日向第二次市政會議提交了「各校加設短期義務教育班及民眾識字班」的議案。同時提交的還有「籌辦短期義務小學及民眾識字夜班計劃書」、「短期義務小學及民眾識字夜班課程標準及進度表」及預算書。此案在同月 12 日舉行的第三次市政會議上，經決議「原則通過，經費交財政局籌議」。這一「短期義務小學」與「民眾識字班」的開辦，按照教育局擬具的理由「爲急圖救濟，使失學兒童，立可得到讀書之機會，同時並能收容全市成年文盲，令其得入識字學校。」其辦法是由各小學教職員及高年級學生利用各學校課室組織短期義務小學日班及民眾識字夜班，並擔任義務教學工作。〔註22〕其擬訂的「短期義務小學及民眾識字夜班課程標準及進度表」列表如下：

表 4-3　短期義務小學及民眾識字夜班課程標準及進度表

逐月進度 科目	第一個月	第二個月	第三個月	第四個月	每周 時數
識字	認識最常用之字 120 個，並瞭解其意義及寫法	認識最常用之字 120 個，並瞭解其意義及寫法	認識最常用之字 120 個，並能運用爲短文	認識最常用之字 120 個，並能運用爲短文	六

〔註20〕曹必宏、夏軍、沈嵐：《日本侵華教育全史》第三卷，北京：人民教育出版社，2005 年，第 152 頁。

〔註21〕中國第二歷史檔案館編：《中華民國史檔案資料彙編》第 5 輯第 1 編教育 1，第 540 頁。

〔註22〕《廣州市政公報》1940 年第 2 期。

信札	瞭解淺易信文之結構稱謂並授以不過 40 字之致候及報告文信八篇	明白信文之寫法形式及郵寄之方法並授以不過 60 字之慰問及請求信文八篇	信文之常用語句的運用並授以不過 60 字之商討及申謝信文八篇	便箋明信片等簡易通訊的練習並授以不過 80 字之借貸及謀職之信文八篇	二
算術	加減乘除之基本練習及心算	加減乘除混合練習及速算法	簡易四則練習及應用	度量衡及簡易四則之應用	四
說明：識字宜編為課文，而教材則分別為成人或兒童的兩種，使合於其意識領域，不致杆格。算術宜按月漸進使由一個位起進至千以內數，採用循環式的編配。					

資料來源：《廣州市政公報》1940 年第 2 期。

　　對於小學區的設置，廣州市社會局在 1942 年制定了《廣州市市立聯合小學區暫行組織規程》，並經該年 8 月 15 日舉行的第 105 次市政會議決議通過。其分區辦法，是將廣州市分為東南西北中五個聯合小學區，每區設委員五人，並指定一人為主任委員，由廣州市社會局從市立小學校長中選聘並呈請市政府委派。每個聯合小學區，設事務、教導、康樂、推廣、研究五部，及公共校醫處一處。各個部處，均設主任一人，職員若干人。各部主任一職由該區各委員互選，公共校醫處主任及各部處職員則由市社會局呈請市政府委任。社會局同時還提交了一份《市立小學聯合區各區運動場之建設計劃》，對聯合小學區擬建運動場的建築以及各項遊戲器械與運動用具都作出了比較細緻的要求。〔註 23〕

　　對於上述計劃，先在 1942 年 10 月 1 日成立了東南中三區。在 1943 年 2 月又成立了西北兩區。〔註 24〕需要說明的是，這種聯合小學區的設立，並不僅僅只是為了管理上的便利，其中還有彌補單個學校設備不足的用意。由於經費所限，單個市立小學所配置的設備不盡完善，因此希望通過設立聯合小學區，按照規定購置區內各種設備以供該區的小學使用。正因為如此，這種方式也就不失為一種好的措施。

　　廣州市在公立小學設置方面所採取的各種辦法，汕頭市政府基本上都予以了採用，只是在具體的做法上有所不同。對於上述各種辦學措施，汕頭市社會局在 1941 年擬訂的《汕頭市三十年度初等教育實施計劃》中均作出了相應的規定。該實施計劃在汕頭市政府於 1941 年 6 月 27 日舉行的第 23 次市政

〔註 23〕《廣州市政公報》1942 年第 28 期。
〔註 24〕廣東省政府政務廳編：《廣東省政概況》第二輯，1943 年。

會議上獲得通過。根據這一實施計劃，汕頭市首先在已經開辦的六間市立小學的基礎上再增設六校，這些學校基本上都是按照完全小學的編制予以設置的。增設的六間小學，一共開設六十二班，這就使設班數達到一百一十班。每班平均收容學生五十名，一共可以收容五千餘名。在擴充班額及增辦學校的同時，為了盡量收容失學兒童，還實施了「流動義務班」、「簡易小學班」以及「短期小學」三種設班辦法。〔註25〕

對於前面兩種，汕頭市社會局分別制定了《汕頭市立小學校實施流動義務班辦法》、《籌設市立簡易小學實施辦法》加以實施。短期小學則按照原南京國民政府教育部制定的《短期小學規程》辦理。流動義務班與簡易小學班的開辦，都是附設於市立小學內，利用市立小學已有的人力及物力資源開班授課。而短期小學，由於其開設宗旨在於「使一般超過學齡之失學市民，於短期時間內得受相當之國民教育」，因此，其開辦方式是在劃分的五個教育區內分別設立新的學校。每校開設兩班，以祠堂廟宇及保甲所等地作為校舍，每校收容學生一百名，修業期限為一年，總授課時數共 540 小時。通過這三種方式，每年汕頭市就可以增收近三千名失學兒童。〔註26〕

至於各縣開辦的縣立小學以及區鄉鎮立小學，在偽廣東省政府於 1940 年 12 月 25 日至 27 日召開的第一次市縣長會議上，對其作出了相關決議。此次會議，除了省政府各委員及各廳處長官出席之外，還有 15 個縣市的縣市長參加並提交了有關民政、警務、治安、財政、教育及建設等各項議案。到會議結束時，經決議共有七十五件議案獲得了通過。其中，關於教育類的決議案就有二十五件，涉及到各級各類教育，是此次各類議案通過最多的。正是在這次會議上，對於此後幾年廣東省淪陷區的教育事業作出了規劃。〔註27〕

這次會議討論初等教育的議案共有八件，其中涉及到縣市尤其是鄉鎮設校計劃的有以下兩案：第八案「擬請通令各縣凡貧瘠鄉村不能設校者須設識字班案」（番禺縣長李智庵）、第二十二案「擬議下年度初等教育計劃以救濟各地失學兒童案」（教育廳廳長林汝珩）。〔註28〕因為這兩份議案對於縣及縣以下區鄉鎮恢復設置初等小學作出了具體規劃，現將兩議案原文表列如下：

〔註25〕《汕頭市市政公報》1941 年第 4 期；《汕頭市市政公報》1941 年第 8 期。

〔註26〕許少榮：《汕頭市更生二週年紀念日》，《汕頭市政府施政紀略（1940～1941年）》。

〔註27〕廣東省政府秘書處編：《廣東省政概況》，1942 年。

〔註28〕廣東省政府秘書處編：《廣東省政概況》，1942 年。

表4-4　第一次市縣長會議教育類第八案

議案	擬請通令各縣凡貧瘠鄉村因經濟困難不能設立鄉立小學者須從速設立識字班以救濟失學兒童案
理由	查事變之後，各鄉學校多有因經濟困難迄今仍未規復者，政府為救濟各鄉失學兒童起見，實有督促各鄉從速設立識字班以資救濟之必要，查識字班為民眾學校之一，過去民眾學校以普及識字為主，以增進常識為輔，關於教授課程在民眾學校課程標準草案上曾經規定：（1）國民道德之培養（2）簡易文字之學習（3）普通常識之灌輸，此三項目標之意義，識字班固然要包括無遺，但在此和平反共建國當中舉凡善鄰友好共同防共及經濟提攜三大原則，皆應於此時期編入識字教育課程以期一般民眾普遍認識。
辦法	每鄉至少設識字班一班，每班學生名額五十人，以鄉內適中祠堂為班址，識字班設主任一人，由鄉長兼任，義務職務，每班設教員一人，由主任聘請有民眾學校或小學校教員資格者充任之，每班經常費月支國幣二十元，教員薪占十分之八，班費占十分之一，該項經常費概由鄉中公嘗撥出，如無公嘗，可撥准予就地籌措，但須呈縣核准，每日上課三小時，科目為國文珠算信札體育精神訓話等採用業經審定之民眾學校課本，時間由主任體察當地情形酌量規定之，桌椅用具俱向鄉公所或原日鄉中學校借用
提案人	番禺縣長李智庵

資料來源：《汕頭市市政公報》1941年第4期。

表4-5　第一次市縣長會議教育類第二十二案

議案	提請擬具下年度初等教育計劃，以救濟各地失學兒童案
理由	查吾粵因地方遼闊，貧瘠縣份居多，以致生產與文化俱落後，各縣學齡兒童失學尤眾。事變以還，此等情形，益加嚴重。為普及義務教育，培植國家元氣，為現在市縣教育行政重要事項之一，亦市縣教育急務之一。
辦法	由各市縣增籌經費，或視察地方情形，及各區鄉財力，督促設立，或獎勵增設各級小學校，並由各縣市分派督學，實地調查各地失學學齡兒童人數，以為計劃設立之根據，一面擇定適當地址，利便就學。對於鄉鎮小學之規復，尤當特別注意推進，至詳細擴充計劃，由各縣市長迅速負責妥擬造成方案實力推行。
提案人	廣東省教育廳廳長林汝珩

資料來源：《汕頭市市政公報》1941年第3期。

此後，偽廣東省政府教育廳便通令各縣按照上述決議辦法「切實推進」，分別開辦縣立、區立及鄉鎮立各級小學。尤其是對於鄉鎮立小學，要求「其未辦理者迅速籌備規復各鄉鎮小學，以期儘量收容。其已設立小學者仍須設

法加增，庶家無失學，國無文盲，復興教育，端於是賴」。〔註29〕此外，在 1941
年 11 月召開的第三次市縣長會議上，還通過了一個由番禺縣長李智庵提出的
「請飭各縣轉飭所屬區鄉鎮公所及各級學校懸掛簡易識字牌逐日書寫淺顯文
字案」。〔註30〕於是，在 1940 年到 1942 年間，縣立小學及區鄉鎮立小學紛紛
開辦。

關於廣東省淪陷區縣立小學的設置情況，將以 1942 年度第一學期的統計
情況為例，列在附錄五。關於各縣區鄉鎮立小學的情況，由於沒有完整的統
計資料，這裡僅舉出幾個縣份的情況對此加以說明。比如，番禺開設了 7 間
區立小學，共有 28 班，學生 1031 人，鄉鎮立小學則有 53 間，學生人數為 1917
名。中山九個區署一共開設了 206 間區立小學。另外，南海開辦了 1 間區立
小學、37 間鄉鎮立小學，澄海則開辦了 8 間鄉鎮立小學，東莞鄉鎮公立小學
與私立小學則合共有 91 間，學生 1900 餘人。〔註31〕

需要指出的是，關於推進鄉村教育，早在汪精衛國民政府教育部於 1940
年召開第一屆全國教育行政會議之時，即有相關議案在會議上提出並獲得通
過。隨後教育部便制定了《推進鄉村小學教育辦法》，通令各縣遵辦。到 1941
年召開第二屆全國教育行政會議，江蘇省教育廳又重提此案。對此，決議稱
「現在中央對於清鄉工作，不遺餘力，而擴充鄉村教育，尤為復興農村切要
之圖，用再重申前令，務須遵照前頒辦法積極推進」。〔註32〕對於汪精衛國民
政府來說，推行鄉村教育與實施清鄉是密不可分的。不過，偽廣東省淪陷區
在清鄉方面並未真正地付諸實施。省政府雖然在 1943 年 7 月制定了一個清鄉
計劃大綱，但因時任偽廣東省省長的陳耀祖認為廣東的情形特殊，軍警團隊
及行政人員未經訓練，加之太平洋戰爭爆發之後，在清鄉經費、人員調度以
及兵力配置上存在著諸多困難，因此，廣東省淪陷區的清鄉計劃基本上多停
留在官方的宣傳口號上，並未落到實處，更沒有將其與開展鄉村教育結合起
來。正因為如此，偽廣東省政府及各縣市政府在推進鄉村教育方面並不全是
出於政治上的目的，其中也有發展鄉村教育的用意。

對於廣東省淪陷區來說，大部分的淪陷縣份之所以對辦理鄉村教育比較

〔註29〕《廣州市政公報》1941 年第 13 期。
〔註30〕廣東省政府秘書處編：《廣東省政概況》，1942 年。
〔註31〕廣東省政府秘書處編：《廣東省政概況》，1942 年。
〔註32〕《廣東省政府公報》1941 年第 16 期。

積極，還有一個不得不提及的原因。由於日軍的統治基本上很難深入到鄉村地區，通常都只是對這些地區發動奇襲，隨後便撤走，並未進行長期的佔領。正因爲如此，所以鄉村地區在恢復學校方面就較城市更爲便利，至少可以少受日僞雙方的干涉。而這也促使鄉鎮民眾更有意願爲本地的失學兒童提供一個讀書的機會。比如佛山樂平鎮海洲小學的創辦即是如此。〔註33〕

在具體實施方面，則基本上都是根據汪精衛國民政府所制定的《推進鄉村小學教育辦法》進行的。如番禺，就在 1941 年 8 月根據教育部制定的上述辦法擬訂了《番禺縣推進鄉村小學教育辦法》二十五條要求各區署遵辦。在該辦法中，對於興辦鄉村小學的校舍選擇、經費籌集、設校辦法、編制、教職員聘請、生源等諸多方面的問題都作出了具體規定，這就使各區在辦理鄉村小學的時候可以有所依循。〔註34〕

二、私立小學

實際上，廣東省淪陷區最先開設的初等小學應該是私立小學。早在維持會時期，當時的廣東治安維持委員會民政處處長陳覺民在委員會第 24 次會議上即提議：「擬在公立學校未開辦前，准市民自設私立學校或私塾，以維教育」。〔註35〕當時廣州市立案的私立小學共有 21 間。這些學校，一般來說，規模都很小，學生少則 10 人多則 118 人，教員也是從 1 人到 7 人不等。其開辦情況如下表所示：

表 4-6　廣州市立案私立小學校一覽表（廣州市公署制）

校名	校長姓名	校址	教員數		學生數	
			男	女	男	女
潔平	蕭潔平	大沙頭西船欄廣益船廠內	1	1	30	10
弘道	鄧凌州	河南寶崗寶善里一號	2	1	30	20
國文專塾	李璧瑜	天成路開樂里十五號		1	7	3
樹德	曾子卿	河南岐興南二十一號	2	1	38	12
存存	馮妙卿	河南龍導尾陳家直街二十九號	1	1	30	10

〔註33〕何景堯：《海洲小學創辦簡述》，廣東省三水縣政協文史委員會編：《三水文史》第 16、17 輯合刊，1988 年，第 128 頁。
〔註34〕《番禺縣政公報》1941 年第 20 期，第 29～33 頁。
〔註35〕《廣東治安維持委員會公報》，1939 年。

覺覺	何禮	河南同福直街十號	3	1	50	21
新德	何馨	河南鳳凰崗新民正街四九五一號	1	1	22	11
強華	潘光	河南鳳凰崗鳳樂大街五四六號	1	1	20	10
亦文	蘇三如	小北天官里七十七號	1	1	8	3
東華	張福麟	東華東前鑑四巷	3	2	40	31
復興	黃文	黃沙叢桂路一八五號	2	2	32	21
明明	劉兆文	小東門東里八號	2	1	20	21
新生	謝坤	大塘街八二號	3	2	33	11
育賢	任爲幹	漢民北禺山路十號	1	1	18	16
升平	唐培	太平北二〇〇號	4	3	68	50
靖海	胡耀	濠畔街三〇〇號	2	1	17	10
光粵	黃天郎	珠光路四十號	1	1	7	4
振育	梁欣白	吉星三蒼十四號	3	2	31	20
惠福	崔夢樓	惠福西原日幼稚園	3	3	40	30
格致	李天奇	畢公蒼四二號	2	1	21	10
明達	梁理泉	華貴路四二號	2	2	21	20

資料來源：《廣州市公署公報》1940 年第 4 期。

在廣州市政府成立之後，私立小學較維持會時期則有所擴展，學校規模也有所擴大，並按照完全小學與初級小學的設置分別進行編制。關於廣州市私立小學設立情況如下表所示：

表 4-7 廣州市 1941、1942 年度私立小學概況表

年度	校數	班數	學生			上年度畢業生數			教職員數		
			男	女	總	男	女	總	男	女	總
1941 年度上學期	37	148	2294	1147	3441				108	54	162
1941 年度下學期	29	138	2558	1158	3716	100	38	138	100	78	178
1942 年度上學期	30	149	2591	1325	3916	145	53	198			
1942 年度下學期	29	124	1759	891	2650	78	64	142			

資料來源：廣東省政府秘書處編：《廣東省政概況》，1942 年；《廣州市政公報》1942 年第 28 期；《廣州市政公報》1943 年第 38 期；《廣州市政公報》1943 年第 44 期。

由上表可以看出，廣州市的私立小學在 1941 與 1942 兩個年度，以 1942 年度上學期的設校情況最好，無論是班級數、學生數還是畢業生數都是最多的。不過到了該年度的第二個學期，各項數據便急劇下降，尤其是學生數較上個學期甚至減少了 30%。

對於產生這種變化的原因，可能是由於戰爭的影響，導致學校經費減少。不過，由於缺乏其後一年多的資料，對於廣州市私立小學的開辦情況沒有辦法獲得進一步的瞭解。因此，對於像廣州市有沒有像有的研究者所認為的「到了 1944 年下半年，各淪陷區的初等學校由於面臨著政治、軍事、經濟形勢等各方面的限制，因此學校狀況急劇下降」之類的問題，〔註 36〕也就不能給出一個確切的回答。只能說，戰爭所帶來的影響肯定是存在的，特別是汪精衛國民政府在向英美宣戰之後，這種影響變得越來越顯著。但是，這其中可能也存在著其他方面的原因。

事實上，從前面對廣州市立小學的討論，就可以發現其班級數及學生數並沒有發生大的變化。甚至在 1944 年廣州市社會局還擬訂了一個增班議案，計劃從 1944 年度第一學期起增加市小班額二十四班。該議案經第 189 次市政會議獲得通過。〔註 37〕所以戰爭對於學校的影響應該也不是全部的原因。這些私立小學減少的學生可能去了其他公私立小學，比如那些省立中學附設的小學，還有設在省會的那些私立中學，像執信、嶺嶠、復興、明德等等也都附設有小學部。〔註 38〕不過，這些學生也可能直接休學。因為經濟形勢到了後期越發惡劣，對於很多家庭來說，要繼續負擔學生上學可能變得非常吃力，即使是對小學生的父母來說也是如此。當然，也可能還有其他一些個人原因。但是因為資料所限，沒有辦法給出更為詳盡的解釋。

關於其他市縣私立小學的設置情況，同樣可見附錄五。在這裡還需要對教會小學作一些說明。這些教會學校，基本上都是淪陷之前已經開辦的。也有新設立的，如由中華基督教會萬善堂在廣州淪陷不久創辦的萬善小學，〔註 39〕還有由培英、眞光及協和三校改成的白鶴洞難民收容所在 1939 年春開辦的慈幼學校。〔註 40〕

〔註 36〕曹必宏、夏軍、沈嵐：《日本侵華教育全史》第三卷，第 156 頁。
〔註 37〕《廣州市政公報》1944 年第 49 期。
〔註 38〕廣東省政府秘書處編：《廣東省政概況》，1942 年。
〔註 39〕梁圖光、盧鳴本：《萬善中學沿革》，李齊念主編：《廣州文史資料存稿選編》
　　　第 7 輯文化教育，北京：中國文史出版社，2008 年，第 318～319 頁。
〔註 40〕劉成基：《廣州淪陷時期的白鶴洞難民收容所》，中國人民政治協商會議廣東

在各級僞政權剛剛成立的時候，大部分的教會學校都拒絕向這些政權機構履行登記手續。比如汕頭的四間教會小學，法國教會辦的「若瑟小學日夜班」、美國教會辦的「普益社識字班」及「普益社烏橋分社」、英國教會辦的「伯特利堂」「錫安堂」等。雖經汕頭市社會局派員催促，四校還是拒絕向社會局登記。以致於社會局最後不得不經汕頭市政府「函英美法領事函請轉飭各外籍私立學校來府登記」。〔註41〕

到太平洋戰爭爆發，特別是 1943 年 1 月汪精衛國民政府向英美宣戰之後，這些教會學校基本上都被予以解散。如白鶴洞難民收容所，由於日軍進駐，難民收容所及其開辦的學校都被解散了。所中的難民及學生一律被驅離，凡屬於英、美籍的人員一概被拘留在集中營，少數無父母的兒童則由所中的華籍人員轉入芳村兒童教養院。至此，白鶴洞收容所便告結束。〔註42〕

三、私塾

在整個中日戰爭時期，廣東省淪陷區究竟有多少私塾得以開辦，並沒有一個準確的統計數字。不過，從當時各種報紙上對私塾復興的報導，可以看出私塾的數量絕對不少。以致於從維持會時期開始，各地的教育主管機構就開始出臺整頓私塾的法令，並三令五申地要求各私塾向教育主管機關登記立案。像廣州市公署就在 1940 年 2 月 7 日頒佈了《廣州市私塾取締暫行條例》及《廣州市塾師登記條例》，要求各塾師在 2 月 21 日至 3 月 20 日向復興處學務科進行登記。〔註43〕在廣州市政府成立之後，又根據汪精衛國民政府教育部在 1940 年 9 月頒佈的《修正改良私塾辦法》在 1941 年 3 月制定了《廣州市塾師登記規則》及《廣州市私塾取締暫行規則》。〔註44〕此後又在 1942 年 11 月制定了《廣州市私塾設立暫行規則》。〔註45〕

汪精衛國民政府教育部所公佈的《修正改良私塾辦法》是對原南京國民政府教育部在 1937 年 6 月 1 日公佈的《改良私塾辦法》所作的修正。所謂修正，僅僅修改了第二十八條第二款，即將「違反三民主義者」修改爲「不遵

省廣州市委員會文史資料研究委員會編：《廣州文史資料選輯》第 19 輯，廣州：廣東人民出版社，1980 年，第 247～252 頁。
〔註41〕 《汕頭市政月刊》1941 年第 4 期。
〔註42〕 劉成基：《廣州淪陷時期的白鶴洞難民收容所》，第 252 頁。
〔註43〕 《廣州市公署公報》1940 年第 3 期。
〔註44〕 《廣州市政公報》1941 年第 12 期。
〔註45〕 《廣州市政公報》1942 年第 32 期。

守中華民國教育宗旨及其實施方針者」。〔註46〕而廣州市前後幾次制定的有關塾師登記及私塾取締的法令，最大的不同是根據各自的教育方針及政策而作了相應的規定。如塾師登記，在「不得登記者」的範圍中，前者爲「違反日華親善者」，後者則將其改爲「違反和平反共建國教育方針者」。〔註47〕

廣州市政府在公佈了《塾師登記規則》及《私塾取締規則》之後，截至1941 年 11 月止，遵章到社會局申請登記塾師的共有 117 人。其中已經開設私塾的有 96 人。〔註48〕其開設情況，據廣州市社會局對市區設塾情況所作的統計，截至到 1941 年 12 月，向社會局申請立案的私塾共有 94 所。以警察分局來說，各分局設塾情況如下表所示：

表 4-8　廣州市私塾統計表（1941 年 12 月）

項別 分局別	塾數	塾師數			學生數			每塾平均 學生數
		男	女	合計	男	女	合計	
陳塘	19	21	2	23	565	201	766	40
西禪	9	7	2	9	269	89	358	40
太平	9	10		10	273	52	325	36
逢源	8	6	2	8	302	104	406	51
長壽	8	5	3	8	217	86	303	38
靖海	7	6	1	7	326	105	432	61
洪德	5	5		5	154	37	191	38
漢民	4	3	1	4	105	29	134	33
海幢	4	4		4	95	39	134	33
西山	4	2	1	3	171	57	228	57
東堤	4	4		4	314	74	388	97
惠福	3	3		3	105	32	137	46
小北	3	3		3	84	35	119	40
德宣	3	2	1	3	114	58	172	57
蒙聖	2	2		2	111	34	145	72
黃沙	1	1		1	40	10	50	50
前鑑	1	1		1	40	6	46	46
合計	94	85	13	98	3285	1048	4333	46

資料來源：《廣州市政公報》1942 年第 23 期。

〔註46〕《廣東省政府公報》1940 年第 5 期。
〔註47〕《廣州市公署公報》1940 年第 3 期；《廣州市政公報》1941 年第 12 期。
〔註48〕《廣州市政府行政報告》，《廣州市政公報》1941 年第 19 期。

上述私塾只是市區內向社會局申請過立案的私塾，如果再加上市郊以及那些沒有申請立案的私塾的話，那麼總數將會更多。

除了廣州以外，其他縣市也都紛紛開設了私塾以及類似於私塾形式的補習學校。像南海，就有慕賢、卓觀、永言、禪山、載道、粹眞等六所，學生共有 420 餘人。此外，花縣有 27 所，收容學生約 700 餘人，中山有 52 所，學生 2640 餘人，順德甚至還開設了 305 所，收容學生 9093 人。〔註49〕

其實，私塾的復蘇，並不是淪陷區的特有現象。國統區所開辦的私塾也不在少數。以廣東省國統區來說，據統計，在 1940 年，共有 71 縣開設有私塾，共 7135 所，9054 班，學生 138‧99 萬名，塾師 7316 名。其中設塾數量最多的是信宜縣，共有 920 所。學生最多的則是廉江，共有 1 萬餘名。〔註50〕這也說明，戰爭的來臨對所有地區都會產生同樣的影響，而並不會因爲是國統區就有多麼的不同。由於辦學經費有限，不管是公立小學還是私立小學的開辦較戰爭開始之前都有不同程度的下降，而私塾這種形式則得以乘時而起，從而彌補了普通小學在招生上的不足。

總的來說，廣東省淪陷區的初等學校，在僞廣東省政府成立之後，的確有了很大的擴展。特別是從 1940 年度第二學期到 1942 年度第一學期之間，不管是學校數還是學生數及教職員數基本上都是呈現上升的趨勢。這幾個年度的初等教育情況，如下表所示：

表 4-9　廣東省 1940 年度至 1942 年度初等教育概況統計表

學年度	學期	學校數	學生數			教職員數			全學期經費數
			男	女	合計	男	女	合計	
1940	1	360	21796	13086	34882	900	342	1242	328545
1940	2	820	80635	33125	113760	2872	1309	4181	2263012
1941	1	1036	96795	40310	137105	3859	1543	5402	3365693
1941	2	1228	118932	47068	166050	4352	1688	6040	1840024
1942	1	1241	108360	47656	156016	4413	1762	6175	1979383

資料來源：廣東省教育廳編：《廣東省教育報告書》，1943 年。

〔註49〕廣東省政府秘書處編：《廣東省政概況》，1942 年。
〔註50〕廣東省地方史志編纂委員會編：《廣東省志‧教育志》，廣州：廣東人民出版社，1995 年，第 92 頁。

　　不過，在汪精衛國民政府於 1943 年 1 月對英美宣戰之後的 2 年間，儘管汪精衛國民政府並未實際參與到戰場之中，不過由於各項事業都要圍繞著戰爭而開展，這對於教育的影響是極爲致命的。以致於廣東省淪陷區大部分縣市的初等教育都有不同程度的萎縮。特別是在戰爭後期，這種情況就更爲明顯，除了少數公立學校可以維持狀況甚至還能夠繼續增加班額擴招學生外，大部分學校都只能算是勉力維持，或減少班額或減少學生，還有一些學校則不得不予以停辦。

第二節　師資

　　在廣東省淪陷區的初等學校工作的教師究竟有多少，並沒有一個十分準確的統計數字，但可以肯定地說，其數量絕不在少數。那麼，這麼一大群人，究竟從何而來？這些人在應聘應考小學教員的時候，是出於什麼樣的動機？這些原因之中，與中上學校的教師相比有什麼不一樣的地方嗎？他們在學校中的待遇如何？那些有限的月薪可以維持他們的生活乃至其家人的生活嗎？接下來，就將對這些問題進行具體討論。

一、師資來源

　　關於初等學校教師的來源，《修正小學規程》第六十二條至第六十四條分別作出了規定：〔註51〕

　　　　第六十二條　凡具有左列資格之一者，得爲級任教員或專科教員：

　　　　一、師範學校畢業者；

　　　　二、舊制師範學校本科或高級中學師範科或特別師範科畢業者；

　　　　三、高等師範學校或專科師範學校畢業者；

　　　　四、師範大學或大學教育學院教育科系畢業者。

　　　　第六十三條　小學級任及專科教員無前條所列資格之一者，應受主管教育行政機關所組織之小學教員檢定委員會之檢定。

　　　　第六十四條　具有第六十二條資格之一或經檢定合格之教員服

〔註51〕中國第二歷史檔案館編：《中華民國史檔案資料彙編》第 5 輯第 1 編教育 1，
　　　　第 546～547 頁。

務二年以上具有成績者，得爲小學校長。

根據上述規定，初等學校的教員主要由中等師範學校或高中師範科培養，並以教師檢定作爲補充辦法。此外，按照《修正小學規程》的規定，那些符合學歷資格或經檢定合格的小學教員在就職之前，還得向主管教育行政機關履行一個登記手續。並由教育行政機關在每學年開始之前予以公佈，各小學則從公佈的名單中分別聘請各自學校的教員。

關於廣東省淪陷區專門培養小學師資的教育機構，有省立第一女子師範學校與廣州市立師範學校。此外，按照 1941 年 4 月教育部規定的「在中學兼設師範科」的辦法，廣東省淪陷區部分中等學校還在各自中學內附設了師範科或簡易師範科。如廣州市立第一中學及市立第一女子中學就在 1940 年度第二學期增設了高中師範科共三班，〔註 52〕汕頭市立第一中學、〔註 53〕順德縣立初級中學、東莞縣立初級中學、番禺私立八桂中學等則在校內開設了簡易師範科各一班。〔註 54〕

省立一女師是在 1940 年 9 月招生上課的。由僞廣東省政府委派邱灼暉爲校長。全校共有教職員 41 名，其中男 22 名，女 19 名。開辦第一年，設置的班級有高中師範科三個年級各一班，學生分別 11、26、24 人，圖工樂體師範專科一班，學生 20 人，共有 81 人。

廣州市立師範學校是在 1941 年 8 月 1 日舉行的開學典禮。全校職教員據1942 年統計共有 49 名。其開設的班級，高中一年級三班，男生 55 人，女生61 人，共 116 人；初中二年級五班，男生 17 人，女生 191 人，共 208 人；初中一年級一班，男生 27 人，女生 57 人，共 84 人，全校共有學生 408 人。〔註55〕兩個師範學校在讀的師範生接近 500 人。〔註 56〕

除了上述師範學校及師範科之外，在廣州市還開辦了一間市立師範講習

〔註 52〕 本來計劃兩校均增設高中師範科兩班，但市一女中因招生沒有足額，只開辦了一班。見《廣州市政公報》1941 年第 13 期。在市立一女中於 1941 年 8 月改爲廣州市立師範學校之後，原附設於市立第一中學的高中師範科兩班則撥歸市立師範學校辦理。見《廣州市政府公報》1941 年第 19 期。

〔註 53〕 汕頭市社會局本來計劃在市立第一中學開設高中師範科一班，但由於無人報名，因此改設簡易師範科，於 1941 年 9 月 1 日開學。《汕頭市市政公報》1941年第 4 期。

〔註 54〕 廣東省政府秘書處編：《廣東省政概況》，1942 年。

〔註 55〕 廣東省政府秘書處編：《廣東省政概況》，1942 年。

〔註 56〕 廣東省政府秘書處編：《廣東省政概況》，1942 年。

所。該講習所是由廣州市政府社會局開辦的，所長一職初由社會局長陳嘉靄兼任。入所受訓的學員主要是那些經登記合格但並未分配就職的小學教員以及現任的市小教員。〔註57〕第一期學員在 1941 年 5 月 8 日正式開始上課。這一次招收的學員人數共有兩百餘名，分甲乙丙丁四班授課。訓練期間為六個月，訓練結束之後，除現任市小教員返回原校之外，其餘尚未分配的學員則分別派充小學教員。〔註58〕

顯而易見，通過上述這些教育機構每年所能夠培養出來的小學師資數量是極為有限的。而且那些師範生還需要兩到三年的時間才能夠畢業，這就使得其能夠分配於小學校的人數更少，遠遠不能解決初等學校的師資問題。因此，跟中等學校一樣，初等學校也大都依靠教師檢定來獲得足夠多的教師。

關於教師檢定，在第三章討論中等學校師資的時候已經作過介紹，這裡再將涉及初等學校教員檢定的內容進行進一步的說明。當時由於節省經費的緣故，所以廣東省淪陷區的小學教員檢定委員會並未單獨設立，而是與中等學校合併組織了中小學教員檢定委員會，由其中的小學組負責檢定小學教員。其檢定辦法，按照省政府教育廳於 1941 年 6 月 21 日訂定的《廣東省小學教員檢定暫行規程》辦理。〔註59〕經過此次檢定，合格的小學教員共有 1769 名，由檢定委員會發給合格證書。〔註60〕

除了由偽廣東省政府教育廳統一組織的中小學教員檢定之外，廣州與汕頭兩市還分別舉行了各自的小學教員檢定。早在省教育廳制定上述規程之前，廣州市政府教育局就已經於 1940 年 6 月擬訂了《廣州市小學教員檢定規程》及《廣州市小學教員檢定委員會組織規程》，並經第四次市政會議通過實施。〔註61〕汕頭還在 1941 年 9 月舉行了市小新校教員抽籤，並由同月成立的整理小學委員會負責。在該委員會於 13 日召開的第一次委員會議上制定了《汕頭市檢定小學教員臨時抽籤派充辦法》。根據該辦法，此次教員抽籤，分專科與普通科兩種。抽籤於 9 月 18 日舉行，抽籤中選者由社會局當場登記，並發給待用證。後經市政府依額分科派充各市立小學教員。〔註62〕

〔註57〕此處的「登記」辦法，指汪精衛國民政府在 1940 年 10 月 15 日頒發的《小學教員登記規程》。

〔註58〕《廣州市政府行政報告》，《廣州市政公報》1941 年第 19 期。

〔註59〕《廣東省政府公報》1941 年第 14 期。

〔註60〕廣東省政府秘書處編：《廣東省政概況》，1942 年。

〔註61〕《廣州市政公報》1940 年第 2 期。

〔註62〕《汕頭市市政公報》1941 年第 7 期。

　　兩市甚至還先後舉行了小學校長教職員的公開招考。汕頭是在 1941 年 8 月舉行的。為了招考新開辦的六間市立小學的校長，由汕頭市政府社會局組織了考試委員會負責辦理各項招考工作。為此還特意制定了《汕頭市社會局招考市立小學校校長考試暫行簡章》經市政會議通過。〔註 63〕考試分筆試與口試兩種。在 8 月 10 日舉行了筆試，其科目為國文、教育原理、教學法、教育行政、常識問答等五種。筆試及格者則在 14 日參加口試。最後分「正取」與「備取」，其中正取陳樹如、曾漫江、何凱、陳重明、馬德生、姚博志等六名，備取邱彬、胡兆徵、李俊侯、陳子獻等四名。〔註 64〕

　　廣州市則在 1943 年舉行了小學校長教員招考。同樣由社會局組織考試委員會，並制定了《廣州市社會局考錄小學校長教員章程》及《廣州市政府社會局舉行考錄小學校長教員臨時辦法》。考試從 2 月 3 日開始，分筆試和口試，連續進行了四天。最後被取錄的，校長正取 5 名，備取者 3 名，級任教員 29 名，專科教員 3 名。〔註 65〕此外，廣州市政府還在 1941 年招考了 31 名日語教員分配於各市立小學高年級教授日語。〔註 66〕

　　那麼，通過上述各種方式所聘任到的小學教員，其學歷程度如何呢？現在以偽廣東省政府教育廳對各縣市公私立小學在 1942 年度第一學期教職員學歷情況所作的統計為例。在此次統計的 6175 名教職員中，此次統計的結果如下表所示：

表 4-10　廣東省公私立小學教職員學歷統計表（1942 年度第一學期）

學歷	合計	高級師範或大學畢業者	師範學校或高中師範科畢業者	簡易師範或鄉村師範畢業者	專門學校畢業者	中學畢業者	其他
人數	6175	222	1191	1195	332	2161	1074
百分比	100.00	3.60	19.28	19.35	5.37	35.00	17.39

資料來源：廣東省教育廳編：《廣東省教育統計表》（三十一年度第一學期）。

由上表，可以看到，廣東省淪陷區公私立小學所聘任的小學教師大部分都符合《修正小學規程》對於教師任職資格的要求。其中，尤以中學畢業者最多，

〔註 63〕　《汕頭市市政公報》1941 年第 5 期。
〔註 64〕　《汕頭市市政公報》1941 年第 6 期。
〔註 65〕　《廣州市政公報》1943 年第 34 期。
〔註 66〕　《廣州市政府行政報告》，《廣州市政公報》1941 年第 19 期。

其次就是師範學校以及各種程度的師範科，少數則是高等學校畢業。考慮到
這些教師大部分都是通過檢定而被聘任的，而他們的畢業證書及學歷證書則
基本上都是在淪陷前由原南京國民政府的各級學校頒發，這也就意味著有眾
多的人選擇了在淪陷區的小學工作。

二、教師待遇

　　對於汪精衛國民政府來說，要將「和平、建國、反共、睦鄰」等建國要
義植入眾多小學生的頭腦，那麼小學教師所肩負的「責任」將是最為關鍵的。
而提高小學教師待遇的問題就與此有著最為直接的關係。在汪精衛國民政府
看來，至少從其寫在政策文本中的話語來看，這些地位最為清苦而待遇又甚
為菲薄的小學教師，其「個人生活已感竭蹶，遑論贍顧，更如何責其安心循
誘，負荷和建之重任？」對這些教師若不設法救濟，「必致優良教師改適他途，
闖茸之輩，濫芋黌舍，影響國本，殊非淺鮮」。〔註67〕因此，汪精衛國民政府
在其成立之後，便多次下發關於提高小學教師待遇的訓令，以使其能夠「維
持生活，安心教學」。

　　不過，對於汪精衛國民政府所下達的這些訓令，廣東省淪陷區各縣市政
府的執行情況差別極大。根據偽廣東省政府教育廳對各縣市公私立小學在
1942 年度第一學期教職員的月薪情況所作的統計來看，如果以 50 元作為分
界，在其統計到的 6175 名教職員中，月薪在 50 元以下的就有 4049 人，其餘
的 1822 人則在 50 至 100 元之間。前者以東莞、中山為最多。東莞這次統計
的 1272 名教職員月薪全部都在 50 元以下，中山 1502 名教職員中則有 910 人，
而就在這 910 人中，有 883 人月薪還在 20 元以下。後者以廣州、汕頭以及潮
安三市縣最多，一共有 1526 人。顯然，廣東省淪陷區小學教員的月薪水平總
的來說是非常低的，除了廣州、汕頭、潮安三地，其他縣份的月薪基本上都
在 50 元以下。〔註68〕

　　以廣州來說，市政府在提高小學教師待遇問題上還算是比較重視的，曾
幾次對小學教員的月薪進行調整。在 1941 年之前，該市小學教職員薪俸多參
差不齊，校長薪俸有 90、85、80、70、65、60、50 等七級，小學教員薪俸則

〔註67〕《准教育部諮提高各地小學教師待遇令仰遵照》，《廣東省政府公報》1940 年
　　　　第 6 期。
〔註68〕廣東省教育廳編：《廣東省教育統計表》（三十一年度第一學期）。

有 60 元、50 元、45 元、40 元、35 元五級。對此，廣州市社會局在 1941 年 5
月「呈擬改善市立小學教職員待遇辦法」獲得市政府批准，並經轉呈省政府
核准。該辦法，將小學校長薪額一律改為 85 元，教員薪額一律改為 70 元。
這一劃一辦法，從該年七月開始實行。〔註69〕到 1943 年 1 月，廣州市社會局
再次「呈擬提高市小校長員待遇」，經第 123 次市政會議決議通過。〔註70〕此
次調整小學教師薪俸，計劃從 1943 年 2 月份起，一律提高校長助教及各級主
任教員待遇。其具體增薪計劃見下表所示：

表 4-11　廣州市立小學各校長、教員、助教增薪比較表（軍票數）

職別	名額	原支薪額	合計	現擬增支薪額	合計	比較增支
完全小學校長	60	85	5100	95	5700	600
一中/師範附小主任	各一員	85	170	95	190	20
小學助教	62	50	3100	55	3410	310
初小校長	16	85	1360	90	1440	80
簡小校長	4	85	340	90	360	20
高年級級主任教員	129	80	10320	85	10965	645
中低年級主任教員	294	70	20580	75	22050	1470
專科教員	68	70	4760	75	5100	340
日語教員	42	一名 95 一名 85 40 名 70	2980	一名 100 一名 90 40 名 75	3190	210
初小教員	51	70	3570	75	3825	255
簡小教員	5	70	350	75	375	25
幼稚班教員	5	70	350	75	375	25
合計	738		52980		56980	4000

資料來源：《廣州市政公報》1943 年第 33 期。

　　該年 10 月，市社會局又「呈擬請由十月份下半月起市小校長教員增加薪
給」，經提付第 158 次市政會議決議通過。此次調整，最大的變化是將校長的
薪俸根據其績效分級支薪。分級標準是按照學校班級數、個人資歷以及工作
考成為標準，分為一二三四級，其月薪分別為 120 元、130 元、140 元、150

〔註69〕《廣州市政府行政報告》，《廣州市政公報》1941 年第 19 期。
〔註70〕《廣州市政公報》1943 年第 34 期。

元。此外，還將日語教員的薪俸與中低年級專科教員一樣調整爲 100 元。其他普通教員的月薪也分別予以了提高，高年級教員爲 110 元，助教爲 75 元，幼稚班教員爲 100 元。〔註71〕

　　但大部分縣份由於經濟狀況惡劣，所以不管是私立小學還是公立小學，其教師的月薪水平都非常糟糕。儘管如此，還是有眾多的人選擇去從事這一職業。究其原因，大部分都是由於生活所迫。像當時身在佛山的潘耀光年僅 17 歲，由於父親去世，無人維持家計，也沒有親友資助，最初便靠變賣家具衣物甚至拆賣居屋的建材而維持母子二人的生活。其後還做了一段時間的瓜販。後因街坊約同赴南海九江鎮區立小學做教師，僅僅因爲有固定的「半飽」收入，而聊勝於眼看難以活下去的狀況，因此，便同意一同前往。不過，當時從佛山到南海，並非那麼容易，沿途得經過南海、順德。而就是在這些交界地帶，正好是日軍、游擊隊以及土匪活躍的地區。儘管有這樣的風險，但爲了找尋生路，最後還是決定冒險一試。在經過了幾天的混亂旅途之後，終於平安到達了九江鎮的區立小學。然而，在九江的生活卻令其大失所望。不僅所發的月薪難以維持基本的生存需要，而且就連這一點點工資，還得經多次才能發到手上。所以，在當了三個月的國語教師之後便又返回了佛山。〔註72〕潘的這番經歷大概在當時很多從事小學教師的人身上都曾經發生過。

　　但是，小學教師的薪資水平好壞與其是否能夠「負荷和建之重任」之間究竟有多大的關係，由於廣東省淪陷區整體的薪資水平太低，因此對於這個問題很難作出一個清晰的判斷。事實上，就僞廣東省政府及縣市政府來說，那些所謂的「和建」重任並不是通過教師薪資的調整去實施的，而主要是在教師檢定及教師服務的過程中加以貫徹的。只要翻閱一下當時制定的各種有關教師檢定、招考以及教師服務的法規，就可以看到與「和建」有關的詞句。比如，汕頭市政府制定的《招考市立小學校校長考試暫行簡章》就規定只有「思想純正遵守和平反共建國之教育方針者」才可以應考小學校長。〔註73〕在其制定的《汕頭市立小學校教職員服務暫行條例》中，則規定教師如果「有違背和平反共建國國策之行爲或言論者」則可能會受到免職的處分。〔註74〕

〔註71〕《廣州市政公報》1943 年第 42 期。
〔註72〕潘耀光：《淪陷時期去九江做教師的痛苦經歷》，政協南海縣委員會文史組編：《南海文史資料》第 8 輯，1986 年，第 20～25 頁。
〔註73〕《汕頭市市政公報》1941 年第 5 期。
〔註74〕《汕頭市市政公報》1941 年第 3 期。

　　上引的兩個例子，前者是對思想所作的要求，後者則是以行為或言論本身為判斷標準。顯然，對後一種的實施要簡單得多，對思想則很難做出判斷。因為，這些教師完全可能以「虛與委蛇」的方式來通過所謂的「思想檢定」。正因為如此，這些被聘任的教師，其在教學中的表現如何，是否真的可以負荷和建之重任，在很大程度上反而與教師的個人選擇有著更為直接的關係。

第三節　課程設置

　　廣東省淪陷區初等學校的課程設置，可以僑廣東省政府成立為界，大致分為兩個時期。在之前的維持會時期，其課程設置與當時的教育目標是相一致的。正如第一章討論教育方針政策時所說的，那個時期的教育僅僅是作為日本軍事佔領政策的附屬物，並沒有將其當作一種事業去發展。因此，在課程設置上，表現出了十足的親日色彩，對於基礎學科的學習也是特別輕視。下面以1939年廣東省治安維持委員會民政處所制定的小學課程表為例：

表 4-12　暫定小學學科時間表

課程		低年級 一年、二年	中年級 三年、四年、五年	高年級 六年
修身（公民）		2 課時	2 課時	2 課時
中國文	讀法	6 課時	4 課時	4 課時
	做法	1 課時	2 課時	2 課時
	書法	2 課時	2 課時	1 課時
社會常識		2 課時	2 課時	2 課時
日本文		6 課時	6 課時	6 課時
算術	筆算	3 課時	4 課時	4 課時
	珠算		1 課時	1 課時
歷史				2 課時
地理				2 課時
自然				2 課時

衛生			1 課時
美術勞作	3 課時	3 課時	3 課時
音樂	2 課時	1 課時	1 課時
體育	3 課時	3 課時	3 課時
每周共計	30 課時	30 課時	36 課時
時間共計	1200 分鐘	1200 分鐘	1440 分鐘

說明：初級每時間上課四十分，休息二十分，高年級可酌度情形，上課五十分休息十分。

資料來源：《廣東治安維持委員會公報》，1939 年。

　　由上表可以看到，這一課程設置是一種完全的倒退。不僅修身科被重新添加到了小學課程表中，而且對於屬於「常識課」的幾門科目包括歷史、自然、地理、衛生，除了六年級開設之外，其他各年級均不予開設。而日語課不僅被規定爲各個年級的必修課，而且其課時還被安排爲一週六個課時。從這一課程設置中所體現出來的親日媚日之態，比起維新政府時期還要更甚。以下是維新政府於 1939 年所制定的小學課程表：

表 4-13　維新政府小學教學科目及每周教學時間表

科目			初級				高級	
			一年級	二年級	三年級	四年級	五年級	六年級
修身			60	60	60	60	60	60
體育			120	120	180	180	180	180
國語			420	420	420	420	420	420
日語							180	180
歷史	社會	常識	150	150	150	180	60	60
地理							60	60
自然							90	90
衛生							30	30
算術			60	150	180	210	180	180
勞作			90	90	90	90	60	60

美術	60	60	60	60	60	60
音樂	60	60	90	90	60	60
總計	1020	1110	1260	1290	1440	1440

資料來源：《小學暫行規程》，《維新政府公報》1939 年第 34 號。

在維新政府所制定的課程表中，常識課是每個年級都開設的課程，而日語課僅僅規定爲高年級的必修課，對初級小學則「以不設外國語（英語或日語）爲原則，但參酌地方情形，認爲需要者，得增設之。」〔註75〕

汪精衛國民政府成立之後，對原南京國民政府頒佈的《小學校法》及《小學校規程》分別進行了修正。並在 1940 年度第一學期開始之前，由教育部依照修正頒佈的《小學校規程》制定了「小學教學科目及每周教學時間表」。〔註76〕根據此次公佈的課程表，普通小學開設的課程包括：公民、國語、算術、日語、常識（高年級分爲自然、歷史、地理）、唱遊（體育、音樂）、工作（勞作、美術）以及修學指導。這與原南京國民政府教育部於 1936 年 7 月公佈的《修正小學規程》中有關「小學教育科目及每周教育時間表」大致相同。不過，在此次公佈的課程表中並未列入日語課，而是附加了這樣一條說明：「外國語以不授爲原則，但於大都市區域，依實際需要，高年級得於正課外補授外國語（日語或其他外國語）。」

實際上，關於日語課的開設問題，在汪精衛國民政府教育部公佈上述課程表的前後，在中日之間掀起了不小的波瀾。在此之前，教育部鑒於「小學爲啓蒙時期，對外國語扞格不入，且兒童學習能力有限，負擔太重，尤與教育原理相悖」，因此，並未將外國語列入小學課程之中。在 1940 年 6 月召開的全國各省市教育會議上，還有在小學階段取消外國語的決議。不過，日本方面卻將「日語之是否列爲中小學必修課程，以覘我中日親善程度與眞誠之情勢」。因此，教育部爲了「兼籌並顧」，才在此次公佈的小學課程表中作了這一補充說明。〔註77〕

不過，這一附加說明，也就意味著日語課在汪精衛國民政府最初的設計中，並非是作爲必修課，而且其地位與其他外國語相比併未有特別突出之處。

〔註75〕《小學暫行規程》，《維新政府公報》1939 年第 34 號。
〔註76〕《廣東省政府公報》1940 年第 5 期。
〔註77〕《汪僞教育部長趙正平致汪精衛呈文》（1940 年 7 月），中央檔案館等編：《汪僞政權》，北京：中華書局，2004 年，第 846 頁。

顯然，教育部對小學日語課的這一處理方式，並不能體現出對於日本的「親善與真誠」。對這一牽涉「國交」的重大問題，汪精衛於該年 7 月 27 日命令教育部擬訂了一個《關於中小學課程調整之意見》。並通令各地教育行政機關轉飭各都市小學及鄉村小學按照「意見」中有關「小學日語課程調整原則及過渡辦法」分別辦理。該調整原則及過渡辦法如下所示：〔註78〕

小學校日語課程調整原則及過渡辦法

（一）原則

小學課程，無論初級、高級，本無外國語之規定，僅少數大都市因其實際需要，間有在高小加授外國語（大抵係英語）者，今可於小學課程表中附加說明一條如下：

外國語以不教授為原則，但於都市區域，依實際需要，高年級（即五、六年級）得加授外國語。（日語或其他外國語）（此項原則可公開發表）。

（二）過渡辦法

現在各小學，如事實上已列有日語課程者，應按照上述原則即行更正，如確有困難一時未易改正者，得暫行採用下列過渡辦法：

一、都市小學

甲、原五年級已授日語者，本學期升入六年級，得繼續之。

乙、原四年級已授日語者，本學期升入五年級，得繼續之。

丙、原三年級已授日語者，本學期升入四年級、明年升入五年級，均暫得繼續。

丁、原二年級及一年級，本學期升級後亦不得加授日語，須俟遞陞至五年級時，如實際需要，始得加授。

戊、原三、四年級並無加授日語者，不得再行加授。

己、原五、六年級並無加授日語者，加授與否，應依實際需要而定。

以上辦法，在使現在已授日語者，得於升級後繼續授至畢業為止。其他本學期升級後，在四年級以下者，如原未授日語，則非俟升至五、六年級不得加授，並須符合「實際需要」之規定。如此三

〔註78〕《汪偽教育部致行政院呈文》（1940 年 8 月 10 日），中央檔案館等編：《汪偽政權》，第 847～849 頁。

年之後，大都市小學高年級可依實際需要而授日語，低年級不授。

二、鄉村小學

甲、原五年級已授日語者，本學期升入六年級，得繼續之。

乙、原四年級已授日語者，本學期升入五年級，得繼續之。

丙、原三年級已授日語者，本學期升入四年級、明年升入五年級，均暫得繼續。

丁、原二年級及一年級，此後遞陞至三、四、五、六年級，均不加授日語。戊、原三、四、五、六年級並無加授日語者，不得再行加授。

以上辦法，在使現在已授日語者，得按其升級繼續授至畢業爲止。至於本學期升級後在四年級以下者，則雖遞陞至五、六年級，亦不加授日語。如此則三年之後，鄉村小學日語課程可以告一段落。

此後一依部章辦理（此項調整過渡辦法，以不公開發表爲宜）。

在上述課程表及「小學校日語課程調整原則及過渡辦法」下發到廣東省淪陷區各市縣以後，各市縣政府教育主管機關及各初等學校便根據情況制定了各自的教學科目及教學時間表。以汕頭市政府社會局於 1941 年 5 月制定的課程表爲例：

表4-14　汕頭市市立小學校各年級每周教學科目及節數表

科目		一		二		三		四		五		六	
		上	下	上	下	上	下	上	下	上	下	上	下
公民		2	2	2	2	2	2	2	2	2	2	2	2
國語		13	13	13	13	13	13	13	13	13	13	13	13
算術		4	4	6	6	6	6	8	8	7	7	7	7
常識	自然	6	6	6	6	8	8	8	8	5	5	5	5
	歷史									3	3	3	3
	地理									3	3	3	3
日語										4	4	4	4
唱遊	體育	6	6	6	6	5	5	5	5	5	5	5	5
	音樂					2	2	2	2	2	2	2	2

工作	勞作	6	6	6	6	3	3	3	3	3	3	3	3
	美術					2	2	2	2	2	2	2	2
修學指導		6	6	5	5	4	4	3	3	2	2	2	2
活動時間		4	4	3	3	3	3	2	2	2	2	2	2
合計		47	47	47	47	48	48	48	48	53	53	53	53

說明：1、時間支配以三十分鐘爲標準，視科目教材之性質可分別延長到六十分鐘。
　　　2、國語科包含說話、讀書、作文、寫字四項。
　　　3、算術科包含珠算筆算二項。
　　　4、活動時間係指課外運動、課外作業、兒童自治團體活動等集團作業。

資料來源：《汕頭市立小學校暫行組織章程》，《汕頭市市政公報》1941 年第 3 期。

　　在上述課程表中，日語課僅在五年級跟六年級開設，授課時間爲 4 課時。不過，在該年 10 月，社會局又對上述課程表作了修正，要求四年級也要開設日語課，教學時數同樣爲 4 個課時。〔註 79〕不過，雖然在一些年級開設了日語課，但並未將其列爲考試科目。在《汕頭市立小學校暫行組織章程》中所開列的考試科目僅有公民、衛生、國語、社會、自然、算術、勞作、美術、體育、音樂等，並未包含日語。〔註 80〕

　　在廣東省淪陷區大部分的小學都有開設這門語言課程，只是在開設的年級及課時的規定上略有不同。像廣東大學實習小學，因爲該校只有五個年級，日語課從三年級便開始開設，三個年級的課時分別爲 2、3、3。〔註 81〕有些學校則是將日語與英語兩種語言課程同時開設。也有少數學校並未開設日語課，特別是私立小學，如私立沙灣中學附屬小學即是如此。〔註 82〕

　　從上面關於日語課的討論，可以看到，不管是對於汪精衛國民政府還是其轄下的各級政府，對於日語課的開設其實都有一些不得不爲之的尷尬之處。對汪精衛國民政府來說，爲了表明其作爲中央政府的獨立性，是不願意受制於日本方面的。不過，尷尬之處就在於這個「中央政府」並不能擺脫日本的干涉。所以當日本興亞院文化局局長及大使館書記官要求將日語課列爲中小學必修課，並將日語課的開設與否視作中方親善程度的重大舉措之時，

〔註 79〕《汕頭市市政公報》1941 年第 8 期。
〔註 80〕《汕頭市立小學校暫行組織章程》，《汕頭市市政公報》1941 年第 3 期。
〔註 81〕廣東大學實習小學編：《廣東大學實習小學週年紀念特刊》，1942 年。
〔註 82〕私立沙灣中學編：《私立沙灣中學概況》，1944 年。

汪精衛國民政府不得不採取了上述的那些所謂折中之法。而對其轄下的地方
政府來說，既有遵循「中央」意旨而不得不予以執行的情勢，不過，在實施
的過程中又儘量採取了一些應對之策。由此可見，在日語課的開設問題上，
日方是強力爲之，在「僞」方卻是不得不「勉力」爲之，這也正好反映出了
汪精衛國民政府的矛盾之處。

　　顯然，日語課的問題是讓汪精衛國民政府及其地方政府十分尷尬的一項
難題。正因爲如此，所以在下發「小學校日語課程調整原則及過渡辦法」時，
對於「過渡辦法」一項要求各級政府以及各學校對此「以不公開發表爲宜」。
有意思的是，對日語課的開設問題如此秘而不宣，但對其他課程卻是大肆宣
揚。即使是那些表現出親日色彩的課程，也並未顯示出遮掩之態，反而在各
種場合直接爲其進行鼓吹。對於汪精衛國民政府來說，之所以有如此的差別，
其原因可能就在於除了日語課以外其他課程都是該政府主動選擇的結果，是
中方向日方主動表達誠意，而非日方的強迫。而對於那些並不顯示親日色彩
的課程，則更是奮力進行宣傳。

　　在這方面，最爲顯著的就是汪精衛親自擬定的「新國民運動」的實施。
這一運動，實際上包涵了體格、習慣、人格、思想、消費、勞動等眾多的內
容，與蔣介石的「新生活運動」如出一轍。各級政府以及各個學校在進行「新
國民運動」宣傳的時候，既能將其與正在進行中的大東亞戰爭並提，也可以
僅僅將其作爲單純的訓育目標加以實施。正因爲如此，所以各個學校在實施
此項運動的時候可以有很大的伸縮餘地。而與其相關的課程，如體育、課外
活動、童子軍訓練等等就常常成爲各級政府重點實施的科目。比如，在全國
第二屆教育行政會議上就通過了三項議案，分別是「請教部通飭各省市小學
教育應以健康訓練爲中心案」、「請教部通飭各省市轉飭各省市各級學校懸掛
汪主席玉照以激發青年精神統一全國意志案」及「請教部通飭各省市轉飭全
國學校課外活動，除積極鍛鍊體格外，應注意生活習慣與人格陶冶案」。〔註
83〕僞廣東省政府教育廳爲了「增進兒童身體內外各器官之功能，助長兒童全
體之發育」，因此，通令全省各小學校，增設遊戲、舞蹈、模仿運動、機巧運
動、田徑運動、器械運動、簡易國術等項，「以期養成兒童趨向正當運動」。
爲此，還特地將原全國體育協會在 1933 年頒發的《小學體育課程標準》編訂

〔註83〕《廣東省政府公報》1941 年第 16 期。

成冊以作爲各校「劃一教材」。〔註84〕

在這裡，還需要對小學教科書的問題作一下說明。在僞廣東省政府成立之前，廣東省淪陷區各小學所使用的教科書比較混亂。既有採用原南京國民政府教育部所審定或者編定的各種教科書，也有的是使用維新政府編審過的教材，還有自編講義進行教學的。在這之外，廣東治安維持委員會還成立了一個小學教科書編撰委員會編輯了一些小學教科書，並要求其轄下的番禺、南海、東莞等幾個縣市的公私立小學及私塾採用。〔註85〕在汪精衛國民政府成立之後，則基本上都是採用的汪精衛國民政府所編撰的國定教科書。

關於汪精衛國民政府教科書編審制度的問題，在第三章討論中等學校教科書的時候已經有所提及。至於初等學校所使用的這套國定教科書，是在1940年7月底編撰完成的，共有九種四十八冊，分別是初小國語（第一至第八冊）、初小常識（第一至第八冊）、初小算術（第一至第八冊）、高小國語（第一至第四冊）、高小公民（第一至第四冊）、高小地理（第一至第四冊）、高小算術（第一至第四冊）、高小歷史（第一至第四冊）、高小自然（第一至第四冊）。〔註86〕在這套國定教科書編輯完成之後，教育部隨即通令各公私立小學「爲統一教科用書，並推行和運國策起見」一律「遵用」國定課本。〔註87〕此後又一再發出關於使用國定教科書的訓令。

除了這套國定教科書以外，其他未編定教科書的科目，比如勞作、美術、體育、音樂以及活動等課程，則由教師自編講義。此外，還有所謂的鄉土教材的編撰，比如廣州市就將社會局在1941年所編的《新廣州概覽》一書發給市小學校作爲廣東鄉土教材的參考用書。〔註88〕

至於各門課程的教學，在大部分課程的講授上，與之前並沒有太大的區別。不過，正如在第三章曾經說過的，在眞實的課堂上，會講授哪些內容，其實與教師有著很大的關係。這些教師之中，就可能有完全按照汪精衛國民政府所編撰的教科書去講授的，這其中就可能會涉及到有關中日親善的內容。但是，對於這些內容，教師也可以選擇不去講授，或者按照自己編輯的講義去講授。所以，在小學課堂上，任何情況都有可能會發生。至於哪種情

〔註84〕《廣東市政公報》1941年第17期。
〔註85〕《指飭江北行政總局採用小學教科書》，《番禺縣政公報》1940年第3期。
〔註86〕《廣東省政府公報》1940年第7期。
〔註87〕《廣東省政府公報》1941年第19期。
〔註88〕《廣東省政府公報》1942年第28期。

況所佔的比重更大，由於資料的關係，要對此作出明確的回答實際上是非常困難的。

第四節　訓育

　　跟初等學校的教師一樣，在淪陷區的初等學校上學的學生，也是整個學校系統中人數最爲龐大的一群人。這些學生在入學之前，對於道德的、知識的各項認知還處於剛剛啓蒙的狀態。正因爲如此，這些學生進入淪陷區的小學讀書，與其說是他們的自我選擇，還不如說是由各自的父母所作的決定。而如此多尚處於懵懂狀態的兒童，當他們最初進入學校，首先學習的可能就是各種行爲處事的規範。爲此，就需要接受包括「體格」、「德性」、「經濟」與「政治」等諸多方面的訓練。而這種訓練主要就是通過訓育予以實施的。那麼，他們在學校中所接受的這種訓練具體情況是怎樣的呢？這種訓練與原南京國民政府所實施的有何不同？各個學校有沒有在訓練的過程中進行諸如「和平反共建國」的思想灌輸？本節接下來就將對這些問題進行具體討論。

一、訓育目標

　　在小學階段實施訓育，始於原南京國民政府時期。原教育部在 1933 年 2 月公佈了《小學公民訓練標準》作爲初等學校實施公民訓練可資借鑒的依據。〔註89〕汪精衛國民政府成立之後，教育部下設的中小學訓育實施委員會於 1940 年也制定了一個《小學公民訓練標準草案》，要求各個學校試行。查看兩個教育部前後制定的訓練標準，除了在前一個「訓練標準」中有一個總的「綱要」，而在「訓練標準草案」中予以了刪除以外，二者並沒有什麼不同。這一草案，在試行一年之後經過修正便正式頒行於其統治區域內的初等學校。

　　這一修正後公佈的訓練標準，與原草案最大的不同之處，是將目標第四項「關於公民的政治訓練」由「養成奉公守法的觀念，愛國愛群的思想」修正爲「養成奉公守法的觀念，愛國愛群的思想，並瞭解國父遺教及和平建國之策」。修正後的「訓練目標」，如下所示：

　　　　發揚中國民族固有的道德。以忠孝仁愛信義和平爲中心，並採

〔註89〕宋恩榮、章咸選編：《中華民國教育法規選編》，南京：江蘇教育出版社，2005年，第 240～259 頁。

取其他各民族的美德，制定下列目標，訓練兒童，以養成健全公民。

　　一　關於公民的體格訓練：養成整潔衛生的習慣，快樂活潑的精神；

　　二　關於公民的德性訓練：養成禮義廉恥的觀念，親愛精誠的德行；

　　三　關於公民的經濟訓練：養成節儉勞動的習慣，生產合作的知能；

　　四　關於公民的政治訓練：養成奉公守法的觀念，愛國愛群的思想，並瞭解國父遺教及和平建國之策。

　　事實上，重慶國民政府教育部在中日戰爭開始開始之後，對此前頒佈的《小學公民訓練標準》也進行了修正，並將「小學公民訓練標準」改為「小學訓育標準」。修正後的《小學訓育標準》在 1941 年 10 月公佈，從 1942 年開始在國統區正式加以實施。在《小學訓育標準》中，重慶國民政府教育部將訓育目標規定為：〔註90〕

　　　　根據建國需要，發揚我國固有道德及民族精神，制定標準，訓練兒童，以養成奉行三民主義的健全公民。其目標如下：

　　　　一、關於公民的身體訓練：養成運動衛生的習慣，活潑勇敢的精神，使能自衛衛國。

　　　　二、關於公民的道德訓練：養成禮義廉恥的觀念，親愛精誠的德性，使能自信信道。

　　　　三、關於公民的經濟訓練：養成節儉勞動的習慣，生產合作的知能，使能自育育人。

　　　　四、關於公民的政治訓練：養成奉公守法的觀念，愛國愛群的思想，使能自泊治事。

其中的「願詞」部分，也由原來的「我願遵守中國公民規律，使我身體強健，道德完全，做一個中國的好公民，準備為社會國家服務。」修改為「我願遵守青年守則，修養我的人品；使我的身體強健，使我的道德增進！我願遵守青年守則，立定我的決心；為社會生產服務，為國家奮鬥爭存！我願做一個中國的好公民，奉行三民主義，向大同的世界前進！」

　　從兩個國民政府修正後公佈的有關小學訓育的文件，可以看到，不管是汪精衛國民政府還是重慶國民政府，都試圖加強對初等學校學生的思想訓導。希望通過訓育的實施，將各自的施政理念與建國要義灌輸到兒童的頭腦

〔註90〕中國第二歷史檔案館編：《中華民國史檔案資料彙編》第 5 輯第 2 編教育 1，第 179 頁。

中，尤爲重要的是要通過訓練使他們的一言一行、一舉一動都嚴格按照既定的準則加以規範。同樣都要「愛國」，區別就在於是「和平」愛國還是「爲國奮鬥爭存」。

汪精衛國民政府教育部公佈《小學公民訓練標準草案》之後，廣東省淪陷區各市縣政府以及各個學校便根據部頒草案擬訂了各自的有關實施小學訓育的方針、綱要以及實施辦法、實施細則之類的章則。比如廣州市政府就制定了《廣州市小學生訓練實施綱要及實施詳細辦法》。〔註91〕學校方面，如省立廣東大學附屬實習小學所制定的「訓育大綱」，〔註92〕省立第一中學附屬小學所制定的《小學訓育方針及其實施辦法》，〔註93〕等等。

查考這些章則，其關於訓育目標或訓育方針的規定，基本上都是圍繞著汪精衛國民政府所規定的體格、德性、經濟以及政治四方面的目標而制定的。在德性與政治方面則基本上都包含了三方面的內容，即以忠孝仁愛信義和平作爲道德修養的標準、以孫中山遺教作爲思想訓練的中心、以新國民運動作爲行爲的指針。其中，關於孫中山遺教，還將其明確爲孫中山曾提出的「三民主義」及「大亞洲主義」。比如廣東大學附屬小學就根據國民政府政綱「以和平反共建國爲教育方針，並提高科學教育掃除浮囂空泛之學風」之規定，將訓育方針規定如下：1、養成兒童有和平、親善、敦睦、友愛之精神；2、養成兒童首腦並用、生產就業之技能；3、養成兒童敬、信、愛、勤、禮、義、廉、恥之美德；4、啓發兒童科學之思想；5、發展兒童審美的興趣。〔註94〕省立五中附屬小學也規定要以「遵照和平反共建國之國策，厲行新國民運動，爲訓育之中心思想。」〔註95〕

從上述的討論，可以看出，汪精衛國民政府及其轄下的各級政府乃至學校對小學生所實施的這種所謂的「訓育」教育，其實沒有任何創新之處，與原南京國民政府以及重慶國民政府一樣在其中糅合了古今中外各種元素。既有忠孝仁愛、道德廉恥之類的古人訓誡，還包含著若干啓發兒童審美情趣以及科學思維之類的現代觀念。這種雜糅古今的做法，正是整個民國時期各種教育文本最爲習慣的表述方式。對於汪精衛國民政府來說，通過對學生訓育

〔註91〕《廣州市小學生訓練實施綱要及實施詳細辦法》，廣州，1944年。
〔註92〕廣東大學實習小學編：《廣東大學實習小學週年紀念特刊》，1942年。
〔註93〕廣東省立第一中學編：《廣東省立第一中學概覽》，廣州，1943年，第22頁。
〔註94〕廣東大學實習小學編：《廣東大學實習小學週年紀念特刊》，1942年。
〔註95〕廣東省立第五中學編：《廣東省立第五中學一周內紀念冊》，佛山，1942年。

教育的實施，一方面既是表示對舊有的政治習慣的繼承，同時也是爲了向學生灌輸該政府那一整套新的政治意識形態，尤其是有關「睦鄰友好」、東亞聯盟、大亞洲主義一類的思想。

二、訓育實施

爲了將訓育目標或訓育方針在小學生中予以具體實施，需要制定極爲細緻的實施辦法，同時還需要制定一系列的實施細則，以使負責訓育教育的教師和學生能夠按照規定步驟進行訓練。廣州市政府社會局所制定的《廣州市小學生訓練實施綱要及實施詳細辦法》就是一個很好的坎本。社會局在該辦法公佈之後，便要求全市小學校按照綱要的規定切實施行，「務使全市小學生之訓練趨於統一化」。〔註96〕

此「實施綱要及實施詳細辦法」是將汪精衛國民政府公佈的《小學公民訓練標準草案》所規定的二十六條「條目」作成單元，每周指定一個單元作爲一周的訓練內容。關於每周的訓練單元，市社會局要求各學校須在每周開始的時候將其公告全校。爲此，首先要將該周訓練單元的名稱及「規律」張貼於校內，並在周會上對該周訓練單元進行詳細解釋，同時各級主任及班主任還得向各班學生詳細解釋本周應訓練之條目，以使學生瞭解每周的訓練內容。其訓練辦法，則主要是演講與集體訓練。其中，集體訓練又分全校訓練、分區訓練及全體訓練。

查看廣州市社會局擬訂的「1944年度公民訓練單元次序及訓練要項」，一共包括二十項訓練要目，分爲上下兩個學期分別予以訓練。上學期有規律、禮貌、奉公、愛國愛群、負責、自強、健康、勞動、快活、勤勉等十項，下學期則有新國民運動實踐、整潔、服從、生產合作、節儉、勇敢、仁愛、公益、精細、誠實等十項。每一項，以二周或三周作爲該周的訓練內容。爲了讓學校可以有所依循，市社會局還對每一訓練要目分別擬訂了「訓練實施詳細辦法」。〔註97〕

那麼，一個學年結束之後，通過這二十項訓練，小學生們究竟會從每一項訓練中具體受到什麼樣的訓導？那些關於「和平反共建國」的訓練目標究竟有沒有在具體的訓練中得到貫徹實施？實際上，如果查看各個訓練項目的

〔註96〕《廣州市小學生訓練實施綱要及實施詳細辦法》，廣州，1944年。
〔註97〕《廣州市小學生訓練實施綱要及實施詳細辦法》，廣州，1944年，第3～7頁。

實施詳細辦法，我們可以獲得這樣一個印象，即：在所有這些訓練中，基本上都是有關個人習慣以及道德方面的訓練，關於灌輸汪精衛國民政府國策的內容則並未成爲重點。即使是在「新國民運動周」，也主要是要訓練學生養成如下的規律：「我時常檢討自己的行爲認識，我時常檢討自己的缺點，矯正自己的陋習，鍛鍊能夠刻苦耐勞的精神，公而忘私，做一個老實光明的人。」其訓練條目，比如高年級的學生，要掌握如下要點：1、我做事不掠美不諉過，2、我有愛群心聞人善則喜聞人過則悲，3、我實行節約消費銖積寸累來儲蓄，4、我要取別人的長處來補自己的短處，5、我遵守公共秩序尊重別人，6、我要下決心戒除貪念。而這些就是所謂的「新國民」需要做到的。在《新國民運動周訓練實施詳細辦法》的全文中，僅找到一處有關實施和運的內容，即在列出的演講題材中，規定要由校長進行以「新國民運動與興華保亞」爲主題的演講。〔註 98〕而這就是廣州市政府社會局要求全市小學加以實施的訓育教育。

　　需要指出的是，在廣州市社會局制定這一《實施綱要及實施詳細辦法》的時候，已經是 1944 年了。而這個辦法則是以 1944 年度作爲實施期限，也就是要從 1944 年 8 月開始一直到 1945 年 7 月截止。考慮到這個時期戰爭的形勢已經越來越不利於日軍，中日戰爭也快走向尾聲了，因此，此項辦法並沒有在廣州市的小學全面實施。

　　那麼，在這之前，各個學校的訓育教育是如何實施的呢？以省立一中附屬小學爲例。該校負責實施訓育教育的行政組織是訓育股，下分衛生、遊藝、體育、宣傳、自治指導五組。其訓育實施辦法，其實跟廣州市社會局所制定上述辦法類似。同樣是規定若干訓練要目，每周選擇一項作爲該周的訓練中心，如新國民運動周、清潔周及自治周等。其採取的訓練方式，除了上述的集體訓練、演講以外，還有組織學生自治會「以養成其自治之能力」，以及在體育、童軍及勞作等課程實施的過程中，通過體育訓練，使其「行動能養成團體化及紀律化」、「生活能養成簡單樸素，刻苦耐勞之習慣」。而在集體訓練中，則注重精神及行動兩方面，「以期思想之純正與道德之陶冶」。〔註 99〕這同樣是注重於習慣的養成與道德的訓導。

〔註98〕《廣州市小學生訓練實施綱要及實施詳細辦法》，廣州，1944 年，第 56～59 頁。
〔註99〕廣東省立第一中學編：《廣東省立第一中學概覽》，廣州，1943 年，第 22 頁。

　　與中學階段的訓育教育要進行操行成績考查一樣，小學階段同樣也要進行。就省立一中附小來說，其制定的考查標準包括禮貌、勤勉、誠實、紀律、服務、整潔、思想、友愛等八項。每個學期的集中考查時間，是在學段末以及學期末。考查的內容除了上述八項外，還包括學生周記。每個學期舉行三次段考，一個學期的操行成績就以三學段的成績總和平均以後所得的分數作為該學期的操行成績。每學段的操行成績實行百分制，其中周記占 20%，其餘八項德目各占 10%。根據其成績分別列為甲乙丙丁四等。〔註100〕

　　再以廣東大學實習小學為例。該校負責訓育實施的行政組織有訓育處，該處主要是負責課外訓導。此外，該校還實施了一個級任導師制，課內的訓導主要就是由級任教師負主要責任。而全體教職員則要輔助訓育處與級任導師對全校學生實施訓育教育。其對學生實施的訓練，包括德、智、體、群四個方面。在德育方面，每周決定一項中心思想作為該周的訓練中心，這些訓練要目包括「愛中國」、「愛東亞」、「忠職守」、「重公益」、「尚仁愛」、「守秩序」、「樂互助」等等；在智育方面，主要是通過集體訓練與個別指導兩種方式進行的，前者如周會、朝會、級會、名人演講以及自治組織，後者則包括個別談話與作業指導；在體育方面的訓練，則包括健康耐勞、快樂活潑、清潔衛生幾個方面；在群育方面，主要是利用學生自治組織及集體訓練以發展學生合群精神。訓練辦法包括家庭訪問、課外活動、勞動服務、休閒活動等等。在這四項訓練以外，還舉行了各項比賽，諸如秩序比賽、整潔比賽、勤學比賽、勞動服務比賽、運動比賽等等。〔註101〕

　　從上述對兩個小學訓育實施情況的介紹，可以看到，這種訓育教育，其實施的重點還是在習慣與道德兩方面。而且跟他們在制定訓育目標時習慣將古今雜糅一樣，在實施訓練的時候也同樣是將這些屬於不同時代內容的德育目標放在一起，要求學生同時加以訓練。而對於其目標中有關實施和平反共建國國策的部分，在全部訓練項目中所佔的比重並沒有如其目標所稱的那麼顯要。並非沒有，但顯然不是最為重要的。

　　以上所討論的訓育實施，基本上都是屬於校內的訓練。但是，在校外，由於整個環境的關係，其空氣中可能處處都彌漫著有關和運宣傳的氣息。因

〔註100〕廣東省立第一中學編：《廣東省立第一中學概覽》，廣州，1943 年，第 13～14 頁。
〔註101〕廣東大學實習小學編：《廣東大學實習小學週年紀念特刊》，1942 年。

此，在校外由各種團體所組織的和運活動，反較校內爲多。尤其是由各地的東亞聯盟分會或支會所舉行的各種宣傳活動，常常把小學生也作爲宣傳工具。以番禺縣支會爲例，該會「爲宣傳保衛東亞意義，期使一般學生對此有深切認識，集中思想鞏固東亞陣容起見」，會同南海縣政府組織了一個「保衛東亞紀念日佛山特別區中小學生集訓委員會」，規定以每月八日作爲集訓日。爲此，還制定了一份《保衛東亞紀念日番禺縣各區中小學生集訓辦法》。根據該辦法，凡在佛山特別區所在地的中學校學生及小學校四年級以上的學生須一律參加。在集訓日當天，要舉行如下儀式：齊集、唱國歌、升旗、遙向汪主席致最敬禮（全體向北一鞠躬）、韻律操（動作設計每月變換一次，操時唱早操歌）、訓話（由集訓委員會各委員輪流擔任或聘請社會名流擔任）、唱保衛東亞歌。〔註102〕如此，整個儀式便算完成。

除了東亞聯盟各地分會支會以及區事務所所舉行的活動之外，其他各種社會團體所組織的中日親善的活動也特別頻繁。比如中日文化協會廣州分會每次舉行類似「中日兒童親善美術展覽會」，必定會向市內各小學發函要求各學校發動小學生參加。此外，各級政府在進行和運宣傳的時候，也是經常將小學生召集起來協助開展各種活動。像番禺縣政府就組織了一個「兒童宣傳隊」，由該縣各區鄉公私立小學校挑選其中「優秀活潑可能勝任宣傳工作」的學生組成，並且要求每校最少組織兩隊以上。這些兒童宣傳隊，分成街頭歌劇團、歌詠團、舞蹈團、音樂隊、演講隊、化裝隊由縣政府的宣傳機關派員進行分組訓練。在訓練結束之後，就出發各地進行宣傳。〔註103〕

類似這樣的活動，在廣東省淪陷區幾乎每天都能看到。那麼，這些小學生們，在其參與的這些宣傳和運的活動中，究竟有沒有受到影響呢？當那些還處於剛剛懂事階段的小孩，站在街頭臨時搭建的舞臺上集體合唱著父輩們讓他們演唱的「保衛東亞之歌」的時候，他們能夠理解他們所演唱的歌曲的內涵嗎？又或者當他們認眞地扮演著各種和運宣傳劇中的角色的時候，他們又是否能夠理解這些表演的意義？對於這些問題，由於資料缺乏，可能沒有辦法給出一個符合事實的答案。只能說，校外的這些宣傳活動所營造出的那

〔註102〕　《令發保衛東亞紀念日番禺各區中小學生集訓辦法》，《番禺縣政公報》1942年第25期。

〔註103〕　《番禺縣宣傳會議第七次常會紀錄》（1942年9月2日），《番禺縣政公報》1942年第25期。

種氣氛，這些小學生們肯定是可以感受到的。不過，因爲戰爭很快就結束了，大部分的小學生還未升學，就已經要面對戰後的復員生活。而且由於戰後的教育復員並未將初等學校的學生作爲甄審與甄試的對象，因此，大部分的學生在戰後便很快地重新開始了他們的學校生活。

小　結

在廣東省淪陷區所創辦的初等學校，是整個僞學校系統中數量最多的教育機構。在中日戰爭剛剛結束的時候，幾乎全部的「僞小學」都遭遇到了與「僞大學」及「僞中學」一樣的命運，被強令一律解散。以廣州市爲例，該市在淪陷期間由僞廣州市政府所設立的 78 間僞市立小學全部被宣佈解散，並按照《廣州市教育復員綱要》的規定辦法，由復員後的廣州市政府教育局分別派員接收或改組。而對僞私立小學，也分別飭令其解散，或指定所謂「思想純正」之校董負責改組。這就是整個僞小學校的命運。

在這些學校工作和學習的教師和學生，作爲整個僞學校系統中人數最爲龐大的一群人，他們卻面臨著與中上學校的師生可能十分不同的遭際。因爲，那些生活在「自由區」的「愛國者」對於這群人忠誠度的質疑比起中上學校來說要少了很多。正因爲如此，在戰後的教育復員中，他們並沒有被當作甄審與甄試的重點實施對象。事實上，對這些曾在敵僞小學工作過的教師，復員後的教育部認爲「收復區各地國民學校教員類多忠誠愛國不忘民族大義」，因此要求各縣市在對這些教師辦理登記甄審時除國民政府公佈的《處理漢奸案件條例》所規定應行處理的漢奸不予錄用外，其餘應「遵國府主席指示予以優待從寬處理勿稍歧視」。〔註104〕對教育部的上述要求，廣東省各級政府均予以遵辦。而那些僞小學的學生們，按照《廣東省收復區各級學校及社教機關處理辦法》的規定，僅「小學高年級兒童由縣市政府派員加以甄試編級准予即行續學」。

之所以會出現如此大的差異，究其原因，可能是因爲這些人的知識程度沒有中上學校的教師和學生爲高，因此也就不需要對他們的忠誠度作過高的要求。而這正是大多數人在思考有關愛國忠誠問題時的一貫邏輯。但是，通過上述的討論，顯然，初等學校的教師和學生比起中上學校的教師和學生來

〔註104〕《教育部公報》第 18 卷第 2 期，1946 年 2 月 28 日。

說，並沒有實質意義上的差別。這種以學歷甚至以學科為標準來評判一個人乃至一群人的邏輯思維方式，並不能很好地解決忠誠與否的問題。事實上，愛國與叛國的差別可能就在一線之間。在進行甄審與甄試時，所謂的「曾經附逆」，要對其進行精確的認定，是一件十分複雜的事情，這會牽涉到眾多有關法律的嚴肅討論，並不單單只是道德審判的問題。這也意味著，在談論有關忠奸問題的時候，如果以道德判斷去代替本來應該由法律來解決的問題，這將無助於對忠奸問題進行定性。如果再以學歷甚至以學科為評判標準，就會使本來十分複雜的問題變得簡單化，而這同樣無助於辯別忠奸。

結語：愛國與教書讀書，生命不能承受之重

　　到了 1945 年 8 月，中日戰爭結束。然而，對於這些曾經生活在廣東淪陷區的人來說，戰爭並未真正地遠離他們。就在戰爭剛剛結束的時候，那些復員回鄉的官員們，甫一返回，就馬上開始了對淪陷區的各項復員工作。曾經的淪陷區變成了「收復區」。從 1945 年 8 月開始，一直到 1946 年底，就在「收復區」裏，上演了一段頗為驚心動魄的復員大戲。在短短的幾個月時間裏面，由於國民政府辦理復員人員的貪污腐化，使得各項接收工作大都變成了「劫收」工作，各種不公平事件層出不窮。不管是剛剛返鄉的人還是長期留在淪陷區的人，在他們的眼中，此時的收復區已經變成了「不忍見」的地方了，曾經的省會廣州此時也變成了「劫後羊城」。〔註 1〕而淪陷區的民眾則由光復初期的狂喜逐漸陷入了冷淡、失望、最後由絕望而憤懣了。〔註 2〕

　　收復區的教育復員工作也就在這種種混亂之中開始登場。首先，所有的「偽」教育行政機構、教育社團以及所有開設在淪陷區的學校，紛紛待命解散。而作為本書當然主角的那些曾經在這些機構工作和學習過的人們，便被「分門別類」地依序參加了各種類型的甄審與甄試，有些「附逆者」甚至還被作為有漢奸嫌疑而站上了司法審判庭。所有這些舉措，在復員回來後的各級政府來看，是為了清除掉他們身上由於「被奴化」所遺留下來的種種毒素。

　　而與上述一幕幕場景迥然相異的，是對大批覆員返鄉士兵以及戰時從軍

〔註 1〕馮明之：《劫後羊城》，《宇宙風》1945 年第 142 期。
〔註 2〕余劍溪：《不忍見的廣州》，《週報》1945 年第 16 期。

學生所給予的種種就學上的優待和便利。尤其是對抗戰期期間那些「忠勇堅貞」教育文化界人士所舉行的各種表彰忠烈的儀式及紀念式。就在 1946 年 3 月 12 日，國民政府公佈了《褒揚抗戰忠烈條例》，此條例成為抗戰勝利後國民政府獎勵或褒揚戰時有功人員的主要法律文本。這一表彰忠烈的舉措，使得戰後辯忠奸的行動達到高潮。

懲處漢奸與表彰忠烈，在方向上可謂一反一正，但就其性質而言，卻是一場由政府所發動的自清運動。其目的，用臺灣學者羅久蓉研究戰後漢奸審判的一段話來說，即「一方面藉此機會重整過去的集體記憶，一方面強調維繫社群生存的共同生活準則，使民眾將來遇見類似情況時知所警惕。」〔註3〕

就在這一年多的時間裏面，上述種種相異的狀況同時發生著。收復區的甄審、甄試與復員返鄉者的就學與就業以及「忠勇堅貞」人士的表彰與附逆者的懲處，同時進行著。這些就是戰爭剛剛結束之後，發生在收復區的一些重要事件。這些事件不僅與每一個相關人員的名譽有著密切關係，而且還攸關著各人的生存與發展。對於那些受表彰者來說，這當然是對其戰時愛國行為的一種鼓勵，每一個人都是樂見其成的；但是對於所有那些需要向國民政府表白其忠誠的人來說，卻是有著太多的不甘與委屈。然而，如果我們重新回顧一遍戰爭開始之後發生的所有事情的話，那麼，戰後的許多舉措可能需要重新加以審視。在本書即將結束的時候，有必要對其中幾個重要問題予以鄭重提出。

第一、艱難的選擇：「愛國」與「不愛國」之間的兩難

中日戰爭的爆發，的的確確把所有廣東人的命運聯結了起來。正如前面所述，在廣州淪陷前那一年多的時間，不論是普通市民還是學校的學生，所有人的抗日願望都由於戰爭的爆發而匯合到了一起。那個時候廣東的抗日救亡工作完全可以用轟轟烈烈來形容，至少所有參與其中的人都士氣高漲，充滿激情。然而，到了 1938 年 10 月，當日軍在大亞灣登陸的消息傳來，這場轟轟烈烈的抗日救亡運動似乎就要結束了。這一個月裏面，發生的變化是驚人的。而主題詞就是「遷移」。普通市民逐漸開始逃離廣州，而那些救亡團體，

〔註 3〕羅久蓉：《歷史情境與抗戰時期「漢奸」的形成——以一九四一年鄭州維持會為主要案例的探討》，《近代史研究所集刊》（臺北）1995 年第 24 期下，第 841 頁。

不論是廣東省政府組織的還是共產黨組織的，已經開始停止抗日救亡活動，並準備向內地或者港澳轉移。他們這個時候考慮更多的可能是避難，而不是抵抗。所有的機構也整批整批地開始往後方遷移。其中，尤其引人注目的是學校特別是高校的遷移。

關於遷校問題，無論是廣東省政府還是學校本身都沒有一個具體可行的計劃，各校對此次的遷移事先也未作充足的準備工作，各項應變措施多起於倉促之間。關於遷與不遷、何時遷、遷往何處這樣的爭論，幾乎在所有的學校發生著。

對於當時廣東的學校來說，可供選擇的辦法並不多，要麼關閉學校，要麼遷移到非淪陷區的內地或者港澳，要麼留在原地。所有的高校，無論是公立高校還是私立高校，都選擇了遷校。這些隨校遷移的學生歷經了千辛萬苦，幾經周折才從淪陷區遷到「自由區」。而中小學，大部分選擇了停校，有的遷移別處，也有的留在原地等待日軍的到來。對於學校的學生和教師個人來說，要作出選擇也許並非那麼簡單。如果隨校遷徙，對有些人來說可能意味著一種新時代的來臨，而對另一些人而言卻可能意味著逃難生活的開始。這個時候的遷校問題之所以這麼重要，是因為「遷」與「不遷」，並非僅僅關涉個人或者集體選擇的問題，更重要的是它關乎著對國家忠誠與否的問題。正因為如此，那些選擇遷移的學校和師生受到了高度讚揚。

無論如何，儘管有很多的學校和師生作出了遷移的選擇，但是還是有許多師生由於家庭負擔、健康不良、經濟拮据等等困難而沒有選擇隨校遷移。事實上，隨著時間的推移，還有很多離開的師生又返回了他們原來生活的地方。雖然沒有準確的統計數字，但是根據偽廣州市政府所作的初略統計，到1940年偽廣州市政府成立的時候，廣州市的人口已恢復到了53萬人，而戰前這一數字是112萬人。〔註4〕這些選擇留在淪陷區的人，可能並未意識到他們的這一舉動會在事後被當作一種背叛行為而遭到道德上的撻伐。

事實上，比起那些內遷的人來說，選擇留在陷區的人所要背負的壓力可能要沉重得多。這種壓力既有淪陷所帶來的現實困境。比如，這些留下的人可能時時刻刻謹防失蹤、死去抑或飢餓、疾病，既有日偽的騷擾，也有盟軍（主要是美軍）飛機投擲的炸彈。〔註5〕而更讓他們感覺壓抑的可能是道德上

〔註4〕《廣州市政公報》（廣州）1940年6月，第2期。
〔註5〕在戰爭後期，以美軍為主體的盟軍經常轟炸廣州市區，造成了很多平民的傷

—219—

的煎熬。因為中國的學生和教師，特別是高校的師生們一直以來都被看作民族大義的天然守護者，在民族生存的艱難時刻他們理應擔負起保衛國家的責任。所以，當他們選擇現實生存而忽略民族大義的時候，便遭受到了痛斥。在整個戰爭階段，那些在內地的人一直沒有停止勸服他們的朋友、同學離開日軍佔領地。《宇宙風》雜誌上面就刊登了一篇文章《勸一個朋友回頭》，希望他的好朋友「回頭」，不要繼續留在淪陷區。〔註6〕甚至在戰爭結束之後，人們還在不斷發出這樣的疑問：我們勝利了，我們是愛國者，你們沒有走留下來，難道你們不愛自己的國家嗎？

「愛國主義」的道德詰問，貫穿著整個戰爭乃至戰後階段。但是，對於中國人來說，在談論有關「愛國」問題的時候，可能並非我們想像中那麼容易，因為這是一個有著太過悠長歷史的民族國家。就在這個「中華之國」中，從未建立過真正意義上的「國民」之國。所謂的「國」，在很大程度上，是統治者、侵略者的事情。所以對很多人來說留在所謂的外族佔領區，是平常不過的事，這跟「愛國」沒有根本的關係。甚至在考慮對敵合作的選擇時，過去歷史上那些異族入侵的事件也可能被拿來作為參照，從而減少道德上的焦慮感。

即使進入到了中華民國，人們在考慮愛國問題的時候，也許並沒有發生什麼本質意義上的差別。而且，就是這個所謂的「中華民國」，當日軍剛剛踏入其領地的時候，所謂的國家行政長官便紛紛逃走了，國民黨的軍隊也紛紛逃逸，並沒有承擔起保護國民的責任。所以，當留下可以繼續生活，當佔領還沒有到無孔不入的時候，那麼留下便成為一種理性的選擇。而且當汪精衛打著「正統者」的旗號，「還都」南京，開始其政治統治的時候，中國廣大的「淪陷區」畢竟還是在「國民政府」的統治地域內。因此，對所謂「愛國」的問題，要對其進行評價恐怕就變得更為複雜了。

首先，對於很多人來說，在淪陷區的生活，可能僅僅只是一種迫於無奈之下的選擇。事實上，當他們身邊到處充斥著「和平、反共、建國」這樣的宣傳話語，而周圍的環境又是那麼封閉，甚少來自外界的消息，在這樣的情

亡，可參閱麥任：《抗日戰爭後期廣州地下黨生活的回憶》，中共廣州市委黨史資料徵集研究委員會辦公室編：《紀念抗日戰爭勝利四十週年——淪陷時期廣州人民的抗日鬥爭（黨史資料選編）》，1985年，第30頁。

〔註6〕黃伯飛：《勸一個朋友回頭》，《宇宙風》1942年第114期，第181～184頁。

況下，唯一可能支撐他們的大概就是他們對國家深深的愛。不過，就算是這樣的「愛」，可能還需要進行不斷的分化，究竟是對他們生活的這片土地的愛，還是對政府的愛？「愛國」這一字眼在這裡變得有些撲朔迷離，有些曖昧，讓人分不清也道不明。

而且，在談論「愛國」、「忠誠」這樣一些問題的時候，可能還不得不面對另外一些情況。生活在淪陷區的人，特別是那些參與過偽政權組織或者從事過「親日」宣傳活動抑或是在文化機構以及教育機構任職的人，可能會時常思考、談論關於對敵合作的底線或者界限問題，但是實際的情況可能並非像我們猜想的那樣。對某些人而言，像「忠奸」這樣的二分法並不是問題，他們忠誠的也許只是他們的個人生存。正因為如此，這些人在為日本佔領軍服務的時候可以心安理得，甚至比以往任何時候都更有熱情。只要看看他們進行的那些讓人眼花繚亂的宣傳活動、發表的那些連篇累牘的講話和文章，他們真地是把「和平反共建國」這六字發揮到了極致。對這樣一些人來說，可能確實沒有所謂的底線問題吧。

不過，當我們在戰後討論那些選擇留在淪陷區的人的責任問題時，除了依據道德、社會習慣以及法律文本對他們進行道德審判、社會審判以及司法審判外，可能還需要進行進一步地剖析。關於戰後責任的問題，德國哲學家漢娜・阿倫特在其所作的《耶路撒冷的艾希曼──關於一份平庸的惡的報告》中提出了一個重要問題，即關於「惡的平庸性」。正是由於整個德國國民在戰時不對他們的選擇進行任何思考，所以他們需要承擔戰爭責任。但是，這一「平庸的惡」的理論可能只適用於德國。因為希特勒是德國人民經過法定民主程序所選舉出來的，他們在整個過程中沒有進行反思，充當了希特勒的支持者，所以他們需要承擔戰爭後果。但是對於中國淪陷區的人，卻不是這樣。首先，戰爭的發生並不是經過人民投票同意的。更重要的是，當戰爭來臨的時候，那些本應該保家衛國的國民黨軍隊卻紛紛逃逸，他們不但沒有在戰爭剛剛來臨之時承擔起保護國民的責任，而且也沒有對這些人的戰後生活問題作出安排。所以，有什麼理由要讓這些人來承擔全部的戰爭責任，要為其戰時選擇承受如此沉重的譴責。

第二、「偽校、偽師、偽生」：在「偽」與「不偽」之間的辯難

當戰爭和淪陷的現實就在每一個人眼前真實展開的時候，每一個人都必

須去面對這些情況，並且重新調整他們的生活。同時他們還必須做出種種艱難的抉擇，這些抉擇包括：你的去留以及你家人的去留。離開大概是最輕鬆的方式，但是在當時要離開又談何容易。如果選擇留下的話，那麼你可能要面臨被稱爲「漢奸」的處境，即使不被你的同胞看作漢奸，起碼也是有漢奸嫌疑的。而這就是當時的情況。除此之外，最重要的是如何解決吃飯的問題，你或者你的子女可能還要繼續學業，所以就需要進校讀書。而這也正是本書試圖探討的問題，這些問題包括：那些選擇留下的人，他們如果要繼續學業的話，當時的教育政策是怎樣的，學校教育究竟是什麼樣的情況，以及他們在校內校外的生活又如何。正是對這些問題的回答，構成了本書的立意所在。那麼，接下來，有必要再對整個淪陷區的教育作一個整體評價。

就在復員開始之前，在重慶舉行的全國教育善後復員會議上，有關「僞校、僞師、僞生」的稱呼便開始正式進入人們的視野。此後，這些說法便出現在各種官方文件以及報刊雜誌之中。人們動輒將這一「僞」字冠在學校、教師以及學生前面，那麼，這些學校以及學校中的師生眞的應該被全盤加以否定嗎？也許，在討論有關「僞校、僞師、僞生」的問題時，應該先提出如下一個疑問，即：如果沒有這些學校，如果沒有教師去這些學校教書，如果學生不去這些學校讀書，那麼整個淪陷區會是一個什麼樣的情景？顯而易見，那將是一種特別恐怖的狀況。當整整七年都沒有任何的學校生活，當那麼多的兒童和青年在正需要求知的階段卻無書可讀，還能不叫恐怖嗎。所以，淪陷區的教育完全有其存續的必要性，至少它使得中國近一半土地上的學生不至於因爲淪陷的境況而完全中斷其學校教育。

但是，有人可能會對此提出質疑，認爲與其接受如此全面的奴化教育，甚至如某些評論者所稱的「殖民教育」，那麼還不如全盤不要。但是，淪陷區的教育眞的全是「奴化教育」或者「殖民教育」嗎？淪陷區的教育，難道就沒有任何可以肯定的地方？對於這一問題，通過前面幾章的論述，本書認爲，就廣東省淪陷區來說，僅僅用「奴化」或「殖民」是無法對整個廣東省淪陷區的教育全貌加以概括的。

首先，就學校機構來說，廣東省淪陷區的學校教育配置了從初等教育、中等教育到高等教育的完整系統，甚至還設立了若干的社會教育機構。而就在這些學校機構裏面，各種教學活動、課外活動、體育運動也是實實在在地發生著，並沒有因爲淪陷而完全中斷。

　　以高等教育來說，在廣州淪陷前，原有的高等教育機構全部遷離廣州，最後僞廣東省政府在廢墟上建立起了「省立廣東大學」。對於這唯一的一所高等教育機構，僞廣東省政府還是頗爲重視的，從其行政機構以及院系機構的設置特別是在教員的聘請等方面可謂費盡了心思。從結果來看，四院的設置也算是完備。在師資方面，也確實聘請到了一些在戰前便享有聲譽的教授來校教學，而且由於導師制的實行，師生之間也有一些良性的互動。就該校開設的課程來看，除了少數與日本文化相關的課程，其餘的與淪陷之前各大學所開設的各種課程也沒有太大的區別。而且就學生的學業成績來說，從現存的各院系畢業生所寫的畢業論文的選題來看，也看不出被奴化的痕跡。〔註7〕

　　再看中等教育機構。在整個廣東省淪陷區開設的各類中等學校，包括普通中學、中等師範學校以及職業學校，其數量在 50 所以上。與戰前相比，當然是呈整體下滑的趨勢。不過，就在這些學校中，上萬的中學生接受了中學程度的教育。

　　學生們在學校所學習的各類課程，與淪陷前的各類中學課程也沒有太大的區別。而被看作日本推行奴化教育武器的日語課，在官方的規定中，僅作爲普通中學的必修課，而且還是處於與英語同等的地位。至於師範學校及職業學校甚至都沒有開設日語課的規定。有些學校對於這門語言課程，只是列在課程表上的一個擺設，僅僅是爲了應付官方偶而的檢查而已。至於帶有親日色彩的課程，包括公民、國文、歷史、地理等等，由於汪精衛國民政府在戰爭結束之前都沒有編輯出國定的高中教科書，對初中教科書也是到 1943 年才編輯完全部的國定初中教科書。因此，對這幾門課程的學習，大部分時間都是由教師自編講義，這也就爲學校特別是教師對於這些課程的教授留下了很大的發揮空間。當然，由於整個環境的關係，教師必然不是生活在眞空之中，由戰爭與淪陷所帶來的種種威脅肯定會時時刻刻地影響教師在教學時所作的各種選擇。不過，由於環境所編織的密網並不是毫無漏洞可鑽的，這也使教師有可能不按官方的要求去講授各門課程。特別是在一些監控不夠那麼有力的地方，如鄉村地區，這種情況就特別容易發生。

　　最後，再看看初等教育機構。在廣東省淪陷區開辦的各種類型的初等學校，以 1943 年統計，共有 1241 所，教職員有 6175 人，而學生則超過了 15

〔註7〕《本屆畢業同學論文題目》，廣東省立廣東大學編：《廣東省立廣東大學概覽》，1945 年。

萬人。這也就意味著有如此龐大的一群人在淪陷區的 1000 多所小學校裏工作和學習。他們在這些學校的生活，如果要說與戰爭之前有什麼本質上的不同的話，那就是淪陷的現實處境對他們來說說實實在在的，他們爲此得遭受到生活上的巨大壓力，這些壓力既有生存上的，也有精神上的。除此之外，在小學生的世界裏，過去那些讀書時的樂趣以及各種各樣的煩惱對於淪陷區的小學生來說同樣也會有。而且，在那些校園裏面，很少會看到日本人的身影，因爲幾乎沒有日籍教員，而日軍的檢查也是偶一爲之。所以外在環境的種種壓迫，對仍然處於天真懵懂狀態的小學生來說，可能還不是首要的。在學校裏面，同樣也會有各種遊戲，雖然遊戲設施不會很好，但學生們還是可以享受到一絲歡樂，而這對於兒童來說難道不是最爲重要的嗎？

以上只是對廣東省淪陷區教育狀況的一個總體概括。試想一下，如果將這一千多所的學校全部撤銷的話，那麼這些學生和教師將會如何呢？其結果，那些學生必定會失去讀書時的所有快樂，以及通過上學所可能學習到的各種謀生技能。這些對於所有在淪陷區的學校上學的學生來說，也是實實在在的。正如周啓博在其回憶父親周一良的文章裏面曾經說過的，與其讓其子女當文盲，終生難以謀生立足，那麼寧肯戴上「不愛國」的帽子。〔註 8〕

在國民政府的思考邏輯當中，「愛國」問題是與各人在戰時所作的選擇有直接關係的。如果愛國的話，就應該隨同遷往大後方，就應該不要去讀各級僞政府所開設的學校。正因爲如此，所以周一良的父親由於沒有在戰時送其家中子女上學費便宜的公立學校，而送他們上學費昂貴的私立學校，此舉便在戰後被作爲一種愛國行爲而受到了政府表彰。援照此例，如果因爲沒有經濟能力而送子女入讀公立學校的那些父母難道就屬於不愛國之列了嗎？顯然，國民政府在戰後教育復員中對於收復區的各種舉措是有失公正的，其邏輯前提就值得一再推敲。以過去的忠貞觀念來處置現代社會愛國與否的問題，而忽略其中的人性關懷，尤其是對人權的漠視，這實非現代民主國家所應當發生的。如果國民政府號稱是民主國家，那麼對於這些在戰爭期間選擇生活在淪陷區的人，就應該在尊重每一個人的基本人權的基礎上去更加理性地應對，這才是現代民主國家所應有的處置方式。

對於這些曾在淪陷區生活的人來說更爲不幸的是，就在這場「辯忠奸」

〔註 8〕周啓博：《我的父親周一良》，丁東主編：《追憶雙親》，北京：中國工人出版社，2011 年，第 167 頁。

的運動剛剛結束之後，又很快地陷入了國共內戰的混亂當中。日本的入侵對於所有中國人來說是最大的不幸，而對很多生活在淪陷區的人來說，戰時淪陷更是不堪回首的一段痛苦經歷。然而，當他們期待中的「光復」終於來臨的時候，等待著他們的卻不是嶄新生活的開始。相反地，他們得向復員回來的國民政府一一表白其對國家的忠誠，在經過國民政府的認可後才能讓這段曾經在淪陷區生活的經歷真正成爲歷史陳跡。可是，不幸的是，就在他們以爲終於可以重新過上正常生活的時候，等待著他們的卻又是內戰的開始。戰時的淪陷生活以及戰後的自清運動與內戰生活，對於這些人來說，真的是雙重的不幸。

正因爲如此，對於研究者來說，如果要對中國歷史上這段不同尋常的淪陷經歷作出評價的話，那麼就不能僅僅只是對當年國民政府在執行教育甄審政策時的種種不當之處進行指謫，而應當將眼光從戰後的教育甄審移出，重新聚焦於淪陷時期諸人的生活與選擇，以「理解」之同情的態度對這段歷史經歷重新加以審視，並給予恰如其分的評價。

附　錄

一、廣東省淪陷區社教機關統計表（1942 年度第一學期）

縣市別	立別	民眾教育館	圖書館	體育場	公園	民眾學校	補習學校	識字班	補習班	體育委員會	職業講習所	書報閱覽室	民眾代筆處	合計
廣州	省立	1	1			16				1	1			20
廣州	市立	1	1	2		47		1						52
汕頭	市立			1	1	9								11
番禺	縣立					14								14
番禺	區立						26							26
南海	公立		7	4		7		3				5	7	33
南海	私立					23		7				7	33	70
順德	縣立	1		1	1	5								8
順德	區立		2											2

縣名	類別									合計
東莞	縣立	1		1	10					12
新會	縣立			1	11					12
增城	縣立	1			3	1				5
澄海	縣立				46					46
三水	縣立		1	2	1	1				5
花縣	縣立				3					3
中山	縣立	1		1	4					6
潮陽	縣立				20					20

二、省立廣東大學 1944～1945 年文學院中國語言文學系課程表 〔註 1〕

第一學年					
必修課					
第一學期			第二學期		
科目	學分	每周時數	科目	學分	每周時數
國文	1.5	3	國文	1.5	3
第一外國語	1	2	第一外國語	1	2
第二外國語	1.5	3	第二外國語	1.5	3
文字學	3	3	文字學	3	3
古今詩選（一）漢魏六朝	3	3	古今詩選（一）漢魏六朝	3	3
論理學	3	3	中國通史	3	3
中國通史	3	3	倫理學	3	3
文學概論	2	2	文學概論	2	2
合計	18	22	合計	18	22

〔註 1〕廣東省立廣東大學編：《廣東省立廣東大學概覽》，1945 年。

選修課					
第一學期			第二學期		
中國文化史	2	2	中國文化史	2	2
中國歷史研究	3	3	修辭學概要	3	3
國語	2	2	國語	2	2
中國哲學史	3	3	中國哲學史	3	3
哲學概論	3	3	應用文習作	2	2
應用文習作	2	2			

第二學年					
必修課					
第一學期			第二學期		
科目	學分	每周時數	科目	學分	每周時數
國文	1.5	3	國文	1.5	3
第一外國語	1	2	第一外國語	1	2
第二外國語	1.5	3	第二外國語	1.5	3
文字學	3	3	文字學	3	3
古今詩選（一）唐宋元明清	3	3	古今詩選（一）唐宋元明清	3	3
詞選	3	3	詞選	3	3
經學通論	2	2	經學通論	2	2
諸子概論	3	3	諸子概論	3	3
合計	18	22	合計	18	22
選修課					
第一學期			第二學期		
三禮研究	2	2	三禮研究	2	2
宋元明清學術史	3	3	言語學	3	3
西洋文學史	2	2	西洋文學史	2	2
戲曲研究	2	2	新文學研究	2	2
現代文學	3	3	現代文學	3	3

第三學年					
必修課					
第一學期			第二學期		
科目	學分	每周時數	科目	學分	每周時數
訓詁學	2	2	訓詁學	2	2
詩經研究	2	2	詩經研究	2	2
墨子研究	3	3	老莊研究	3	3
聲韻學	2	2	聲韻學	2	2
目錄學	3	3	目錄學	3	3
合計	12	12	合計	12	12
選修課					
第一學期			第二學期		
三傳研究	3	3	三傳研究	3	3
左傳	3	3	爾雅研究	3	3
中國文學批評史	2	2	小說研究	2	2
專家詞	3	3	專家文	3	3
古文字學	3	3	古文字學	3	3
李杜詩研究	2	2	李杜詩研究	2	2
語言學專書研究	3	3	語言學專書研究	3	3
說文研究	2	2	說文研究	2	2
校讎學	2	2	校讎學	2	2
圖書館學	3	3			

第四學年					
必修課					
第一學期			第二學期		
科目	學分	每周時數	科目	學分	每周時數
尚書研究	3	3	易經	3	3
荀韓研究	3	3	荀韓研究	3	3
史漢研究	2	2	史漢研究	2	2

中國學術思想史	2	2	中國學術思想史	2	2
			畢業論文	另定	
合計	10	10	合計	10	10
選修課					
第一學期			第二學期		
論語孟子研究	3	3	樂府	3	3
文心雕龍	2	2	文心雕龍	2	2
辭賦研究	2	2	辭賦研究	2	2
通鑑研究	2	2	通鑑研究	2	2
專家詩	3	3	專家詩	3	3
古聲韻學	3	3	古聲韻學	3	3
中學國文教學法	3	3	宋詞研究	2	2
駢文詩選	3	3	三國志研究	3	3
近代詞研究	2	2	金文研究	3	3
甲骨文研究	3	3			

三、省立廣東大學 1941 年度第一學期男女學生軍訓學科與術科課程表〔註2〕

（一）學科

1、男生

廣東省高中以上學生軍訓三十年度第一學期學科預定表（11 月 1 日至 11 月 29 日止）

11月1日	11月8日	11月15日	11月22日	11月29日	12月6日	12月13日	12月20日	12月27日
六	六	六	六	六	六	六	六	六
陸軍禮節	陸軍禮節	陸軍禮節	步兵操典	步兵操典	步兵操典	軍事講話	步兵操典	軍事講話

〔註2〕廣東省政府秘書處：《廣東省政概況》，1942 年。

2、女生

廣東省高中以上學生軍訓三十年度第一學期學科預定表（11 月 1 日至 11 月 29 日，下午 2 時至 3 時）

11月 1 日	11月 8 日	11月 15 日	11月 22 日	11月 29 日	12月 6 日	12月 13 日	12月 20 日	12月 27 日
六	六	六	六	六	六	六	六	六
陸軍禮節	陸軍禮節	步兵操典	步兵操典	看護學	看護學	軍事講話	看護學	軍事講話

（二）術科

術科在操場訓練，前五周男女相同，後四周男女生略有不同，各周預定表分列於下：

1、男女生同（第一周至第五周）

廣東省高中以上學校軍訓第一周至第五周術科預定表（11 月 1 日至 11 月 29 日，每週六下午 2 時至 5 時）

時間	課目	著眼點
11 月 1 日	1.立正稍息 2.自然行進及立定 3.原地轉法	1.立正時腳跟要靠攏兩腿伸直胸宜張開頭宜正口宜閉兩眼向前平視，稍息時不得談話。 2.兩手向前後擺動時要自然活潑不可因運動而板滯。 3.轉時兩手不可離開身體方向要正確。
11 月 8 日	1.不動姿勢 2.自然行進及立定 3.慢正步	1.精神要緊張姿勢要自然。 2.行進時兩眼向前平視不可左顧右盼口宜開。 3.腳向上提平，腳尖向下於七十五生的之處著地。
11 月 15 日	1.不動姿勢 2.自然行進及立定 3.慢正步	1.同前。 2.動作要迅速身體要隨足部一致施轉。 3.行進須有勇往邁進之氣概立定時身體不可擺動
11 月 22 日	1.不動姿勢 2.自然行進及立定 3.慢正步	1.同前。 2.步幅步速要確實上體要保持立正姿勢。 3.兩眼向前視，身體挺直起立要迅速。
11 月 29 日	1.不動姿勢 2.自然行進及立定 3.慢正步	1.同前。 2.同前。 3.上體要正直用腳掌著

2、男生

廣東省高中以上學生軍訓總隊第一二大隊由第六周至第九周術科預定表（12月6日至12月27日，每週六下午3時至5時）

時間	科目	著眼點
12月6日	徒手各個教練 1.原地跪下及起立 2.正常步互換 3.跑步行進及立定	1.注意上體保持正直，起立靠足時動作要確實 2.注意換步時，出左足須特別提高。 3.兩肘前後自然擺動，足掌著地時，足踵宜輕接地。
12月13日	徒手班教練 1.班之編成 2.整齊及報數 3.重複分解	1.以二列橫隊爲班基本隊形。 2.伸明看齊之要領，報數要短捷宏亮，頭部勿轉動。 3.動作分解時要正確。
12月20日	徒手班教練 1.原地轉法 2.跑步行進及立定 3.解散集合	1.與各個教練同組須全班協同一致，不可先後異狀。 2.足掌著地時，身體重點宜向前。 3.解散後切記自己號數及注意班長行動，集合動作要迅速，不可有嬉笑舉動。
12月27日	持槍各個教練 1.立正稍息 2.原地轉法 3.托槍及槍放下	1.注意槍身略保垂直不可摩擦準星。 2.右腕緊貼股際使槍身保持垂直。 3.注意槍身垂直不可因操作牽動上體。

3、女生

廣東省高中以上學生軍訓總隊第三大隊由第六周至第九周術科預定表（12月6日至12月27日，下午4時至5時）

時間	科目	著眼點
12月6日	徒手班教練 1.班之編成 2.整齊及報數 3.原地轉法	1.以一列橫隊爲班基本隊形 2.伸明看齊之要領，報數要短捷宏亮頭部勿轉動。 3.動作分解時要正確。
12月13日	徒手班教練 1.正步行進及立定 2.正常步互換	1.行進時必須保持自然姿勢 2.換步時出左足須特別提高。

12 月 20 日	徒手班教練 1.行進間轉法 2.室外敬禮	1.用足尖力旋轉，方向務正確。 2.舉手時勿牽動上體眼睛須向受禮者注視
12 月 27 日	徒手班教練 1.停止間跪下及起立 2.室內敬禮	1.注意上體保持正直，起立靠足時動作要確實。 2.眼睛要向受禮者注視。

四、廣東省淪陷區高級中學、初級中學、高中師範科及高中圖工樂體專修師範科各學期每周教學及自習時數表 〔註3〕

（一）高級中學普通科各學期每周教學及自習時數表

科目	第一學年		第二學年		第三學年	
	第一學期	第二學期	第一學期	第二學期	第一學期	第二學期
公民	2	2	1	1	1	1
體育	2	2	2	2	2	2
軍事訓練	3	3				
衛生	2					
軍訓	(3)	(3)				
國文	5	5	6	6	5	5
日語	2	2	2	2	2	2
英語	4	4	4	4	4	4
算學	4	4	4	4	4	4
生物學	4	5				
化學			6	6		
物理					6	6
本國歷史	3	3	3			
外國歷史				2	2	2
本國地理	2	2	2			
外國地理				2	2	2
論理						2
勞作	2	2	2	2		
圖畫	(1)	(1)	(2)	(2)	(2)	(2)

〔註 3〕廣東省立女師編印：《廣東省立第一女子師範學校概覽》，1942 年。

音樂	（1）	（1）	（1）	（1）	（1）	（1）
每周教學總時數	35	34	34	34	31	31
每周課外運動及在校自習總時數	17	18	18	19	23	23

說明：

1、高中學生每日上課自習及課外運動總時數規定爲九小時，每學期以五十四小時計算。

2、每日除上課時間外，以一小時爲早操及課外運動時間，餘爲自習時間。

3、在校自習及課外運動時間，均須有教員督促指導。

4、在校自習，住校學生必須一律參加，通學生晚間可免參加，惟應由各校嚴定督促考查辦法。

5、音樂及圖畫爲「選修」科。

6、勞作學科包括農、工、商各科作業。

（二）初級中學各學期每周教學及自習時數表

科目		第一學年		第二學年		第三學年	
		第一學期	第二學期	第一學期	第二學期	第一學期	第二學期
公民		1	1	1	1	1	1
體育		2	2	2	2	2	2
童子軍		1	1	1	1	1	1
衛生		1	1				
國文		6	6	6	6	6	6
日語		3	3	4	4	4	4
英語		3	3	4	4	4	4
算學		4	4	5	5	5	5
自然（分科制）	植物	2	2				
	動物	2	2				
	化學			3	3		
	物理					3	3
歷史		2	2	2	2	2	2
地理		2	2	2	2	2	2
勞作		2	2	2	2	3	3
圖畫		2	2	2	2	1	1
音樂		2	2	1	1	1	1

每周教學總時數	35	35	35	35	35	35
每周課外運動及在校自習總時數	13	13	12	13	11	12

說明：

1、童子軍每週三小時（課內一小時課外二小時）。

2、初中學生每日上課自習及課外運動總時數規定為八小時，每學期以四十八小時計算，除上課時間外，餘為自習時間。

3、在校自習時間須有教員督促指導。

4、在校自習，住校學生必須一律參加，通學生晚間可免參加，惟應由各校嚴定督促考查辦法。

5、學生課外運動及活動不包括在校自習時間。

6、在校自習及課外運動活動時間，得斟酌地帶季節及通學住校等情形略為變動伸縮。

（三）高中師範科及各學期每周教學及自習時數表

科目		第一學年		第二學年		第三學年	
		第一學期	第二學期	第一學期	第二學期	第一學期	第二學期
公民		2	2	2	2		
體育		2	2	2	2	2	2
軍事訓練		3	3				
軍事看護		(3)	(3)				
衛生			2				
國文		4	4	5	5	3	3
算學		3	3	4	4	2	
地理		2	2	2	2		
歷史		2	2	2	2		
生物		4	4				
化學				4	4		
物理						4	4
論理學						2	
勞作	農藝	3	3	2	2	2	
	工藝	(3)	(3)	(2)	(2)	(2)	
	家事	(3)	(3)	(2)	(2)	(2)	
美術		2	2	2	2		
音樂		2	2	2	2	1	1

教育概論	4	3				
教育心理			3	3		
小學教材及教學法			3	3	3	3
小學行政					4	
教育測驗及統計						4
選修科目	3	3	3	3	3	6
（國文）	（3）	（3）	（3）	（3）		
（日語）	（3）	（3）	（3）	（3）	（3）	
（英文）	（3）	（3）	（3）	（3）	（3）	
（教育史）	（3）					（3）
（幼稚教育）		（3）				（3）
（民眾教育）			（3）			（3）
（鄉村教育）				（3）		（3）
（農村教育及合作）					（3）	（3）
（地方教育行政）					（3）	（3）
（教育視導）						（3）
實習					9	12
每周教學總時數	36	36	36	36	35	35
每周課外運動及在校自習總時數	24	24	24	24	25	25

說明：

1、軍事訓練施於男生，軍事看護施於女生。

2、勞作科分農藝、工藝、家事三類，男生應選農藝或工藝，女生除應實習家事外，於第二學年應就農藝工藝二類中選習一類。

3、選修科目共為十種，自第一學年第一學期至第三學年第一學期，列選修科目四種，每種，每學生於已選修之科目外任選二種，但選修英文或日語者應自第一學期開始選修，並以繼續選修完畢為宜。

4、選修科目應有十五人以上選修方可開班。

5、實習包括參觀見習試教三項每項實習前後須具預備報告，討論三種手續。每三小時之實習約須占半日時間。

6、師範學校學生每日上課自習及課外運動總時數規定為十小時，每學期以六十小時計算。

7、每日除上課時間外，以一小時為早操及課外運動時間，餘為自習時間。

8、在校自習及課外運動時間，均須有教員督促指導。

9、在校自習，住校學生必須一律參加，通學生晚間可免參加，惟應由各校嚴定督促考查辦法。

10、各地方如有特殊情形與需要，對於選修科目之時間與實習之時間，得酌量變更但須呈請主管教育行政機關轉呈教育部核准。

（四）高中圖工樂體專修師範科各學期每周教學及自習時數表

科目		第一學年		第二學年	
		第一學期	第二學期	第一學期	第二學期
公民		1	1	1	1
體育		6	6	6	5
童子軍		2	2		
國文		3	3	3	3
勞作	農藝	6	6	6	5
	工藝	（6）	（6）	（6）	（5）
	家事	（6）	（6）	（6）	（5）
圖畫		6	6	6	5
用器畫		2	2	2	2
音樂		6	6	6	5
教育概論		2	2		
教育心理				2	2
小學教材及教學法		2	2	2	2
小學行政					4
教育測驗及統計				2	
實習					6
每周教學總時數		36	36	36	36
每周課外運動及在校自習總時數		24	24	24	24

說明：

1、此種專科師範以養成小學專科師資為目的。

2、各校開辦專科師範應視地方需要師資及經濟情形附設之。

3、實習包括參觀、見習、試教三項，每項實習前後須具預備、報告、討論三種手續。每三小時之實習約須占半日時間

4、專科師範學校學生每日上課自習及課外運動總時數規定為十小時，每學期以六十小時計算。

5、每日除上課時間外，以一小時為早操及課外運動時間，餘為自習時間。

6、在校自習及課外運動時間，均須有教員督促指導。

7、在校自習，住校學生必須一律參加，通學生晚間可免參加，惟應由各校嚴定督促考查辦法。

五、廣東省淪陷區縣市公私立小學概況表（1942 年度第一學期）

縣市別	項立別	學校數					學級數				學生數									教職員數			本學期支出經費數
		幼稚園	簡小	初小	完小	合計	幼	初	高	合計	幼		初級		高級		合計			男	女	計	
											男	女	男	女	男	女	男	女	計				
廣州	省立	0	0	0	5	5	6	22	10	38	122	119	538	459	312	123	972	701	1673	22	44	66	22394
廣州	市立	5	4	16	62	82	5	446	125	576	135	107	1086	18225	2758	1707	13754	10039	23793	246	492	738	376590
廣州	私立	0	0	14	15	29	3	26	15	44	27	37	1659	840	323	98	2009	975	2984	73	79	152	中儲券7560
汕頭	市立	0	0	0	10	10	0	80	19	99	0	0	2514	1851	576	374	3090	2225	5315	73	62	135	61677.90
汕頭	私立	4	0	12	7	23	7	72	14	93	172	118	1778	1047	376	184	2326	1349	3675	44	82	126	2940
番禺	縣立	0	0	0	6	6	0	24	9	33	0	0	590	239	97	19	687	258	945	28	14	42	20450
番禺	區立	0	0	6	49	55	0	165	44	209	0	0	3767	980	502	108	4269	1088	5357	155	33	188	51882.65
番禺	私立	0	7	30	23	60	0	202	24	226	0	0	2383	451	256	78	2639	529	3168	97	3	100	17483
南海	公立	0	0	1	5	6	0	32	8	40	0	0	775	605	92	88	867	693	1560	29	31	60	手票18636 中儲券20442
南海	私立	0	0	73	31	104	0	248	44	292	0	0	8692	7180	284	236	8976	7416	16392	211	131	342	中儲券76637
順德	公立	0	0	9	11	20	0	18	35	53	0	0	365	2213	210	193	575	2406	2981	87	58	145	14000
順德	私立	0	0	34	14	48	0	69	28	97	0	0	481	420	425	386	906	806	1712	138	56	194	16603
東莞	縣立	0	0	1	5	6	0	31	9	40	0	0	972	449	165	71	1137	520	1657	36	18	54	24524.94
東莞	區立	0	0	120	32	152	0	848	64	912	0	0	9020	1500	7750	830	16770	2330	19100	918	248	1166	49480
東莞	私立	0	0	37	8	45	0	74	16	90	0	0	151	562	99	328	250	890	1140	86	20	106	13500
新會	縣立	0	0	0	9	9		39	12	51	0	0	1093	625	255	126	1348	751	2099	60	32	92	39292.88

新會	私立	0	0	27	12	39	0	106	23	129	0	0	2765	1217	552	196	3317	1413	4730	113	40	153	22356
博羅	縣立	0	0	1	1	2	0	8	2	10	0	0	269	75	34	8	303	83	386	13	4	17	38928
增城	縣立	0	0	0	3	3	0	12	6	18	0	0	315	55	150	30	465	85	550	15	7	22	6300
增城	區立	0	0	9	7	16	0	52	12	64	0	0	1150	260	240	75	1390	335	1725	60	10	70	17100
增城	私立	0	0	10	0	10	0	32	0	32	0	0	510	120	0	0	510	120	630	28	2	30	6000
澄海	縣立	0	2	0	1	3	0	6	4	10	0	0	791	407	98	34	889	441	1330	31	9	40	54000
澄海	區立	0	0	13	18	31	0	120	26	146	0	0	2515	924	401	86	2916	1010	3926	154	39	193	371700
澄海	私立	0	1	2	1	4	0	12	3	15	0	0	153	29	42	5	195	34	229	8	2	10	10400
寶安	縣立	0	0	3	0	3	0	12	0	12	0	0	261	109	0	0	261	109	370	10	3	13	5520
寶安	私立	0	0	10	1	11	0	40	6	46	0	0	742	102	9	2	751	104	855	30	4	34	5166
三水	縣立	0	0	1	2	3	0	12	4	16	0	0	188	81	13	4	201	85	286	10	2	12	22891
三水	私立	0	0	4	1	5	0	20	2	22	0	0	330	88	14	2	344	90	434	17	0	17	19067
花縣	縣立	0	0	3	0	3	0	12	0	12	0	0	173	16	0	0	173	16	189	5	0	5	960
花縣	私立	0	0	20	2	22	0	80	4	84	0	0	594	56	131	15	725	71	796	29	0	29	5520
中山	縣立	5	0	38	99	142	7	447	295	749	213	137	2876	3195	4977	2398	8066	5370	13796	530	45	575	46981
中山	私立	2	0	48	33	83	3	341	148	493	54	41	2895	2049	2313	1297	5262	3387	8649	298	63	361	11400.00
潮安	縣立	0	0	14	10	24	0	103	18	121	0	0	3835	614	443	83	4278	697	4975	87	26	113	150428.00
潮安	私立	0	0	105	36	141	0	490	37	527	0	0	13857	2070	1168	166	15025	2236	17261	503	88	591	259095.00
潮陽	縣立	0	0	3	4	7	0	7	27	34	0	0	331	80	883	284	1214	364	1578	59	8	67	63112.00
潮陽	區立	0	0	1	1	2	0	2	5	7	0	0	86	20	133	12	219	32	251	16	0	16	9326.00
潮陽	私立	0	0	18	4	22	0	32	17	49	0	0	810	130	471	108	1281	238	1519	94	7	101	302339.00
總計		16	14	683	528	1241	31	4342	1116	5489	723	559	81085	37343	26552	9754	108360	47656	156016	4413	1762	6175	1979382.67

參考文獻

一、檔案（廣東省檔案館）

1. 廣東省教育廳檔案 5-1-4～7，5-1-33、5-1-36～45、5-1-214～221

2. 廣東省政府檔案 2-1-251，2-1-234，2-1-244

3. 汪偽檔案 1～131

4. 政類檔案 202、204、232、824～875、901～903

二、報紙

1. 《廣東省政府公報》

2. 《廣州市政公報》

3. 《廣州市公署公報》

4. 《廣東治安維持委員會公報》

5. 《番禺縣政公報》

6. 《南海縣政公報》

7. 《汕頭市市政公報》

8. 《教育部公報》

9. 《申報（1935～1945）》

10. 《（偽）中山日報》

11. 《華文大阪每日》

12. 《民聲日報》

13. 《廣東迅報》

14. 《嶺南日報》

15. 《廣州日報》
16. 《華南日報》

三、期刊

1. 《東亞聯盟月刊》
2. 《汕頭市政月刊》
3. 《分享》
4. 《婦女世界》
5. 《廣東教育通訊》
6. 《廣東教育》
7. 《廣東教育戰時通訊》
8. 《廣東統計月報》
9. 《廣東一月間》
10. 《教育建設》
11. 《教育通訊半月刊》
12. 《民聲月刊》
13. 《南星》
14. 《時代學生》
15. 《協力旬刊》
16. 《宇宙風》
17. 《學習知識》
18. 《省立廣東大學校刊》

四、資料彙編

1. 教育部編：《戰後新中國》，北京：中華書局，1946 年。
2. 中國國民黨中央執行委員會宣傳部：《抗戰六年來之內政》，國民圖書出版社，1943 年。
3. 教育年鑑編撰委員會編：《第二次中國教育年鑑》，上海：商務印書館，1948 年。
4. 延安時事問題研究會編：《日本帝國主義在中國淪陷區》，上海：上海人民出版社，1958。
5. 中國人民政治協商會議廣東省廣州市委員會文史資料研究委員會編：《廣州文史》（第 1～52 輯），廣州：廣東人民出版社，1960～1998 年。
6. 中國人民政治協商會議廣東省委員會文史資料研究委員會編：《廣東文史

資料》（第 1～88 輯），廣州：廣東人民出版社，1961～2012 年。

7. 王聿均等編：《朱家驊先生言論集》，臺北：中央研究院近代史研究所，1977 年。

8. 中國第二歷史檔案館：《中華民國檔案史料彙編》，南京：江蘇人民出版社，1981 年。

9. 蔡德金：《汪精衛偽國民政府紀事》，北京：中國社會科學出版社，1982 年。

10. 廣東省南海市政協文史資料委員會編：《南海文史資料》（第 1～36 輯），南海：廣東省南海市政協文史資料委員會，1982～2003 年

11. 黃美眞、張雲編：《汪精衛國民政府成立》，上海：上海人民出版社，1984 年。

12. 榮孟源：《中國國民黨歷次代表大會及中央全會資料》，北京：光明日報出版社，1985 年。

13. 中共廣州市委黨史資料徵集研究委員會辦公室編：《紀念抗日戰爭勝利四十週年：淪陷時期廣州人民的抗日鬥爭（黨史資料選編）》，1985 年。

14. 日本防衛廳戰史室編：《日本軍國主義侵華資料長編——《大本營陸軍部》摘譯》，天津市政協編譯委員會譯校，成都：四川人民出版社，1987 年。

15. 王美嘉：《民國時期廣東省政府檔案史料選編》，廣州：廣東省檔案館，1987～1989。

16. 李慧、李昌華編：《侵華日軍序列沿革》，北京：解放軍出版社，1987 年。

17. 復旦大學歷史系中國現代史研究室編：《汪精衛漢奸政權的興亡：汪偽政權史研究論集》，上海：復旦大學出版社，1987 年。

18. 廣州市人民政府參事室編：《廣州八年抗戰記》，廣州市人民政府參事室，1987 年。

19. 中央教育科學研究所編：《中國現代教育大事記》，北京：教育科學出版社，1988 年。

20. 共青團中央青運史研究室：《抗日戰爭時期青年運動專題論文集》延吉：延邊大學出版社，1988 年。

21. 北京市檔案館編：《日偽北京新民會》，北京：光明日報出版社，1989 年。

22. 中國第二歷史檔案館編：《汪偽國民政府公報》，南京：江蘇古籍出版社，1991 年。

23. 黃美眞編：《偽廷幽影錄——對汪偽政權的回憶紀實》，北京：中國文史出版社，1991 年。

24. 季嘯風主編：《中國高等學校變遷》，上海：華東師範大學出版社，1992 年。

25. 林清芬：《抗戰時期我國留學教育史料》（全六冊），臺北：國史館，1994～1999年。

26. 中國抗日戰爭史學會編：《抗日戰爭與中國歷史——「九‧一八」事變六十週年國際學術討論會文集》，瀋陽：遼寧人民出版社，1994年。

27. 廣東省澄海市文史資料委員會編：《不願做奴隸的人們：澄海人民抗戰紀實》，1995年。

28. 雷鐸：《南粵之劍：粵海抗戰實錄》，北京：解放軍文藝出版社，1995年。

29. 章伯鋒、莊建平編：《血證：侵華日軍暴行紀實日誌》，成都：成都出版社，1995年。

30. 潮安縣政協文史委員會編：《潮安文史》（創刊號～第 12 輯），1996～2008年。

31. 中央檔案館、中國第二歷史檔案館、吉林省社會科學院編：《日本帝國主義侵華檔案資料選編——日汪的清鄉》，北京：中華書局，1995年。

32. 全國政協《粵桂黔滇抗戰》編寫組編：《粵桂黔滇抗戰》，北京：中國文史出版社，1995年。

33. 廣東省地方史志編纂委員會編：《廣東省志‧教育志》，廣州：廣東人民出版社，1995年。

34. 廣東省檔案館：《民國廣東政府機構沿革和組織法規選編》，1996年。

35. 中共石家莊市委黨史研究室、石家莊市黨史研究會編：《日軍侵華暴行國際學術研討會文集》，石家莊，1995年，北京：新華出版社，1996年。

36. 強重華編著、中國抗日戰爭史學會、中國人民抗日戰爭紀念館編：《抗日戰爭時期重要資料統計集 1931～1945》，北京：北京出版社，1997。

37. 齊福霖：《中國抗日戰爭大事記》，北京：北京出版社，1997年。

38. 章伯鋒、莊建平編：《抗日戰爭》（1～7 卷），成都：四川大學出版社，1997年。

39. 羅元錚：《中華民國實錄：文獻統計》（第五卷：上、下），長春：吉林人民出版社，1998年。

40. 中國人民政治協商會議廣東省廣州市委員會學習和文史資料委員會編：《廣州文史》（第 53～77 輯），廣州市：廣東人民出版社，1998～2013年。

41. 廣州市地方志編纂委員會編：《廣州市志》卷十四，廣州：廣州出版社，1999。

42. 中央檔案館編：《偽滿洲國的統治與內幕：偽滿官員供述》，北京：中華書局，2000年。

43. 李仲偉：《廣州文獻書目提要》，廣州：廣東人民出版社，2000年。

44. 胡令遠、徐靜波編：《近代以來中日文化關係的回顧與展望——復旦大學日本研究中心第九屆國際學術研討會論文集》，上海：上海財經大學出版社，2000年。

45. 中國人民政治協商會議、全國委員會、文史資料委員會編：《文史資料存稿選編：日偽政權》，北京：中國文史出版社，2002年。

46. 中央檔案館、中國第二歷史檔案館、吉林省社會科學院編：《日本帝國主義侵華檔案資料選編——汪偽政權》，北京：中華書局，2004年。

47. 沙東訊：《廣東抗日戰爭紀事》，廣州：廣州出版社，2004年。

48. 南京市檔案館編：《審訊汪偽漢奸筆錄》（上、下），南京：鳳凰出版社，2004年。

49. 廣東省政協學習和文史資料委員會編：《廣東文史資料存稿選編》（第四卷）[M].廣州：廣東人民出版社，2005年。

50. 林麗雄：《日軍侵略廣東檔案史料選編》，北京：中國檔案出版社，2005年。

51. 姜亞沙、經莉、陳湛綺編：《抗日戰爭期刊彙編》，北京：全國圖書館文獻縮微複製中心，2006年。

52. 汕頭大學圖書館編：《日軍侵略潮汕寫真》，汕頭：汕頭大學出版社，2007年。

53. 李齊念主編.《廣州文史資料存稿選編》第 7 輯，北京市：中國文史出版社，2008年。

54. 中國人民政治協商會議全國委員會文史和學習委員會編：《文史資料選輯》（合訂本），北京：中國文史出版社，2011年。

五、論著

（一）中文

1. 張毅編：《大學生戰時生活》，毅社出版部，1939年。

2. 韓啓桐：《中國對日戰事損失之估計》，上海：中華書局，1946年。

3. 何應欽：《八年抗戰之經過》，臺灣：文海出版社，1946年。

4. 雲實誠：《粵戰七年》，前鋒報社，1946年。

5. 約翰·享特·博伊爾：《中日戰爭時期的通敵內幕 1937～1945》（上、下），陳體芳、樂刻等譯，北京：商務印書館，1978年。

6. 夏普薩爾（J.Chapsal）、朗斯洛（A.Lancelot）：《1940 年以來的法國政治生活》，金康康譯，上海：上海譯文出版社，1981年。

7. 崛場一雄：《日本對華戰爭指導史》，王培嵐等譯，北京：軍事科學出版社，1982年。

8. 實縢惠秀：《中國人留學日本史》，譚儒謙、林啓彥譯，上海：三聯書店，1983 年。

9. 政協汕頭市委員會文史資料研究委員會編印：《汕頭文史》（第 1～19 輯），1983 年～2007 年。

10. 劉惠吾：《日本帝國主義侵華史略》，上海：華東師範大學出版社，1984 年。

11. 今井武夫：《今井武夫回憶錄》，天津市政協編譯委員會譯，北京：中國文史出版社，1987 年。

12. 重光葵：《日本侵華內幕》，齊福霖（譯），北京：解放軍出版社，1987 年。

13. 遲景德：《中國對日抗戰損失調查史述》，臺北：國史館，1987 年。

14. 厄特利（Utley，F.）：《蒙難的中國——國民黨戰區紀行》，唐亮等譯，北京：解放軍出版社，1987 年。

15. 毛禮銳、沈灌群編：《中國教育通史》（第五卷），濟南：山東教育出版社，1988 年。

16. 依田憙家：《日本帝國主義和中國（1868～1945）》，卞立強、陳生保譯，北京：北京大學出版社，1989 年。

17. 池田誠：《抗日戰爭與中國民眾——中國的民族主義與民主主義》，中國人民抗日戰爭紀念館編研部譯，北京：求實出版社，1989 年。

18. 沙東迅：《粵海近代史譚》，廣州：華南理工大學出版社，1989 年。

19. 潘理性：《廣東政區演變》，廣州：廣東省地圖出版社，1991 年。

20. 曾生：《曾生回憶錄》，北京：解放軍出版社，1992。

21. 肖效欽、鍾興錦：《抗日戰爭文化史（1937～1945）》，北京：中共黨史出版社，1992 年。

22. 中國社會科學院近代史研究所：《日本侵華七十年史》，北京：中國社會科學出版社，1992 年。

23. 王奇生：《中國留學生的歷史軌跡》，武漢：湖北教育出版社，1992 年。

24. 王桂：《中日教育關係史》，濟南：山東教育出版社，1993 年。

25. 徐勇：《征服之夢：日本侵華戰略》，桂林：廣西師範大學出版社，1993 年。

26. 費正、李作民、張家驥：《抗戰時期的偽政權》，鄭州：河南人民出版社，1993 年。

27. 關禮雄：《日占時期的香港》，香港：三聯書店，1993 年。

28. 張江明：《廣東青年運動史 1919～1949》，廣州：廣東高等教育出版社，1994 年。

29. 申曉雲主編：《動盪轉型中的民國教育》，鄭州：河南人民出版社，1994年。

30. 王奇生：《留學與救國：抗戰時期海外學人群像》，桂林：廣西師範大學出版社，1995年。

31. 馮崇義：《國魂，在國難中掙扎──抗戰時期的中國文化》，桂林：廣西師範大學出版社，1995年。

32. 戴知賢、李良志主編：《抗戰時期的文化教育》，北京：北京出版社，1995年。

33. 郭德宏：《抗日戰爭史研究述評》，北京：中共黨史出版社，1995年。

34. 中國抗日戰爭史學會、中國人民抗日戰爭紀念館編：《抗戰時期的文化教育》，北京：北京出版社，1995年。

35. 侯書森：《百年滄桑：香港的過去、現在與未來》，北京：中國文聯出版公司，1996年。

36. 陳香梅：《春秋歲月──陳香梅自傳》，北京：中國婦女出版社，1997年。

37. 張洪祥：《近代日本在中國的殖民統治》，天津：天津人民出版社，1996年。

38. 淺田喬二：《1937～1945日本在中國淪陷區的經濟掠奪》，袁愈佺譯，上海：復旦大學出版社，1997年。

39. 魏宏運：《抗日戰爭與中國社會》，瀋陽：遼寧人民出版社，1997年。

40. 費正清：《劍橋中華民國史（1912～1949年）》，北京：中國社會科學出版社，1998。

41. 中共廣州市委黨史研究室編：《廣州淪陷區的日日夜夜》，廣州市：花城出版社，1998年。

42. 王士花：《「開發」與掠奪：抗日戰爭時期日本在華北華中淪陷區的經濟統制》，北京：中國社會科學出版社，1998年。

43. 徐鑄成：《徐鑄成回憶錄》，北京：生活‧讀書‧新知三聯書店，1998年。

44. 劉羨冰：《澳門教育史》，北京：人民教育出版社，1999年。

45. 葉成林：《戰鬥在淪陷區：淪陷區人民的抗日鬥爭》，哈爾濱：黑龍江教育出版社，2000年。

46. 高樂才：《日本「滿洲移民」研究》，北京：人民出版社，2000年。

47. 聞少華：《汪偽政權史話》，北京：社會科學文獻出版社，2000年。

48. 金以林：《近代中國大學研究1895～1949》，北京：中央文獻出版社，2000。

49. 莫嘉度：《從廣州透視戰爭──葡萄牙駐廣州總領事莫嘉度關於中日戰爭的報告》，舒建平、菲德爾譯，上海：上海社會科學院出版社，2000年。

50. 阿洛伊斯‧普林茨（Alois Prinz）：《愛這個世界──漢娜‧阿倫特傳》，

焦洱譯，北京：社會科學文獻出版社，2001年。

51. 官麗珍：《對和平與人道的肆虐——1937至1945年日軍侵粵述略》，北京：中共黨史出版社，2001年。

52. 李建軍：《軍國之女：日本女性與「大東亞戰爭」》，貴陽：貴州人民出版社，2001年。

53. 史桂芳：《「同文同種」的騙局：日偽東亞聯盟運動的興亡》，北京：社會科學文獻出版社，2002年。

54. 周佛海：《周佛海日記全編》（上、下），北京：中國文聯出版社，2003。

55. 黃靜嘉：《春帆樓下晚濤急：日本對臺灣的殖民統治及其影響》，北京：商務印書館，2003年。

56. 劉家峰、劉天路：《抗日戰爭時期的基督教大學》，福州：福建教育出版社，2003年。

57. 馬振犢：《汪偽政權》，北京：中華書局，2004年。

58. 丁身尊主編、廣東民國史研究會編：《廣東民國史》，廣州：廣東人民出版社，2004年。

59. 赫伯特·比克斯（Herbert P.Bix）：《真相：裕仁天皇與侵華戰爭》，王麗萍、孫盛萍譯，北京：新華出版社，2004。

60. 水口春喜：《「建國大學」的幻影》，董炳月譯，北京：崑崙出版社，2004年。

61. 柯博文（Parks M.Coble）：《走向「最後關頭」——中國民族國家構建中的日本因素1931～1937》，馬俊亞譯，北京：社會科學文獻出版社，2004年。

62. 左雙文：《華南抗戰史稿》，廣州：廣東高等教育出版社，2004年。

63. 沈予：《日本大陸政策史1868～1945》，北京：社會科學文獻出版社，2005年。

64. 齊紅深主編：《日本對華教育侵略——對日本侵華教育的研究與批判》，北京：崑崙出版，2005。

65. 齊紅深：《抹殺不了的罪證：日本侵華教育口述史》，北京：人民教育出版社，2005年。

66. 齊紅深：《見證日本侵華殖民教育》，瀋陽：遼海出版社，2005年。

67. 宋恩榮、余子俠主編：《日本侵華教育全史》（四卷本），北京：人民教育出版社，2005年。

68. 王向遠：《日本對中國的文化侵略——學者、文化人的侵華戰爭》，北京：崑崙出版社，2005年。

69. 蘇智良、侯桂芳、胡海英：《日本對海南的侵略及其暴行》，上海：辭書

出版社，2005 年。

70. 水野明著、中共海南省委黨史研究室編：《日本軍隊對海南島的侵佔與暴政 1939～1945》，王翔譯，海口：南海出版公司，2005 年。

71. 楊家餘：《內外控制的交合：日偽統制下的東北教育研究（1931～1945）》，合肥：安徽大學出版社，2005 年。

72. 孟國祥：《大劫難：日本侵華對中國文化的破壞》，北京：中國社會科學出版社，2005 年。

73. 王向遠：《「筆部隊」和侵華戰爭：對日本侵華文學的研究與批判》北京：崑崙出版社，2005 年。

74. 肖敬榮主編、廣州市檔案館編著：《侵華日軍在廣州暴行錄》，北京：中國檔案出版社，2005 年。

75. 李占才：《日偽對華中淪陷區經濟的掠奪與統治》，北京：社會科學文獻出版社，2005 年。

76. 黃菊豔：《抗戰時期廣東經濟損失研究》，廣州：廣東人民出版社，2005 年。

77. 蘇智良等編著：《去大後方——中國抗戰內遷實錄》，上海市：上海人民出版社，2005 年。

78. 袁小倫：《粵港抗戰文化史論稿》，廣州：廣東人民出版社，2005 年。

79. 《東亞三國近現代史》共同編寫委員會編：《東亞三國近現代史》，北京：社會科學文獻出版社，2005 年。

80. 張慧眞、孔強生：《從十一萬到三千：淪陷時期香港教育口述史》，香港：牛津大學出版社，2005 年。

81. 鄭澤隆：《軍人從政——抗日戰爭時期的李漢魂》，天津：天津古籍出版社，2005 年。

82. 耿德華：《被冷落的繆斯——中國淪陷區文學史（1937～1945）》，張泉譯，北京：新星出版社，2006 年。

83. 潘敏：《江蘇日偽基層政權研究（1937～1945）》，上海：上海人民出版社，2006 年。

84. 塗文學：《抗戰時期的中國文化》，北京：人民出版社，2006 年。

85. 關捷：《日本對華侵略與殖民統治》，北京：社會科學文獻出版社，2006 年。

86. 林慶元：《「大東亞共榮圈」源流》，北京：社會科學文獻出版社，2006 年。

87. 吳建：《東瀛史論：日本現代化研究》，北京：人民出版社，2006 年。

88. F. C.瓊斯（F. C. Jones）、休・博頓（Hugh Borton）、B. R.皮爾恩（B. R.

Pearn）：《國際事務概覽・第二次世界大戰 1942～1946 年的遠東》，復旦大學外文系英語教研組譯，上海：上海譯文出版社，2007 年。

89. 周一川：《近代中國女性日本留學史 1872～1945 年》，北京：社會科學文獻出版社，2007 年。

90. 荊子馨：《成爲「日本人」：殖民地臺灣與認同政治》，臺北：一方出版有限公司，2006 年。

91. 劉敬忠：《華北日僞政權研究》，北京：人民出版社，2007 年。

92. 陳存仁：《銀元時代生活史》，桂林：廣西師範大學出版社，2007 年。

93. 袁徵：《孔子・蔡元培・西南聯大——中國教育的發展和轉折》，北京：人民日報出版社，2007 年。

94. 楊天石：《抗戰與戰後中國》，北京：中國人民大學出版社有限公司，2007 年。

95. 張玉成：《汪僞時期日僞奴化教育研究》，濟南：山東人民出版社，2007 年。

96. 張泉主編：《抗日戰爭時期淪陷區史料與研究》第 1 輯，南昌：百花洲文藝出版社，2007 年。

97. 徐旭陽：《湖北國統區和淪陷區社會研究》，北京：社會科學文獻出版社，2007 年。

98. 方德萬（Hans J. van de Ven）：《中國的民族主義和戰爭 1925～1945》，胡允桓譯，北京：生活・讀書・新知三聯書店，2007 年。

99. 余子俠：《民族危機下的教育應對》，武漢：華中師範大學出版社，2008 年。

100. 齊紅深：《流亡：抗戰時期東北流亡學生口述》，鄭州：河南教育出版社，2008 年。

101. 中國社會科學院近代史研究民國史研究室、四川師範大學歷史文化學院編：《一九四○年代的中國》，北京：社會科學文獻出版社，2009 年。

102. 臧運祜：《近代日本亞太政策的演變》，北京：北京大學出版社，2009 年。

103. 楊天石、莊建平：《戰時中國各地區》，北京：社會科學文獻出版社，2009 年。

104. 楊天石、黃道炫編：《戰時中國的社會與文化》，北京：社會科學文獻出版社，2009 年。

105. 賀金林：《抗戰勝利後國民政府教育復員研究》，北京：社會科學文獻出版社，2010 年。

106. 汪朝光：《1945～1949 國共政爭與中國命運》，北京：社會科學文獻出版社，2010。

107. 黃堅立：《難展的雙翼——中國國民黨面對學生運動的困境與決策 1927～1949 年》，北京：商務印書館，2010 年。

108. 魏斐德：《上海歹土——戰時恐怖活動與城市犯罪 1937～1941》，北京：人民出版社，2011 年。

109. 傅葆石：《灰色上海，1937～1945——中國文人的隱退、反抗與合作》，北京：生活・讀書・新知三聯書店，2012 年。

（二）外文

1. 大阪每日新聞社：《南支那》，1939 年。

2. 興亞院廣東派遣員事務所編：《最近之香港二於ケル金融，財政，貿易事情一斑》，廣州：興亞院廣東派遣員事務所，1940 年。

3. 平野健：《廣東之現狀》，廣州：南支日報社，1943 年。

4. 松浦正孝編著：《昭和・アジア主義の実像・日本と臺灣・南洋・南支那》，南天書房，2007 年。

5. Christian Henriot、Wen-hsin Yeh: *In the Shadow of the Rising Sun: Shanghai under Japanese Occupation, Cambridge University Press, 2009.*

六、論文

1. 邵銘煌：《汪偽政權之建立及覆亡》，博士學位論文，中國文化大學史學研究所，1989 年。

2. 羅久蓉：《抗戰勝利後教育甄審的理論與實際》，《中央研究院近代史研究所集刊》（臺北）1993 年第 22 期（下）。

3. 羅久蓉：《抗戰勝利後中共懲審漢奸初探》，《中央研究院近代史研究所集刊》（臺北）1994 年第 23 期（下）。

4. 石源華：《論日本對華新政策下的日汪關係》，《歷史研究》1996 年第 2 期。

5. 齊紅深：《皇民化教育、同化教育與奴化教育——比較反映日本殖民地教育性質的概念的同異》，《錦州師範學院學報》1999 年第 1 期。

6. 鄭澤隆：《日偽政權在廣東的奴化宣教概述》，《廣東史志》1999 年第 3 期。

7. 劉兆偉：《日本侵華於各殖民地所施教育的異同及其緣由》，《河北師範大學學報》（教育科學版）2000 年第 2 期。

8. 朱德蘭：《日汪合作與廣東省政府關係一個側面的考察》，《人文及社會科學集刊》第 12 卷第 4 期，2000 年 4 月。

9. 王克文：《歐美學者對抗戰時期中國淪陷區的研究》，《歷史研究》2000 年第 5 期。

10. 耿申：《殖民教育和奴化教育——教育史學者在日本侵華教育史研究中的共同點與不同點》，《教育科學研究》2000 年第 6 期。

11. 蕭李居：《日本的戰爭體制——以興亞院爲例的探討（1938～1942）》，碩士學位論文，國立政治大學歷史系，臺北，2002 年。

12. 官麗珍：《抗戰期間日本對中國的文化侵略述論》，《廣東社會科學》2002 年第 6 期。

13. 魏斐德：《漢奸！——戰時上海的通敵與鋤奸活動》，吳曉明譯，《史林》2003 年第 4 期。

14. 周孜正：《汪僞的留日學生教育》，《抗日戰爭研究》2004 年第 3 期。

15. 曹必宏：《汪僞奴化教育政策述論》，《民國檔案》2005 年第 2 期。

16. 沈嵐：《抗戰時期國民政府爭奪淪陷區教育權的鬥爭——以南京及周邊地區爲研究中心》，《民國檔案》2005 年第 2 期。

17. 葛濤：《「三極」與「灰色」——評日本學者古廏忠夫的「戰時上海」學說》，《上海紀念抗日戰爭勝利 60 週年研討會論文集》，上海：上海人民出版社，2005 年。

18. 張生：《論汪僞對國民黨政治符號的爭奪》，《抗日戰爭研究》2005 第 2 期。

19. 曹必宏：《日據時期的香港殖民教育》，《抗日戰爭研究》2006 年第 1 期。

20. 楊奎松：《從歷史的眼光來看待中國的民族主義問題》，《國際政治研究》2006 年第 1 期。

21. 王慶林：《戰後國民政府對漢奸的審判（1945～1949）》，碩士學位論文，暨南大學歷史系，2006 年。

22. 柯裕棻：《去殖民與認同政治：訪談《成爲「日本人」》作者荊子馨》，《思想》2006 年第 2 期。

23. 汪婉：《日本殖民統治下的「同化」教育與近代「民族國家」之認同》，《抗日戰爭研究》2006 年第 4 期。

24. 丁鋼：《日本殖民教育與香港：一個比較分析》，《教育評論》2006 年第 6 期。

25. 周俊宇：《塑造黨國之民：中華民國國定節日的歷史考察》，碩士學位論文，國立政治大學文學院臺灣史研究所，2007 年。

26. 王春英：《「統制」與「合作」：中日戰爭時期的上海商人（1937～1945）》，博士學位論文，復旦大學，2009 年。

27. 朱利安·傑克森：《法國的合作、歷史和記憶》，高宣揚主編：《歐洲評論》第 1 輯，上海：同濟大學出版社，2010 年。

28. 張世瑛：《國民政府對抗戰忠烈事蹟的調查與紀念》，《國史館館刊》（臺北）2010 年第 26 期。